本书为国家自科学基金面上项目"物我关系视角下基于分享和使用的协同消费心理机制和影响机理研究"（No. 719721137）的最终研究成果，受该项目和教育部人文社会科学研究规划基金项目"数字经济赋能旅游业高质量发展研究"（23YJA790075）资助。

卢东 曾小桥 著

基于协同消费视角的
共享住宿研究

RESEARCH ON
SHARING
ACCOMMODATION
FROM THE PERSPECTIVE OF
COLLABORATIVE CONSUMPTION

社会科学文献出版社
SOCIAL SCIENCES ACADEMIC PRESS (CHINA)

摘 要

共享经济的发展离不开消费者的参与，协同消费中的物我关系由长期的和稳定的转变为临时的和不确定的，使得现有以占有消费为主的消费行为理论不足以解释占有与使用相分离的协同消费行为。

本书在自我决定、心理所有权、感知风险和价值共创等理论基础上，运用问卷调查、实验研究、数据挖掘、质性访谈等多种研究方法，详细深入地探讨了协同消费的概念体系，并进一步聚焦协同消费的共享住宿领域，探究了共享住宿中房东分享和消费者使用的心理特征与动机、协同消费的感知风险、心理所有权和价值共创。基于理论研究成果，结合行业实际应用特点，提出了推动共享住宿发展的建议。

本书的主要研究结果包括以下六点。其一，界定了协同消费的概念、类属、特征和动机。其二，构建了协同消费中的共享住宿分享意愿模型，提出工具性物质主义、终极性物质主义、平衡互惠、广泛互惠分别经由货币回报、社会规范、社群感、环境关心和享乐显著增强资源提供者的分享意愿。其三，构建了协同消费中的共享住宿使用意愿模型，提出产品服务质量、社会影响、平台能力、多样性作为拉力因素，本真利益、安全利益、经济利益及个人知识作为推力因素，共同促使消费者获得享乐、信任和感知有用的主观心理感受，进而促使消费者产生使用意愿。其四，消费者在协同消费中的主要感知风险包括财务风险、功能风险、社会风险和身体风险，这些风险产生于平台能力、个性化、重要他人推荐和在线评论，感知风险抑制消费者的使用意愿。其五，在协同消费中，自主权、自我一致性和服务互动是消费者心理所有权产生的主要路径，这种基于使用的"伪所有权"积极影响消费者的再惠顾和顾客公民行为。其六，在共享住宿的协同消费中，沟通、关系投资、专业知识和主客相似性通过提高关系质量中的信任和满意度，促进消费者的参与行为和顾客公民行为。

　　本书全面揭示了协同消费概念的内涵和外延，消费者参与协同消费的心理机制，以及抑制和促进消费者参与的主要因素及其效应，同时提出了推进共享经济中共享住宿发展的政策建议。

Abstract

The relationship between subjects and objects in collaborative consumption has shifted from long-term and stable to temporary and uncertain, rendering the existing theory of ownership-based consumption insufficient in explaining the behavior in use-based consumption. Drawing on theories such as self-determination, psychological ownership, perceived risk, and value co-creation, this project employs various research methods including questionnaire surveys, experimental research, data mining, and qualitative interviews. The study explores the conceptual framework of collaborative consumption along with the psychological characteristics and motivations behind consumers' sharing and use in sharing accommodation. It also examines perceived risks, psychological ownership, and value co-creation within sharing accommodation. Furthermore, focusing on shared accommodation within collaborative consumption field this study proposes policy recommendations to promote sharing accommodation's development.

The main research results of this topic include: Firstly, the concept, classification, characteristics and motivation of collaborative consumption are defined. Secondly, a willingness model of sharing accommodation in collaborative consumption is constructed, and it is proposed that instrumental materialism, ultimate materialism, balance reciprocity, and extensive reciprocity significantly enhance the willingness of resource providers to share through currency returns, social norms, community feelings, environmental concerns and enjoyment. Thirdly, a model of sharing accommodation in collaborative consumption is constructed. It is proposed that service quality, social influence, platform capabilities, diversity serve as heuristic factors, while authenticity benefits, safety benefits, economic benefits, and personal knowledge serve as driving factors. These factors promote consumers to obtain enjoyment, trust, and perceived usefulness, thereby encouraging consumers to generate a willingness to use. Fourthly, the main perceived risks of consumers in collaborative consumption include financial risks, performance risks, social risks, and physical risks. These risks arise from platform capabilities, personalization, social influence, and online reviews. Perceived risks inhibit consumers' willingness to use. Fifthly, in collaborative consumption, autonomy, self-consistency, and service interaction are the main paths for consumers' psychological ownership to arise. This type of "pseudo-ownership" based on use positively affects consumers' re-patronage and customer citizenship behaviors. Sixthly, communication, relationship investment, expertise, and host-guest similarity in sharing accommodation promote consumer participation and customer citizenship behaviors by enhancing trust and satisfaction in relationship quality.

This study reveals the conceptual connotation and extension of collaborative consumption, the psychological mechanism of consumers' participation in sharing accommodation, as well as the main factors that inhibit or promote consumers' participation and their effects; at the same time it proposes policy suggestions to promote the development of the sharing accommodation.

目　录

第一章　导论 … 1
第一节　研究背景 … 1
第二节　研究意义 … 5
第三节　研究目标及主要内容 … 7
第四节　研究思路及研究方法 … 10
第五节　研究的主要创新点 … 12

第二章　协同消费与共享住宿 … 14
第一节　协同消费的概念、特征与分类 … 14
第二节　协同消费中的消费者特征 … 23
第三节　协同消费对消费者的影响 … 26
第四节　共享住宿的概念辨析 … 29
第五节　共享住宿研究现状 … 30

第三章　协同消费中共享住宿房东分享行为研究 … 39
第一节　自我决定理论 … 39
第二节　共享住宿房东分享行为模型 … 43
第三节　共享住宿分享模型研究设计 … 50
第四节　基于问卷调查的分享行为分析 … 54

第四章　协同消费中共享住宿消费者使用行为质性研究　65
第一节　扎根理论方法与工具　65
第二节　共享住宿使用行为质性研究过程　68
第三节　共享住宿消费者使用心理机制阐释　77

第五章　协同消费中共享住宿消费者使用行为量化研究　82
第一节　认知—情感—意动理论　82
第二节　共享住宿消费者使用行为模型　83
第三节　共享住宿使用模型研究设计　88
第四节　基于结构方程模型的使用行为分析　94

第六章　共享住宿中的消费者感知风险研究　98
第一节　感知风险理论　98
第二节　共享住宿中的消费者感知风险模型　105
第三节　在线评论对感知风险影响的实验研究　120

第七章　共享住宿中的消费者心理所有权研究　137
第一节　心理所有权理论　138
第二节　共享住宿中消费者心理所有权的产生与影响　146
第三节　共享住宿中消费者心理所有权的建构策略　157

第八章　共享住宿中的顾客价值共创行为研究　170
第一节　顾客价值共创、关系营销、社会交换理论　171
第二节　共享住宿顾客价值共创行为影响机制　177
第三节　顾客价值共创中的关系质量提升策略　199

第九章　研究结论、管理建议与研究展望　213
第一节　共享住宿的主要研究结论　213

第二节　共享住宿的管理建议 …………………………… 217
第三节　共享住宿研究展望 ………………………………… 221
第四节　协同消费未来研究方向 …………………………… 223

参考文献 ……………………………………………………… 228

第一章　导论

本章重点介绍协同消费视角下共享住宿研究的背景、意义、目标、主要内容、思路、方法以及主要创新点。

第一节　研究背景

共享经济（sharing economy）是指"利用互联网等现代信息技术，以使用权分享为主要特征，整合海量、分散化资源，满足多样化需求的经济活动总和"（国家信息中心分享经济研究中心，2018），集中体现了我国"创新、协调、绿色、开放、共享"五大发展理念，是我国经济进入新常态下的新动能。2018 年的《政府工作报告》明确指出共享经济"正在重塑经济增长格局、深刻改变生产生活方式，成为中国创新发展的新标志"。2021 年颁布的《中华人民共和国国民经济和社会发展第十四个五年规划和2035 年远景目标纲要》进一步强调要"促进共享经济、平台经济健康发展"。共享经济通过供需双方的快速匹配实现资源配置的最优化，迅速渗透到生产生活的多个领域，助推供给侧改革，优化经济结构，促进经济增长动力从要素驱动、投资驱动转向创新驱动，推动我国成为全球共享经济的创新者和引领者。

共享经济的发展离不开消费者的参与，协同消费是共享经济在消费者市场的具体表现。虽然一些学者将协同消费与共享经济、使用消费（access-based consumption）视作同一个概念（Mao and Lyu，2017；何超等，2018；李立威和何勤，2018），但是随着共享经济实践的发展和共享经济理论研究的深入，另一些学者认为协同消费在概念外延和内涵上与共享经济和使用消费有着本质的区别（Bardhi and Eckhardt, 2012; Belk, 2014; 卢东等, 2018）。共享经济不仅包括协同消费，还包括协同生产、协同学习和协同金融（Stockes et al., 2014）；使用消费则指消费者以非所有权占有形式对物品进行临时使用，并不包括将其所拥有的物品提供给他人使用（Bardhi and Eckhardt, 2012）；而协同消费不仅包括使用消费，还包括消费者作为资源提供者的分享行为。因此，协同消费是消费者市场中消费者借助现代信息技术实现的，以所有权和使用权分离为特征的产品和服务的分享和使用（卢东等, 2018）。

协同消费中传统消费者市场以所有权占有为主的物我关系，重构为以使用权分享和获取为主的物我关系。物我关系重构发生的原因在于后现代社会结构的流动性。流动现代性理论（liquid modernity theory）认为，后现代社会将不再具有长期性和稳定性，而表现为工具理性、个性化、风险和不确定性、生活和身份碎片化的特征。在后现代社会中，消费形式越来越趋向于以使用权为主的流动消费（Bardhi and Eckhardt, 2017），传统上以所有权占有方式表现的长期和稳定的物我关系，也转变为以使用权分享和获取方式表现的临时和不确定的物我关系。在这种重构的物我关系下，消费者的行为和模式发生了深刻的改变（Ozanne and Ballantine, 2010; Piacentini et al., 2012），涌现了多种协同消费共享平台，从空间共享的爱彼迎（Airbnb）和 HomeAway，出行共享的 Uber 和 Zipcar，到知识和技能共享的知乎和喜马拉雅。

协同消费在增加社会财富（Benjaafar et al., 2019）、实现可持续发展 Hamari et al., 2016; Lu et al., 2019; Yin et al., 2018）、推动创新创业（彭华涛等, 2018）、适应后现代社会流动性（Bardhi and Eckhardt, 2017; Bauman, 2003, 2007）等方面具有先天的优势，引起学者们的极大关注。针对共享经济中的协同消费现象，现有研究主要聚焦于以下三个方面。①辨析协同消费概念的内涵和外延，如 Botsman 和 Rogers（2010）、Belk（2014）、Benoit 等（2017）。学者们在协同消费的概念范畴上还存在争议（例如，是否包括传统分享，是否包括构成所有权永久转移的赠予或捐赠，是否仅限于消费者间的分享）。②识别协同消费中消费者分享和使用的个体特征、心理特征和动机,如 Akbar 等(2016)、Hamari 等(2016)、So 等(2018)。这些研究识别了协同消费的主要人口统计特征、心理特征和动机,但大多数还处在定性研究阶段,尚未从分享和使用两种不同行为上对其动机进行定量研究。③探索影响协同消费的因素,如 Lawson 等(2016)及 Lutz 和 Newlands(2018)。这些研究探索了诸如价格、便利性等影响因素以及市场细分策略,但对企业如何促进协同消费的指导不足。

从已有协同消费研究现状看,协同消费无论是在实践还是理论研究层面都还处在发展的初期阶段(Benoit et al., 2017;Catulli et al., 2017;Lamberton,2016),还存在如下问题需进一步探索。

(1) 协同消费的概念、类别和特征研究。有别于所有权消费和传统分享(非补偿性的分享),学界对协同消费的范畴、内涵、类型和特征还缺乏统一的认识,特别是在共享经济快速发展、新兴商业分享模式涌现的背景下,迫切需要厘清协同消费的本质,即协同消费的内涵是什么,边界在哪里,有哪些维度,有什么特征,包含哪些类型?

(2) 协同消费的心理特征和动机研究。协同消费改变了传统上以所有权偏好和占有为主的消费文化,既包括以分享为特征的分配端,也包括以非所有权占有为特征的使用端(Belk,2014;Bucher et al., 2016),即协同消费者既包括资源的提供者,又包括资源的使用者。那么作为"我"的消费者分享物品、知识和空间的动机是什么,哪些心理特征促进或阻碍了消费者的分享?消费者放弃所有权占有转向使用权获取的动机又是什么,哪些心理特征促进了消费者选择使用而不是购买?理论上迫切需要识别消费者参与协同消费的主要心理特征和动机,以及这些心理特征和动机如何促进或阻碍消费者分享以及使用。

(3) 协同消费影响因素及其机制研究。消费者对不同协同消费市场策略有不同响应。那么在物我关系重构的背景下,企业的可操控因素如何影响消费者参与协同消费的意愿?具体而言,需厘清两个方面的问题:在协同消费的分享端,"物"和"我"的因素,以及物我关系因素如何影响消费者的分享意愿和行为;在协同消费的使用端,"物"和"我"的因素,以及物我关系因素如何影响消费者的选择使用意愿和使用支付意愿。

因此,对于协同消费这一新兴的消费模式,迫切需要回答以下问题:

共享经济下的协同消费是什么；面对各种新兴的协同消费模式，如何进行分类，其特征如何；参与协同消费的消费者的个体特征和动机是什么；协同消费对消费者存在何种影响。

共享住宿作为共享经济的一个重要领域和协同消费的典型形式，通过互联网平台实现闲置住宿资源与个性化住宿需求之间动态、精确、高效的供需匹配。由于共享住宿房间资源丰富、设计风格多样、预订入住快捷、价格区间宽泛，因此近五年来发展十分迅速。2019年，我国共享住宿市场交易规模约为225亿元，比上年增长36.4%，其收入占全住宿业客房收入的比重达7.3%，用户规模达8300万人（国家信息中心分享经济研究中心，2020）。2020年7月，鼓励发展"共享住宿"首次写入我国政府文件。2020~2022年受新冠疫情影响，我国共享住宿市场规模明显缩减，据《中国共享经济发展报告（2023）》，2022年共享住宿市场同比下滑24.3%。2023年伴随旅游业的全面复苏，我国共享住宿逐步恢复增长趋势。相对于传统酒店业，共享住宿不仅提供住宿，更是一种全新的深度旅游方式，帮助游客沉浸于本土人文风情，从而获得更广泛的社交资源。房东通过商业分享系统——共享平台，实现房间资源信息的共享，让闲置的房间得到更充分的利用，不仅为旅游住宿业提供了数量更丰富、形式更多样的住宿资源，也为灵活就业、创新创业提供了更多的机会，为居民收入增加提供了实现路径和手段。

伴随着共享住宿市场规模的不断扩大，共享住宿的行业规范和促进政策不断出台。当前，共享住宿的行业规范和促进政策主要包括三个方面：一是加强共享住宿市场监管，保护消费者的合法权益，建设监管数据平台，搭建商家、订单、入住等资料综合齐全的数据库，实现与政府监管平台、公安等部门的连接，税务和其他部门及时更新资料，构建共享住宿平台准入制度与退出机制；二是完善共享住宿的营商环境，构建共享住宿平台信用评价体系，强化行业监管，加大政策扶持力度，鼓励和引导企业创新发展；三是促进共享住宿与传统旅游业的融合，提升旅游服务水平。其中，具有标志性意义的是2018年由国家信息中心分享经济研究中心发布的《共享住宿服务规范》，这是我国共享住宿领域首个行业自律性标准文件，对促进与规范共享住宿发展具有重大意义。2020年7月，为加快恢复受新冠疫情冲击的旅游住宿业，国家发改委等多部门出台了《关于支持新业态新模式健康发展激活消费市场带动扩大就业的意见》，专章提出要"培育发展共享经济新业态，创造生产要素供给新方式"，明确要求积极拓展共享生活新空间，推动形成高质量的生活服务要素供给新体系，鼓励共享住宿等领域产品智能化升级和商业模式创新，发展生活消费新方式，培育线上高端品牌。2021年2月，国务院发布《关于加快建立健全绿色低碳循环发展经济体系的指导意见》，明确提出"提高服务业绿色发展水平。有序发展出行、住宿等领域共享经济，规范发展闲置资源交易"。

与共享住宿蓬勃发展的商业现实相比，共享住宿的理论研究才刚刚兴起。从现有文献看，对共享住宿的研究多聚焦于住宿资源的使用，尚缺乏住宿资源的分享，且这些研究多以爱彼迎和国外消费者为对象，其研究结果是否适用于我国文化和市场还需进一步探索。鉴于相关理论研究的不足以及共享住宿发展的现实需求，本书将对共享住宿进行全面系统的研究，以协同消费视角，从住宿资源的分享和使用行为出发，研究房东的分享和消费者的使用，消费者在共享住宿中的感知风险、心理所有权和价值共创，丰富共享住宿理论体系，为共享住宿的营销实践和行业管理提供政策建议。

第二节　研究意义

鉴于相关理论研究的不足以及共享住宿发展的现实需求，本书将从协同消费的视角对共享住宿开展全面系统的研究，具有一定的理论意义与实践意义。

（一）理论意义

（1）深化了共享经济环境下协同消费的理论研究。本书从现代信息技术发展和消费模式转变出发，分析协同消费的概念。通过文献梳理并结合我国共享经济中新兴的商业模式，提出协同消费具有系统依赖、市场中介、消费者参与和在线分享四个特征，并基于消费主体和客体对协同消费进行类型划分。同时深入分析了消费者参与协同消费的个体特征以及协同消费对消费者的影响，对现有的协同消费理论研究框架进行了补充完善。

（2）构建了协同消费中的共享住宿房东分享行为模型。从协同消费的资源供给端切入，以自我决定理论为基础，系统解析了共享住宿房东的分享行为动机，构建了共享住宿房东分享行为模型，揭开了房东参与共享住宿的"黑箱"。

（3）构建了协同消费中的共享住宿消费者使用行为模型。从协同消费的资源使用端切入，通过扎根理论质化研究总结了消费者选择共享住宿的影响因素，并基于认知—情感—意动理论，通过实证分析，构建了共享住宿消费者使用行为模型，揭示了消费者选择共享住宿的复杂心理过程。

（4）构建了共享住宿中的消费者感知风险理论模型。梳理了共享住宿情境下感知风险的主要维度，详细分析了不同感知风险维度的重要前因变量，构建了共享住宿感知风险理论模型。同时深入探析了感知风险的前置影响因素对感知风险不同维度的差异化影响，以及各维度的感知风险对消费者使用意愿的影响机制，弥补了现有共享住宿研究将感知风险视为单一变量的研究缺陷，丰富了中国本土情境下的共享住宿感知风险理论研究成果。

（5）构建了共享住宿消费者心理所有权理论模型。以心理所有权理论为基础，聚焦协同消费中消费者对共享住宿的心理所有权的产生路径与作用机制，重点探析心理所有权的影响因素及效应，构建了共享住宿消费者心理所有权理论模型，并分析了共享住宿心理所有权的具体建构措施，不仅扩展了心理所有权理论的研究领域，同时也丰富了共享经济环境下的消费者行为理论研究。

（6）构建了共享住宿顾客价值共创理论模型。基于顾客价值共创理论，构建了共享住宿顾客价值共创理论模型，探讨了共享住宿中的关系营销策略、关系质量与顾客价值共创行为之间的内在联系，探索了关系营销类型与顾客自我建构特征对关系质量的交互影响。

（二）实践意义

（1）研究共享经济中协同消费的概念、类别和特征，深入分析消费者参与协同消费的个体特征、动机，以及协同消费对消费者的影响，在实践中为协同消费相关平台企业的发展、公共政策制定以及社会文化建设提供了重要的参考。

（2）研究协同消费中共享住宿的房东分享行为，有助于政府相关部门及共享住宿平台更好地理解资源提供端房东的分享行为动机及参与共享住宿的心理机制，进而制定更加优惠合理的政策，吸引更多拥有闲置房源的潜在房东参与。

（3）研究协同消费中共享住宿的消费者使用行为，能为我国共享住宿平台提供优化产品服务、完善管理体系、提升消费者体验的新思维模式和新路径，有利于共享住宿平台在共享经济模式下开展更好的商业活动，吸引更多的消费者参与，对共享住宿在我国的发展具有较为积极的意义。

（4）研究共享住宿的消费者感知风险，有助于政府部门协助共享住宿平台共同降低消费者感知风险。基于此，共享住宿平台能更加深入地了解与感知风险的各个维度，及时提升平台的管理服务能力，相关政府部门能更加有针对性地优化行业政策、改善营商环境，进而合力降低消费者的感知风险，促进共享住宿良好发展。

（5）研究共享住宿的消费者心理所有权，有助于共享住宿平台及房东依据心理所有权的影响因素制定科学的营销策略，可以为共享住宿平台及房东积极引导消费者产生心理所有权、打造良好主客关系提供具体的实践指导，进一步促进消费者自觉爱护共享资源，提高共享资源利用率，促使共享住宿行业实现良性健康发展。

（6）研究共享住宿中的顾客价值共创行为，有助于共享住宿平台及房东更加具象地了解恰当的营销手段对主客关系建立的重要性，了解主客关系对双方合作共赢的重要性，为房东及服务人员素质的提高、经营模式的改进以及服务的完善等方面提供参考。

第三节 研究目标及主要内容

（一）研究目标

本书以系统开展协同消费视角下的共享住宿研究为理论价值目标，以科学提出共享住宿行业发展和营销管理建议为应用价值目标，围绕"协同消费"和"共享住宿"两个关键词，确定6个研究子目标：①解析协同消费的基本原理；②构建协同消费中的共享住宿房东分享行为模型；③构建协同消费中的共享住宿消费者使用行为模型；④构建共享住宿中的消费者感知风险理论模型；⑤构建共享住宿消费者心理所有权理论模型；⑥构建共享住宿顾客价值共创理论模型。每个子目标息息相关、层层递进，共同构成本书的目标集合，以期丰富共享住宿理论体系，为共享住宿的营销实践和行业管理提供政策建议。

（二）主要内容

本书从协同消费视角对共享住宿开展系统研究，在明确协同消费的概念、分类和特征的基础上，对共享住宿这一典型共享经济模式，从协同消费的资源分配端和资源使用端，开展系列实证研究。首先，构建了共享住宿房东分享行为模型及消费者使用心理机制模型，系统解析了房东分享的心理机制及消费者选择共享住宿的复杂心理过程；其次，分别探讨了共享住宿的感知风险、消费者心理所有权和顾客价值共创行为，剖析共享住宿中消费者的不同感知风险及其来源和影响，研究消费者对共享住宿心理所有权的产生机制，分析共享住宿中顾客价值共创行为的产生。本书将共享住宿视为协同消费模式，基于资源分享和使用的视角，全景式解析了共享住宿中房东和消费者的复杂心理机制和行为模式，提供了经过实证检验的共享住宿分享和使用模型、共享住宿感知风险模型、共享住宿心理所有权理论以及共享住宿顾客价值共创行为模型，为共享住宿行业的营销管理和行业发展提供了可供借鉴的政策建议。全书共分为九章，具体内容如下。

第一章：导论。本章介绍了协同消费视角下共享住宿研究的背景、意义、目标、主要内容、思路、方法以及主要创新点。

第二章：协同消费与共享住宿。本章系统讨论协同消费的概念、特征和类别，深入分析消费者参与协同消费的个体特征以及协同消费对消费者的影响，同时对共享住宿这一协同消费的典型代表进行概念解析，并梳理消费者选择共享住宿的动机和关键因素，为共享住宿研究提供理论背景和研究逻辑。

第三章：协同消费中共享住宿房东分享行为研究。本章聚焦协同消费的资源分享，以共享住宿房东分享行为为研究对象开展研究，构建共享住宿中房东分享行为模型，系统解析房东分享的心理机制。

第四章：协同消费中共享住宿消费者使用行为质性研究。本章将视角转向共享住宿使用端，对26位国内共享住宿平台的使用者进行深度访谈，采用扎根理论方法，利用质性分析软件NVivo10对收集的访谈资料进行整理与分析，归纳共享住宿消费行为意愿的影响因素及影响机制。

第五章：协同消费中共享住宿消费者使用行为量化研究。本章基于认识—情感—意动理论，通过大规模问卷调查，对消费者选择共享住宿的心理机制进行全面系统的实证研究，验证共享住宿消费者使用心理机制模型，揭示消费者选择共享住宿的复杂心理过程，为房东开展共享住宿营销提供策略建议。

第六章：共享住宿中的消费者感知风险研究。本章以共享住宿中消费者的感知风险为研究对象，探索在共享住宿情境下，消费者不同感知风险的维度及其前因和后果。基于感知风险理论，立足内部特征、外界环境二维视角，采取问卷调查、实验设计方法，使用AMOS、SPSS分析软件，探索了平台能力、个性化、在线评论、重要他人推荐对各感知风险维度的差异化影响，以及各感知风险维度对共享住宿选择意愿的不同影响。

第七章：共享住宿中的消费者心理所有权研究。本章聚焦共享住宿中的消费者心理所有权，基于心理所有权的产生路径与结果，结合共享住宿特征，提出共享住宿情境下的心理所有权影响因素及效应模型，建立了消费者共享住宿心理所有权理论模型，即自主权、自我一致性、服务互动促进心理所有权的产生，心理所有权导致再惠顾意愿和顾客公民行为，采用问卷调查的方式收集数据并对理论模型进行验证分析。通过网络爬虫技术爬取途家民宿平台6个城市60家民宿的评论内容，采用无监督学习——K-means算法对预处理后的评论文本进行聚类，获得共享住宿心理所有权的具体建构措施。

第八章：共享住宿中的顾客价值共创行为研究。本章将共享住宿中的主客关系作为顾客参与价值共创的前因，以社会交换理论为基础，建立关系营销策略—关系质量—顾客价值共创行为的传导机制，探索关系营销视角下顾客价值共创行为的影响机制。对关系营销进行深入分析，提出不同共享住宿消费者面对不同类型的关系营销策略会产生不同反应，并通过实验法来验证关系营销策略与顾客自我建构对关系质量的交互影响，从而形成更具针对性的主客关系质量提升策略。

第九章：研究结论、管理建议与研究展望。本章梳理总结第三章至第八章的研究成果，并依据研究成果为我国共享住宿发展提出有针对性的、科学的管理建议，对共享住宿及协同消费进行研究展望，为未来的理论研究指明方向。

第四节 研究思路及研究方法

（一）研究思路

依据研究目标及研究内容，绘制了本书的研究技术路线（见图1-1），以指导研究顺利有序地开展。具体而言，本书将在明确协同消费的概念、特征、分类、参与协同消费的消费者个体特征和协同消费对消费者影响的基础上，从协同消费的资源分配端及使用端，对共享住宿这一典型协同消费模式开展系列实证研究：首先，全景式解析共享住宿中房东分享和消费者使用的心理机制与行为模式；其次，探讨共享住宿中的感知风险、消费者心理所有权和顾客价值共创行为；最后，总结研究成果和管理启示，指出未来研究方向。

（二）研究方法

（1）文献研究。文献研究旨在对现有相关文献进行搜寻、整理、甄别和分析，以对客观事实或现象形成一个系统科学的认知。本书作者首先在ScienceDirect、Springer、Wiley、CNKI等数据库收集协同消费及共享住宿研究领域内相关的中英文文献，梳理先行研究成果，总结现有研究现状，为本研究的开展奠定坚实的理论基础。

（2）问卷调查。问卷调查是一种低成本、弱干扰、高效率的获取数据的方法（陈晓萍等，2012）。本书的第三章、第五章至第八章均采用了问

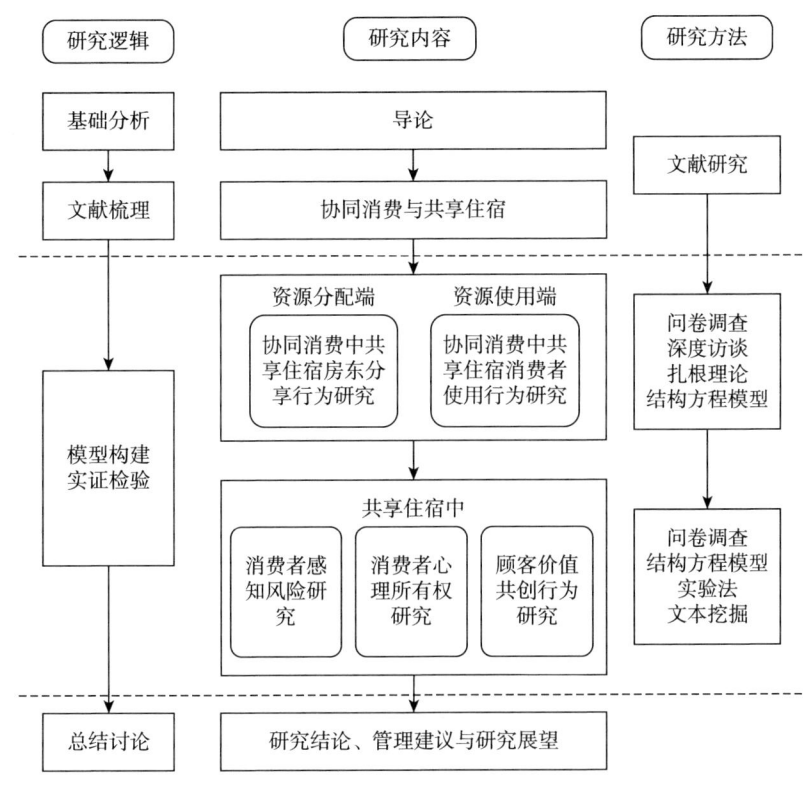

```
研究逻辑              研究内容              研究方法

基础分析    ──→    导论              文献研究
  ↓
文献梳理           协同消费与共享住宿
- - - - - - - - - - - - - - - - - - - - - - - - - - - - -
                资源分配端   资源使用端
                协同消费中共  协同消费中共     问卷调查
                享住宿房东分  享住宿消费者    深度访谈
                享行为研究    使用行为研究    扎根理论
模型构建                                    结构方程模型
实证检验
                     共享住宿中
                消费者感  消费者心  顾客价值    问卷调查
                知风险研  理所有权  共创行为    结构方程模型
                究       研究     研究       实验法
                                            文本挖掘
- - - - - - - - - - - - - - - - - - - - - - - - - - - - -
总结讨论           研究结论、管理建议与研究展望
```

图 1-1 研究技术路线

卷调查法。在设计问卷时，笔者借鉴了大量国内外研究中的成熟量表，也有少数量表是依据深度访谈资料的扎根理论分析结果自制的。经预调查后，对原始问卷进行修改和完善，得到最终的正式调查问卷。而后将正式调查问卷发布至在线调查平台或线下随机发放，通过线上线下相结合的方式来收集所需的数据。

（3）深度访谈。深度访谈适合了解复杂、抽象的问题，是一种直接的、个人的、无结构的访问。在本书第四章的研究中，笔者邀请了我国主要共享住宿平台上 26 位拥有共享住宿消费经历的注册用户进行一对一访谈，以收集我国消费者共享住宿行为的相关信息，为开展扎根理论质性研究提供真实可靠的材料。

（4）扎根理论。扎根理论作为一种重要的质性研究方法，受到社会学、管理学、护理学等领域内众多学者的关注并得到广泛应用。它主张研究者在符合实际情景的条件下，系统地获取与分析资料，逐步发展出符合客观实际且具有应用价值的理论成果（Glaser and Strauss，1967）。在不断发展与演化的过程中，形成了经典、程序化和构建型三个派别的扎根理论。本书第四章将依据程序化扎根理论的编码原则与程序来对访谈资料进行分析，以此提炼影响我国消费者选择共享住宿的主要因素，并构建相应的模型。

（5）结构方程模型。结构方程模型（structure equation modeling）是社会科学领域内量化研究的重要统计方法，它能应用线性方程系统表示观测变量与潜变量之间，以及各潜变量之间的关系（林嵩和姜彦福，2006）。管理活动是一个复杂的系统，其中存在大量不可直接观测的概念和难以直接量化的指标。管理研究常常需要研究这些概念的具体内涵及它们与其他相关管理要素之间的关系。传统的统计技术很难综合全部相关变量来进行处理，而结构方程模型可以通过一个系统的模型结构，将所有内外生变量以及变量的测量误差整合起来分析，使所拟合的模型更具有科学性和参考性。在本书第三章、第五章至第八章中，笔者利用 AMOS 软件，运用结构方程模型来验证各变量间的关系，进一步阐释各模型具体的影响机制。

（6）实验法。实验法通常用于推断因果关系。相比于探索性研究或问卷调查法，实验法能为因果关系的研究提供更令人信服的证据。本书第六章和第八章的研究均使用了实验法，通过设计相关实验进一步分析变量间的因果关系及交互影响。

（7）文本挖掘。文本挖掘是指利用计算机从不同的文本资源中自动提取信息，其目的是从海量文本中发现未知的信息，一般包括文本数据采集、文本预处理、文本特征提取、文本数据分析和结果展示五个流程。在本书第七章的研究中，笔者通过文本挖掘，充分利用共享住宿平台内海量真实的消费者评论数据进行分析，由此提出共享住宿心理所有权的构建策略。

第五节　研究的主要创新点

与现有的国内外研究成果相比，本书中的研究具有以下创新之处。

（1）创新性地提出了基于分享和使用的二维协同消费概念、基于行为和技术属性的协同消费特征和基于主体与客体的协同消费分类，完整界定了协同消费的边界和本质，实现协同消费概念体系的创新。

（2）创新性地构建了共享住宿房东分享行为模型和消费者使用模型，既揭示了共享住宿资源提供端的房东参与住宿分享的主要动机及心理机制，又探析了共享住宿资源使用端的消费者选择共享住宿的主要影响因素及影响机制。

（3）创新性地将感知风险视为多维度变量，新颖地从内部特征、外界环境二维角度，构建共享住宿消费者感知风险模型，探索平台能力、个性化、在线评论、重要他人推荐对各感知风险维度的差异化影响。同时，进一步聚焦在线评论这一关键影响因素，创新性地讨论了评论不一致性和共享住宿产品属性对共享住宿中消费者不同感知风险维度的交互作用。

（4）创新性地构建了共享住宿消费者心理所有权理论模型，阐释了共享住宿心理所有权的产生路径与作用机制，分析了共享住宿心理所有权的具体建构措施。

（5）创新性地构建了共享住宿顾客价值共创理论模型，建立关系营销—关系质量—顾客价值的传导机制，探索了关系营销视角下顾客价值共创行为的影响机制，同时探索了关系营销类型与顾客自我建构对关系质量的交互影响。

第二章　协同消费与共享住宿

协同消费（collaborative consumption）是共享经济在消费者市场的具体表现。本章系统讨论共享经济中协同消费的概念、类别和特征，深入分析消费者参与协同消费的个体特征、动机，以及协同消费对消费者的影响。同时，讨论共享住宿的概念，梳理共享住宿现有研究成果，为后续章节的研究提供理论背景和研究逻辑。

第一节　协同消费的概念、特征与分类

（一）协同消费的概念界定

随着共享经济的兴起，不同学者从共享经济的不同视角将具有分享特征的商业和消费活动概念化为："分享"（sharing）（Belk，2010）、"协同消费"（Botsman and Rogers，2010）、"商业分享系统"（commercial sharing systems）（Lamberton and Rose，2012）、"协同生产"（co-production）（Humphreys and Grayson，2008）、"协同创造"（co-creation）（Lanier and Jensen，2007）、"生产消费融合"（prosumption）（Ritzer and Jurgenson，2010）、"产品服务系统"（product-service systems）（Mont，2002）、"使用消费"（access-based consumption）（Bardhi and Eckhardt，2012）、"消费者参与"（consumer participation）（Fitzsimmons，1985）和"流动消费"（liquid consumption）（Bardhi and Eckhardt，2017）等。在这一系列与共享经济密切相关的概念中，协同消费不仅体现了共享经济所具有的在线协同、社交商务、在线分享和消费者意

识四个特征（Hamari et al.，2016），而且反映了共享经济中消费者分享活动所强调的对产品和服务非所有权形式的临时性使用，以及对互联网，特别是Web 2.0的依赖（Belk，2014）。Botsman和Rogers（2010）甚至认为共享经济就是协同消费。因此，本书采用协同消费这一概念来描述共享经济中以互联网等现代信息技术为手段，以使用权分享为主要特征的消费活动，它体现了共享经济所强调的通过资源分享实现可持续发展和物尽其用的消费观。

目前，关于协同消费的概念和范畴，学界还没有达成共识。最早提出协同消费概念的Felson和Spaeth（1978）将协同消费定义为"一个或多个消费者通过参与一个或多个他人的共同活动来消费产品或服务"。这一定义仅仅强调协同消费的事实，并没有涉及资源的获取和分配，其范畴既可能包括传统的分享，如一个家庭对房屋的共享，也可能包括一般的市场交易，如朋友聚餐但各自埋单。随着现代网络技术的发展和对等社群（peer communities）的兴起，Botsman和Rogers（2010）提出协同消费是一种"基于产品和服务的分享、交换、交易或租赁，以取得所有权使用的一种经济模式"。这一概念包括了"传统的分享、物物交易、租赁、贸易、借贷、赠予和互换"等多种活动形式（Botsman and Rogers，2010）。但Belk（2014）认为该定义过于宽泛，与市场交换、赠予和分享的概念相混淆。他认为协同消费不应包括不涉及补偿的分享，也不包括构成永久性所有权转让的赠予。因此，Belk（2014）将协同消费定义为"人们为了获得一定酬金或其他形式的补偿，对资源的获取和分配所进行的协调"，包括租赁、借贷、物物交易、贸易和互换等活动。

基于Belk（2014）的定义，Möhlmann（2015）进一步强调系统和网络对分享活动的协调作用，将协同消费视为"发生在有组织的系统或网络中，其参与者以产品、服务、交通、空间或货币的租赁、借贷、贸易和互换形式所开展的分享活动"。Hamari等（2016）认为协同消费不仅是一种消费者文化，更是一种技术现象———一种基于对等网络的资源贡献和使用。因此，他们从技术视角将协同消费定义为"通过以社群为基础的在线服务，消费者获得、赠予或分享产品和服务使用权的对等活动"（Hamari et al.，2016），其具体形式包括：分享、新购、二手购买、租用、捐赠、互换以及借入或借出。

Benoit 等（2017）认为协同消费具有三元结构，其角色包括平台提供者（plat provider）、对等服务提供者（peer service provider）和顾客；在交易性质和方式上，它是一种基于市场中介的消费，交易中不发生所有权转移，顾客只是临时性地从对等服务提供者处获得闲置资产的使用权。从三元结构特征出发，Benoit 等（2017）将协同消费定义为"平台提供者将临时使用资产的消费者和提供资产使用权的服务者匹配起来，以此传递核心服务的活动"。该定义将协同消费局限于消费者间基于第三方平台的使用权交易，明确排除了企业提供产品使用权的模式。

从主流文献来看，学者们虽然在协同消费的概念范畴上存在争议（例如，是否包括传统分享，是否包括构成所有权永久转移的赠予或捐赠，是否仅限于消费者间的分享），但在以下两个方面达成了共识：①以互联网等现代信息技术作为协调资源获取和分配的手段；②以所有权与使用权分离为核心的分享与使用。基于现有学者的共识和共享经济发展的商业实践，本书认为协同消费改变了传统的以所有权占有为表现形式的物我关系，转变为以使用权分享和获取为表现形式的物我关系。以此为视角，将协同消费定义为：在共享经济背景下，在消费者市场中，以商业分享系统为平台，以所有权与使用权分离为特征的消费者基于补偿的资源分享与使用活动，包括以分享为特征的分配端，以及以非所有权占有为特征的使用端。也就是说，消费者参与协同消费包括两种活动：一是消费者基于商业分享平台，以获取补偿为目的提供资源供其他消费者使用；二是消费者基于商业分享平台，以付费形式使用企业或其他消费者提供的资源（见图 2-1）。这一定义强调协同消费是消费者建立在满足个人利益基础上的，通过互联网信息技术实现的，在市场的中介下以付费和其他形式的补偿来获取和分配产品使用权的活动，因此不包括发生所有权转移的赠予或捐赠（如支付宝的轻松筹），也不包括以利他为导向的分享（如沙发客）。

（二）协同消费的概念比较

1. 协同消费与所有权消费

所有权表达的是个体与客体之间的特殊关系，客体属于个人财产。对

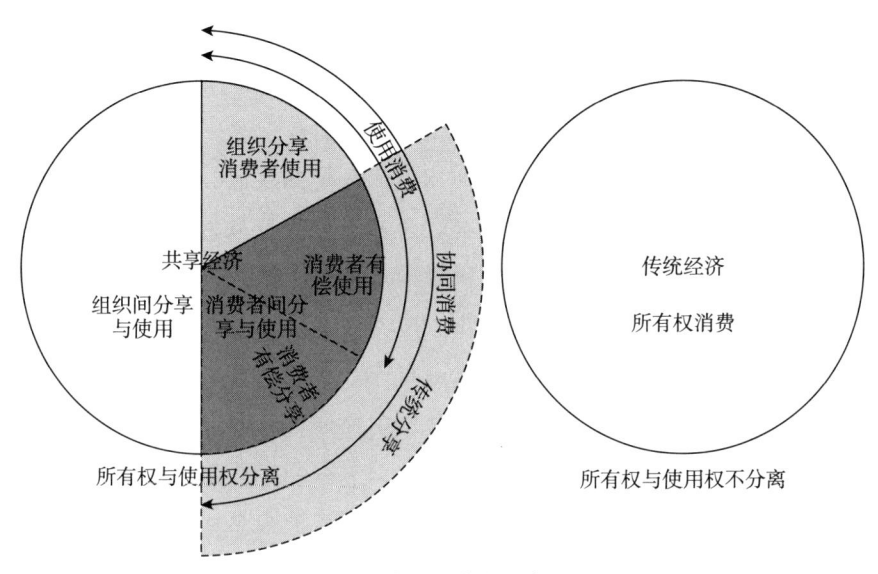

图 2-1 协同消费的概念界定

于所有权消费，消费者可以通过他们的拥有物来获得身份认同，作为扩展自我的一部分（Belk，1988）。拥有物对于自我的维持、展示和转化具有重要作用。在所有权消费模式下，消费者对产品拥有完全的财产权，可以控制与产品所有权相关的行为；单一的所有权使所有者能够清晰地界定自我与他人的边界；所有者有权控制或拒绝他人对其产品的使用，也可以通过出租、出售和利用产品来获得收益。相对于与消费者存在长期交互关系的所有权消费，协同消费是一种临时性和情景性的消费模式，消费者不以占有产品所有权为目的。

2. 协同消费与分享

虽然协同消费是以分享为基础的消费模式，但并不等同于分享。分享是指"将我们的东西分配给他人使用，或者获得他人的东西为我们所使用的行为或过程"（Belk，2010）。分享与协同消费的主要区别在于以下两点。其一，分享是一种利他主义行为，旨在为他人提供方便、礼貌或善意，是"非互惠的亲社会行为"（Benkler，2004）；而协同消费是以自利为动机，通过经济交换和互惠方式实现，产品使用权的获得是以货币或其他形式的补偿为代价的（Belk，2014；Benoit et al.，2017）。其二，分享是非市场中介的，依赖于社会机制下的协作交换（coordinating exchange）（Benoit et al.，2017），发生在社会性联结的群体中，如家庭内部和亲朋好友之间（Belk，2010）；而协同消费是以市场为中介的（Belk，2014；Benoit et al.，2017），平台企业与顾客双方或者平台企业、对等服务提供者和顾客三方依据市场交易规则实现使用权的分配和获取，并且协同消费主要发生在陌生人之间。需要指出的是，虽然近年来互联网尤其是 Web 2.0 带来了许多新的分享方式，并且更大规模地促进了陌生人之间的分享，但并没有改变分享的非互惠本质（Belk，2014）。

协同消费与分享也存在共同之处。首先，协同消费与分享都存在资源的分配和使用两种活动。例如，在分享中个体提供资源为他人使用和获得他人的资源为自己所使用；在协同消费中消费者提供产品获取报酬和支付价格获得产品的使用权。其次，协同消费和分享不发生所有权的转移，"都是以非所有权占有形式获得物品的临时使用权"（Belk，2014）。最后，协同消费和分享都依赖于互联网，特别是 Web 2.0 技术。互联网促进了供需双方的快速匹配，使陌生人之间的协同消费成为可能。以用户生成内容和用户间相互联结为特征的 Web 2.0 技术不仅使顾客提供资源成为可能，也使主要发生在家庭和熟人间的传统分享向陌生人间的现代分享转变（Belk，2014）。

3. 协同消费与使用消费

协同消费也是以使用消费为基础的消费模式。使用消费是"市场中介的交易，但交易过程中不发生所有权转移"（Bardhi and Eckhardt，2012）。服务提供者在保留合法产品所有权的同时，为获得收益，向消费者提供临时有限的产品使用权（Schaefers et al.，2016）。在使用消费中，消费者以租赁或有偿使用为基础，通过取得产品、服务或进入某种网络的资格，来获得利益（Lovelock and Gummesson，2004）。使用消费与协同消费的主要区别在于：使用消费一般指企业提供产品为消费者使用，并不包含消费者间个人私有财产的分享（Bardhi and Eckhardt，2012）；而协同消费不仅包括企业提供产品或服务为多个消费者所使用，还包括消费者提供产品或服务为他人所使用。虽然使用消费和协同消费存在差异，但二者都强调产品所有权不发生转移，消费者只是临时获得产品的使用权，并且都是利用网络技术来实现供需之间的匹配（Lawson et al.，2016）。

（三）协同消费的特征

协同消费作为一种现代信息技术驱动的共享经济（Hamari et al.，2016），虽然表现为不同的具体形式，如共享汽车、共享住宿、众筹、知识共享等，但这些不同形式具有共同的特征。基于现有文献和商业实践，协同消费具有以下特征：系统依赖、市场中介、消费者参与和在线分享。

1. 系统依赖

几乎所有的协同消费活动都依赖于不同的信息系统。Belk（2014）认为协同消费依赖于 Web 2.0 技术。Web 2.0 技术是"允许用户贡献内容并相互联结的网站"（Carroll and Romano，2011），这与信息单向提供给消费者、消费者与网站或其他消费者不能互动的 Web 1.0 技术形成鲜明对比。Web 2.0 技术促进了用户生成内容以及信息在线生成和消费，以 Web 2.0 为基础的对等平台（peer-to-peer platform）成为信息创造和消费的必需工具。虽然对等平台一般与内容分享相关，但是也包括更广泛的用户在线协同活动（Hamari et al.，2016），如用户间的交换。Botsman 和 Rogers（2010）指出社会化网络使无数分散的即时性供求信息同步化透明，让供给方和需求方实现共赢。正是由于协同消费对信息技术系统的依赖，Hamari 等（2016）将其视为一种技术现象。事实上，只有利用现代信息技术，海量分散化的资源才能有效地与消费者多样化的需求相契合，也才能真正实现协同消费。

2. 市场中介

协同消费依赖于市场中介，并受经济交换的赢利动机驱动，如汽车分享、在线阅读和住宿共享。市场中介的性质影响消费者与客体的关系，并指导这些关系的交易规则（Bardhi and Eckhardt，2012）。协同消费是对产品获取和分配的协调，而这种协调是以经济或非经济的补偿为基础的，因此 Belk（2014）将其称为"伪分享"（pseudo-sharing），Milanova 和 Maas（2017）也视其为利他行为的对立面、传统分享的商业维度。由于协同消费所描述的商业关系是以赢利为目的的商业交易，自利和互惠是参与者的主要动机，因此协同消费需要市场的调节。

3. 消费者参与

协同消费需要消费者不同程度地参与。例如，在汽车分享中，消费者需要自己驾驶、清洁、加油、报告损害以及归还，这些都是汽车分享模式成功的关键。协同消费中广泛存在消费者共创。在企业主导的协同消费中，消费者承担了企业员工的角色（Bardhi and Eckhardt，2012），需要消费者自助完成服务；而在消费者主导的协同消费中，消费者既是消费者，也是生产者，即"生产消费者"（proconsumer）（Hamari et al.，2016）。由于协同消费需要消费者参与，从消费属性上看，具有自助服务的特征，这影响了消费者对使用客体的承诺和认同（Bardhi and Eckhardt，2012）。

4. 在线分享

协同消费虽然被称为伪分享，但仍然具有分享的形式。Belk（2014）就认为协同消费处于传统分享和一般市场交易之间，兼具二者的属性。互联网使得分享不再局限于具有亲密关系的个体之间，而是扩展到更大范围的陌生人之间。对于消费者，互联网不仅促进了他们之间知识和内容的在线分享，也促进了他们之间实体产品的转移和使用（Belk and Llamas，2012）。对于企业，电子商务推动了产品和服务通过信息技术分享（Gansky，2010），如 Zipcar、爱彼迎等在线协同消费平台。在线分享的特征使协同消费戴上了分享的面具（Belk，2014；Milanova and Maas，2017）。

（四）协同消费的分类

理论上，学者们依据消费方式、产品或服务提供者、交换模式、产品的竞争性和排他性等不同标准，对协同消费进行了不同的划分。

Botsman 和 Rogers（2010）依据消费者在共享经济中的消费方式，将协同消费划分为三种类型：产品服务系统（product service systems）、再分配市场（redistribution markets）和协同生活方式（collaborative lifestyles）。产品服务系统是指人们共享企业提供的产品（如神州租车的汽车租赁），对等共享或租用他人的私人物品（如 Zilok、Rentoid 等私人物品租赁平台）。在这种系统中，消费者不占有产品的所有权，只为获得产品使用权而付费。通过产品服务系统，消费者不必获得物品的所有权，也不用为占有产品支付额外费用；消费者与产品的关系从归属关系转变为使用关系，产品本身只是满足某种需求的选项。再分配市场是指将不需要的二手或废弃的物品重新分配给另一些需要的人（如 eBay、Craigslist 网站），减少社会资源的浪费。协同生活方式则是指具有相同兴趣的群体相互分享或互换各自的时间、空间、技能或资金等虚拟资产（如爱彼迎、途家等住宿分享市场）。协同生活方式往往基于陌生人的信任来实现消费者间私人财产的分享，丰富了个体的人际关系和社会联系。

在 Botsman 和 Rogers（2010）的分类基础上，Möhlmann（2015）进一步依据产品和服务是由企业提供还是由消费者提供，将协同消费分为 B2C 服务和 C2C 分享。B2C 服务指企业提供产品和服务供消费者临时使用，C2C 分享包括再分配市场和协同生活方式。

Hamari 等（2016）认为协同消费也包含了产品所有权的转移，因此他们根据交换过程中产品所有权是否发生转移，将协同消费划分为所有权使用（access over ownership）和所有权转让（transfer of ownership）两种形式。前者指用户可以通过对等分享方式，在有限时间里提供和分享他们的产品和服务给其他用户，其主要形式为租用和交换，如爱彼迎、途家和 Uber 等；后者指通过二手物品的购买和交换使所有权从一个用户让渡给另一个用户，如闲鱼网。

Lamberton 和 Rose（2012）借鉴公共产品文献对共享产品的分类方法，依据产品的竞争性和排他性将商业分享系统划分为四种类别：公共产品分享、使用/俱乐部产品分享、开放型商业产品分享和封闭型商业产品分享。竞争性是指在商业分享系统中，一个消费者对产品的使用导致该产品不能被其他消费者使用的程度，即共享产品的有限供给使得消费者之间相互竞争。排他性则指依据一定的标准，一些消费者群体对分享系统的使用受到控制和约束。公共产品分享具有低排他性和低竞争性。这类产品能被绝大多数人共同消费或分享，并且一些消费者的使用不会影响其他消费者的使用，包括公园、电台、广播、互联网、开源软件等不可耗尽、可持续维持的产品或服务。使用/俱乐部产品分享具有高排他性和低竞争性。这类产品介于公共产品和私人产品之间，仅由获得分享系统资格的全体会员共同使用，但单个会员的使用不会影响或者减少其他会员对该产品的使用，包括乡村俱乐部、私人俱乐部、餐厅、宗教设施、投资俱乐部、社区支持型农业等。开放型商业产品分享具有低排他性和高竞争性。其特点是对所有支付准入费用的人员开放，对参与者几乎没有限制，但是一旦某个消费者使用了分享系统中的产品或者服务，其他消费者便不能使用该产品或服务，如共享单车、共享汽车、分时度假酒店等。封闭型商业产品分享具有高排他性和高竞争性。分享系统限定于那些具有某种地位、特征、与其他分享者存在某种关系或者具有相应贡献能力的消费者。在这种系统中某个消费者对分享产品的使用使该产品不能被其他消费者使用，如 Cigna 保险、手机分享计划、航空里程会员分享计划等。Lamberton 和 Rose（2012）对共享产品的分类强调了产品稀缺风险对消费者分享意愿的重要中介作用。

除了上述分类方式，现有研究认为分享主体和客体的类型在协同消费中也起着重要作用。从分享主体看，产品和服务由企业提供还是个人提供影响消费者的信任。Botsman 和 Rogers（2010）认为消费者间的分享要建立"陌生人的信任"。相对于消费者间私有财产的分享，企业提供的产品因其专业性更能获得信任。此外，相对于消费者个人的分享，企业的分享更能使消费者对分享系统的使用和参与感到满意（Möhlmann, 2015）。从分享客体看，客体是有形的还是无形的不仅决定了消费者更愿意选择使用消费还是所有权消费（Bardhi and Eckhardt, 2012），而且影响着消费者对分享的体验和评价（Hellén and Gummerus, 2013）。无形产品只能被使用而无法拥有，有形产品则更容易被拥有，因此无形产品相对于有形产品更容易被分享。例如，非物质化的产品（如音乐或文件）比物质化的产品更有利于在线分享，也更强调合作、亲社会和利他动机（Belk, 2010），但是非物质化的产品也比物质化的产品更容易让消费者感到风险（Murray and Schlacter, 1990）。因此，本书基于分享主体（企业/消费者）和客体（有形/无形）的不同，将协同消费分为：企业主导的实体产品协同消费、企业主导的非实体产品协同消费、消费者主导的实体产品协同消费和消费者主导的非实体产品协同消费（见表2-1）。

表 2-1 协同消费的分类

主体/客体		资源属性			
		有形		无形	
资源提供者	企业	企业主导的实体产品协同消费		企业主导的非实体产品协同消费	
		国内	国外	国内	国外
		交通出行：神州租车、易到用车、哈啰单车、青桔单车、美团单车、嗒嗒巴士、嘟嘟巴士 生活服务：小电科技、街电科技、怪兽充电	交通出行：Zipcar、Uber、Lyft、Lime、Tier、Zity	生活服务：58到家、菜鸟驿站、京东到家、阿姨来了、天鹅到家 医疗服务：卓健科技	医疗服务：MediCast、Pager
	消费者	消费者主导的实体产品协同消费		消费者主导的非实体产品协同消费	
		国内	国外	国内	国外
		交通出行：滴滴出行、美团打车 房屋住宿：途家、小猪短租、蚂蚁短租、美团民宿 生活服务：闲鱼	交通出行：HyreCar、WhipCar、Turo、JustPark、Park Tag、ParkatMyHouse 房屋住宿：Airbnb 生活服务：Erento、iLetYou、Zilok、Rentoid、irent2you、Flippid、eBay、SCoodle、Graigslist、RentMineOnline、Toyswap	知识技能：知乎、豆瓣、喜马拉雅FM 生活服务：爱大厨、到位、e家政、阿姨帮、河狸家 金融服务：淘宝众筹、京东众筹、苏宁众筹 医疗服务：名医主刀、春雨医生、平安好医生	知识技能：Brooklyn Skillshare、Quora、Udemy、Thumbtack 生活服务：Eatwith、Neighborhood Fruit、Feastly、Care.com、Homejoy、Handybook、Instacart、TaskRabbit、Zaarly 金融服务：Kickstarter、Zopa、Prosper、LendingClub

资料来源：笔者根据公开资料整理。

第二节 协同消费中的消费者特征

共享经济的流行，给传统商业模式带来了挑战。例如，短时度假租赁公司爱彼迎在190个国家拥有超过200万个可租赁的房间（Milanova and Maas，2017），这对于传统酒店来说是不可想象的。理解消费者参与协同消费的个体特征成为共享经济模式和传统商业模式之间竞争的关键（Benoit et al.，2017）。

现有文献指出，消费者个体特征影响他们的使用消费和分享倾向

(Akbar et al., 2016; Bagga et al., 2018; Hellwig et al., 2015; Lamberton and Rose, 2012; Ozanne and Ballantine, 2010; Schreiner et al., 2018; Tussyadiah, 2015)。这些与协同消费相关的个体特征包括：年龄、性别、收入水平、受教育程度等人口统计特征以及个体创新性、物质主义、互惠性、节俭倾向、熟悉度和信任等心理特征。

（一）人口统计特征

协同消费倾向与人口统计特征相关。协同消费是基于现代信息技术平台的新兴消费模式，要求消费者能够应用移动设备、网络支付、评价系统、GPS（提供实时定位的全球卫星定位系统）、LBS（提供与位置相关的各类信息服务系统）等网络设备和技术，因此受教育程度较高的消费者，选择协同消费的倾向较高（卢东等，2018）。Tussyadiah（2015）在对共享住宿的研究中发现，旅游中采用协同消费的消费者具有受教育程度高和收入水平高的特征。Hellwig等（2015）在对德国和瑞士家庭分享行为的研究中发现，在分享的数量和频率上，女性高于男性，年轻人高于老年人。

（二）心理特征

1. 个体创新性

协同消费具有创新和时尚的特征（Botsman and Rogers, 2010）。接受和采纳协同消费的消费者往往更具有开放性和创新性。个体创新性是指消费者接受新事物、新思想，尝试新产品、新技术的倾向，包括一般创新性（general innovativeness）和特定领域创新性（domain-specific innovativeness）（Goldsmith and Hofacker, 1991）。特定领域创新性反映了消费者在某一特定领域（如产品类别）采纳新产品的倾向（Agarwal and Prasad, 1998），相对于一般创新，特定领域创新更能预测特定行为。Tussyadiah（2015）发现参与协同消费的消费者在信息技术领域具有高创新性特征。

2. 物质主义

物质主义是预测消费行为的核心变量（Belk, 1985），是一种强调物质财富重要性的个人价值观，是消费者对世俗财物的重视程度（Richins and Dawson, 1992）。由于所有权与使用权分离下的分享与使用是协同消费的核心，对于物质主义者，所有权与使用权分离的协同消费将无法满足其对物质财富的需求，因而参与协同消费的意愿较低。已有的实证研究也支持物质主义在分享和使用中的重要性。Ozanne 和 Ballantine（2010）对397名玩具分享俱乐部会员的实证研究表明，物质主义有助于对分享消费者进行市场细分。Akbar 等（2016）发现在占有欲和非慷慨性两个物质主义维度中，只有前者抑制了消费者对产品分享系统的参与意愿。Hellwig 等（2015）认为非慷慨性和完美主义是影响消费者分享倾向的个体特征，低慷慨性的个体对金钱和物质有更高依恋，而完美主义者认为别人不会像自己一样小心对待物品，因此这两种个性特征都阻碍了个体的分享。但也有研究提出相反的观点：Schreiner 等（2018）在实验研究中发现物质主义并不影响消费者的分享意愿；Bagga 等（2018）的实验研究指出物质主义也不影响消费者对非所有权物品的评价和租赁意愿。

3. 互惠性

互惠性是指"构筑给予帮助和回报义务的道德规范"（Gouldner，1960）。互惠性是一种交换的潜在机制，当一个人给予另一个人一些资源的同时就产生了一种义务，即后者在未来某时对前者回报价值相当的资源（Wu et al.，2006；邹文篪等，2012）。互惠性包括三种形式：广泛互惠（generalized reciprocity）、平衡互惠（balanced reciprocity）和负面互惠（negative reciprocity）（Sparrowe and Liden，1997）。广泛互惠是一种利他主义的互惠，交换各方不会明确说明对方给予报答的时间、回报资源的数量和质量，它体现的是给予者对他人利益行为的关注；平衡互惠要求接受者在短时间内回报给予者价值相当的资源，它体现的是交换各方同时给予对方等价的资源；负面互惠则是交换各方明确规定回报的时间，并强调回报资源的等价性，它是一种高度自利的互惠（邹文篪等，2012）。个体互惠性特征影响其分享和参与协同消费的倾向。由于分享是一种利他主义行为，因此具有广泛互惠规范的消费者，其分享意愿也较高。Hellwig 等（2015）的研究发现理想主义分享者（表现为高分享行为的消费者）具有最高的广泛互惠特征，但其平衡互惠特征的得分最低。但是对于协同消费而言，消费者持有的是自利动机，其平衡互惠的特征将更为明显。

4. 节俭倾向

节俭倾向是单维的消费者生活方式特征，是消费者为实现长期目标在获取和使用商品和服务方面自我限制的程度（Lastovicka et al.，1999）。节俭倾向不仅影响消费者分享，也影响消费者使用，是影响协同消费意愿的重要心理特征（Hawlitschek et al.，2016；Ozanne and Ballantine，2010）。Bagga 等（2018）在实验研究中发现，节俭型消费者更愿意为租赁产品支付更高的价格。但 Akbar 等（2016）的实证研究并没证明消费者的节俭倾向与消费者的分享意愿有关。

5. 熟悉度

消费者对商业分享系统越熟悉，就越有可能参与协同消费，因为已有的知识将减少获得系统效用的不确定性（Lamberton and Rose，2012），而且对分享服务的熟悉也有助于最小化交易成本（Möhlmann，2015）。在对汽车分享和住宿分享的实证研究中，Möhlmann（2015）发现熟悉度决定了消费者对分享服务的满意度，但对再次使用意愿没有直接效应。

6. 信任

信任也是影响协同消费的心理特征（Botsman and Rogers，2010；Ert et al.，2016）。它使消费者对产品提供者抱有信心，并在使用和交易中感到安全。在协同消费情景中，信任的对象既包括服务的提供者，也包括与之分享的其他消费者。Botsman 和 Rogers（2010）指出协同消费需要在消费者之间建立陌生人的信任；Ostrom 和 Walker（2003）强调信任和互惠是个体相互合作的核心变量；Möhlmann（2015）的研究发现信任是影响消费者对协同消费满意度的主要因素。在基于爱彼迎数据的实证分析和实验中，Ert 等（2016）发现从房东的照片中感知的信任水平越高，住客选择该房东的可能性越大，愿意接受的房价也越高。

第三节　协同消费对消费者的影响

协同消费的兴起改变了长期以来所有权消费占主导的消费文化和模式。消费者不再单一地通过对产品所有权的占有来获取顾客价值，也可以通过对产品使用权的获取和分配来获取。Bardhi 和 Eckhardt（2017）认为当代消费模式将趋向于短暂、基于使用和非物质化的"流动消费"。作为流动消费的具体形式，协同消费在消费者依恋（consumer attachment）和占有、使用价值和符号价值、品牌关系与社群等方面，给消费者带来了深刻的影响。

（一）消费者依恋和占有

协同消费改变了消费者依恋的性质。在传统所有权消费中，物质财产被认为是自我的一部分（Belk，1988），它通过与情境相关的延伸，赋予消费者身份认同，在时间和空间上维持其身份关系，为其提供身份转换的机会（Arnould and Thompson，2005），构建其社会关系和社群（Cova，1997）。然而，协同消费破坏了消费者与客体的关系（Gruen，2017）。在协同消费中，消费者只在使用时临时性地与客体联结，因此消费者依恋的本质更具有流动性和不稳定性（Bardhi et al.，2012；Bardhi and Eckhardt，2017）。这与传统依靠物质财产保持长期联结，并受身份认同和联结价值（linking value）驱动的消费者依恋截然不同（Bardhi and Eckhardt，2017）。

此外，协同消费减少了消费者对客体的占有和个人化。所有权消费研究认为顾客价值源于消费者对客体的占有（Miller，1988），然而协同消费意味着消费文化从注重对客体的占有转移到通过对客体的获取、使用和重新分配来实现资源的快速循环（Bardhi and Eckhardt，2017）。在协同消费中，消费者不再关注对物品、服务或经验的占有，也不再期望通过占有来实现自我延伸。例如，学者们发现消费者会避免与他们临时使用的产品保持身份认同（Bardhi and Eckhardt，2012；Weiss and Johar，2016）。因此，协同消费中顾客价值的获取与消费者对客体的占有无关，而是产生于消费资源的快速循环和流通（Bardhi and Eckhardt，2017），这在客观上减少了消费者对客体的占有和个人化。

（二）使用价值和符号价值

协同消费使消费者更重视使用价值。在现代消费社会，消费者更加注重使用价值、效用和功能，而协同消费体现了工具性成为市场和社会交换基本逻辑的观念（Eckhardt and Bardhi，2016；Giesler and Veresiu，2014）。协同消费意味着使用价值比所有权消费中的身份认同和联结价值更重要。

也就是说，消费者更重视客体提供的功能价值，而不是其带来的身份价值，也不是将他们与其他消费者关联起来的联结价值（Cova et al.，2007）。例如，Bardhi 和 Eckhardt（2012）在共享汽车研究中发现，使用价值在使用消费中处于主导地位；Marcoux（2009）指出，基于使用价值的消费者关系使消费者摆脱了社会资本产生的互惠义务；Baskin 等（2014）对送礼行为的研究表明，与具有符号价值的礼物相比，接受者更偏好具有使用价值的礼物。

协同消费也给消费者带来符号价值。使用价值本身就可以获得符号价值（Bardhi and Eckhardt，2012，2017）。虽然某些产品（如汽车、奢侈品）的所有权消费会给消费者带来符号价值，但是协同消费改变了消费者对符号价值的感知。Bardhi 和 Eckhardt（2012）的研究发现，消费者接受共享汽车并不是出于绿色消费或利他的动机，而是在于其使用价值；协同消费使消费者获得了符号价值。因此，协同消费改变了消费者长期以来将所有权消费作为资本和地位象征的观念，使消费者获得节俭、便利、自由和灵活的符号价值。

（三）品牌关系与社群

协同消费改变了忠诚、承诺等关系结构（Bardhi and Eckhardt，2017）。消费者与品牌的关系不再取决于关系承诺和情感依恋，而是依赖于工具性和市场逻辑（Eckhardt and Bardhi，2016），其关系性质具有交易性和一次性，关系约束也更为宽松。同时，由于消费者参与协同消费是为了获取和分配使用权这一功利性目的，因此他们专注于临时性关系的建立，这不同于所有权消费中因身份认同而建立持久关系的传统品牌社群，协同消费中的社群关系更加短暂。例如，Bardhi 和 Eckhardt（2012）对共享汽车的实证研究发现，消费者不愿与只提供使用权而非所有权的共享经济品牌建立牢固的关系。Zwick 和 Bradshaw（2016）也提出，协同消费中的消费者关系类似于社交媒体和虚拟数字世界的社群关系——社群沟通具有目标驱动性和务实性，社群参与具有临时性和短暂性，社群成员关系具有脆弱性。

第四节　共享住宿的概念辨析

共享住宿是共享经济渗透到住宿业而衍生的实践产物，属于协同消费的范畴，是协同消费在住宿市场的具体表现。共享住宿以其低廉的入住成本、深度的本地化融入和异乡的居家体验，受到越来越多的消费者青睐。共享住宿是一种颠覆式创新，目前学界尚未对其形成统一的概念界定。在国外的研究文献中，共享住宿时常被称为点对点住宿、点对点短租、住宿共享服务等。例如，Tussyadiah 和 Zach（2017）基于住宿供给方式的视角，将共享住宿（点对点住宿）定义为通过创建线上住宿交易平台，使得房东可以出租其空余房间或空置房屋，并为游客提供住宿服务的一种方式。国内学者也基于不同视角对共享住宿进行了不同的概念界定，通常又将其称作分享住宿、共享短租、在线短租、共享民宿、短租民宿等（胡姗等，2020）。例如，凌云等（2018）从民宿角度将其定义为以家庭副业形式出现的、将自用住宅的空闲空间面向游客进行短期租赁，同时提供当地人文、自然景观相关的设施与服务的"民宿"。卢长宝和林嗣杰（2018）则基于住宿形式的视角，指出在线短租是房东通过网络交易平台，将自有闲置房屋或房屋的部分空间短期租赁给有住宿需求的游客，以获得经济收益的住宿形式。王春英和陈宏民（2018）从经营活动的角度，将共享短租定义为通过互联网销售房屋短期使用权的经营活动。国家信息中心分享经济研究中心（2018）则基于经济活动的视角，在《中国共享住宿发展报告（2018）》中将共享住宿定义为以互联网平台为依托，整合海量、分散的住宿资源，满足多样化住宿需求的经济活动总和。

从表 2-2 中可以看出，学者们虽然对共享住宿的概念界定各有侧重，但在以下方面达成共识：第一，共享住宿的参与主体包括平台、房东和住客；第二，共享住宿资源具有闲置属性。本书借鉴使用国家信息中心分享经济研究中心对共享住宿的定义，即共享住宿是以互联网平台为依托，整合海量、分散的住宿资源，满足多样化住宿需求的经济活动总和。具体而言，从资源提供者（房东）层面看，共享住宿指个人借助现代信息技术，将其闲置的房屋资源有偿提供给他人使用；从资源使用者（住客）层面看，共享住宿指个人借助现代信息技术，有偿地使用他人提供的闲置房屋资源。

表2-2 不同学者对共享住宿概念的界定

学者	视角	概念
Fang 等（2016）	共享平台	为房东发布自有闲置住宿空间信息以获得经济收入，以及为游客获取旅游住宿信息提供资源的共享平台
Tussyadiah 和 Zach（2017）	住宿方式	通过创建线上住宿交易平台，使得房东可以出租其空余房间或空置房屋，并为游客提供住宿服务的一种方式
卢长宝和林嗣杰（2018）	住宿形式	房东通过网络交易平台，将自有的闲置房屋或房屋的部分闲置空间短期租赁给有住宿需求的游客，以获得一定经济利益为目的的住宿形式
宋琳（2018）	供需双方	在特定的时间内，房屋拥有者让渡闲置房源的使用权以获得经济上的回报；对需求方而言，是通过租借的方式暂时获得闲置房源的使用权
凌云等（2018）	民宿	以家庭副业形式出现的、将自用住宅的空闲空间面向游客进行短期租赁，同时提供当地人文、自然景观相关的设施与服务的"民宿"
国家信息中心分享经济研究中心（2018）	经济活动总和	以互联网平台为依托，通过整合海量、分散的住宿资源，满足多样化住宿需求的经济活动总和
胡姗等（2020）	经济活动行为总和	房东基于网络交易平台，出租个人或租赁的闲置住宿资源，满足游客多样化需求的经济活动与行为总和
王春英和陈宏民（2018）	经营活动	通过互联网销售房屋短期使用权的经营活动，其房源包括各种短期住宿产品

资料来源：笔者整理。

第五节 共享住宿研究现状

（一）聚焦资源提供端的共享住宿研究

现有关于共享住宿资源提供端的房东分享行为研究相对缺乏，已有成果集中在共享住宿房东分享行为的动机识别以及持续参与意愿的影响因素上。

共享住宿房东分享行为的主要动机包括经济利益和社交互动。Xie 和 Chen（2019）通过实证研究证明，经济利益、在线社交互动和房东共享资历能够显著积极地影响房东的分享行为，并且在线社交互动是房东分享行为最重要的驱动因素。邹怡（2019）发现，房东自身的经济收益、社交认同等内部因素影响房东的经营决策，同时房东与平台和住客的关系也会显著影响房东的分享行为。房东出于帮助他人、分享故事和社会交往的目的，分享闲置的住宿资源，以便在交易过程中实现社会交往的需求（Albinsson and Yasanthi, 2012; Bokyeong and Cho, 2016）。此外，房东寻求独立和声望，享受另一种生活方式也是其分享行为的驱动因素（Hamari et al., 2016）

房东持续参与意愿的影响因素主要包括信任、满意度、感知有用性等。部分学者从信任视角研究房东的持续参与行为，研究结果表明，房东在形成对平台和房客的信任之后，会直接产生一系列与信任相关的行为，如对共享住宿平台的持续使用、提供房源、接受预订请求等（Hawlitschek et al., 2016；牛阮霞等, 2023）。部分学者从平台网络效应视角研究房东的持续参与意愿，发现房东对平台的感知有用性和满意度对其持续参与意愿具有显著的正向影响，并且跨边网络效应在感知有用性对平台满意度的作用中呈正向调节作用，同边网络效应在感知有用性对平台满意度和持续参与意愿的影响中呈倒 U 形调节作用（池毛毛等，2019）。

（二）聚焦资源使用端的共享住宿研究

现有关于共享住宿资源使用端的消费者使用行为研究主要聚焦于探索消费者选择共享住宿的主要动机及影响消费者选择共享住宿的关键因素上。

1. 消费者选择共享住宿的主要动机

现有研究发现，消费者选择共享住宿的主要动机有经济动机、社会动机、新奇动机、享乐动机和本真性（authenticity）动机等。

经济动机是消费者选择共享住宿的外部动机。已有研究认为，财务利益（Hellwig et al., 2015; Milanova and Maas, 2017）、价格价值（So et al., 2018）、交易效用和存贮效用（Lamberton and Rose, 2012）、成本节

约（Bardhi and Eckhardt，2012；Möhlmann，2015）等经济利益是消费者参与协同消费的外部动机之一。从服务生产与交付角度看，商业共享系统的优势在于能通过整合多个买家和卖家，减少信息不对称，提供更多样化和个性化的选择，以及价格更优、品质更好的服务，从而增加消费者福利。商业共享系统给消费者带来的成本节约为消费者提供了外部回报，这是消费者参与协同消费的主要原因（Tussyadiah，2015）。在对不同类型商业分享系统的研究中，Hamari 等（2016）发现服务分享网站所提供的经济利益会显著正向影响消费者参与协同消费的意愿；Milanova 和 Maas（2017）提出共享保险给被保险人带来的财务利益是人们参与共享保险的主要动力；梁晓蓓和江江（2018）认为经济动机是用户持续使用 P2P 共享汽车服务的主要动机。而在共享住宿研究中，经济动机依然是驱动用户选择的主要动机。So 等（2018）以计划行为理论解释了价格价值是住客选择爱彼迎的主要动因之一。Tussyadiah（2016）对 644 名美国游客的实证研究也表明，无论是共享整套房屋还是单个房间，经济利益都是影响游客共享住宿满意度及持续使用意愿的主要因素。Tussyadiah 和 Pesonen（2018）的后续研究再次验证了经济动机的重要性：以成本节约为特征的经济吸引力能有效促进消费者使用共享住宿。类似地，Möhlmann（2015）认为无论房东还是住客，成本节约都积极影响参与者的满意度和再次使用意愿。

社会动机也构成了消费者选择共享住宿的外部动机。已有研究认为，协同消费满足了消费者的社会需求，即社交互动（如结交新朋友、建立新的人际关系）和归属感（如成为社群中的一员）（Botsman and Rogers，2010）。通过加入共享平台，消费者成为以共享平台为基础的社群成员，发展线上或线下的社交关系，而协同消费过程中消费者的分享与使用行为又进一步促进了社交关系的建立和维持（Belk，2010）。进入新的社群并从中构建同伴关系，由此获得归属感已成为消费者参与协同消费的主要动机（Bucher et al.，2016），而这种归属感或社群感既是消费者参与协同消费的动力，又是其参与的结果（Albinsson and Yasanthi，2012）。在共享住宿研究中，学者们发现构建新的人际关系是消费者选择共享住宿的重要动机。例如，爱彼迎通过构建旅客与房东或本地居民之间的人际关系来吸引消费者的选择。Stors 和 Kagermeier（2015）在对爱彼迎的研究中发现，消费者希望通过爱彼迎结识新朋友,并从房东那里获得旅游推荐。而在对沙发客的研究中,Poon 和 Huang(2017)也得出了类似的结论:沙发客的社会吸引力在于消费者与房东和当地人的互动,并获得他们对当地景点的推荐。同样,Tussyadiah(2015)在对美国消费者选择共享住宿的动机研究中也提出社会联结影响消费者使用共享住宿。

新奇动机则是消费者选择共享住宿的内部动机。新奇性一般是指消费者想要获得新产品信息或体验的程度(Manning et al.,1995)。寻求新奇是个体固有的追求新奇和挑战、发展和锻炼自身能力、勇于探索和学习的先天倾向(卢东等,2018)。消费者内在求新的动机与其内在创新性密不可分。Guttentag 等(2018)认为追求新奇与消费者个人的创新性具有一致性,代表着个体采纳创新的倾向。新奇性吸引着具有创新性的消费者选择共享住宿。在共享住宿研究中,Guttentag 等(2018)认为,寻求新奇的消费者会更愿意选择爱彼迎,因为这种共享住宿模式比传统住宿模式提供了更多的新奇体验。Mao 和 Lyu(2017)的研究也发现共享住宿所提供的非标准化和个性化的旅游产品和服务会给消费者带来更多的独特体验。

享乐动机也是消费者选择共享住宿的内在动机。享乐是指在接受新技术或新产品过程中获得乐趣或愉悦感(Ha and Stoel,2009;Venkatesh et al.,2012)。国内外部分学者认为享乐是驱动消费者参与协同消费的内部动机(Yang and Ahn,2016;卢东等,2018;梁晓蓓和江江,2018)。Hamari 等(2016)在对服务分享网站的实证研究中发现,享乐不仅正向影响消费者对分享的态度,也正向影响其参与意愿。同样,在共享住宿研究中,享乐动机也被认为是消费者使用共享住宿的重要动机。Tussyadiah(2016)提出享乐积极影响消费者的共享住宿使用意愿。而后,So 等(2018)在对影响消费者选择爱彼迎的因素研究中也得出了类似结论。

本真性动机是消费者参与共享住宿这种协同消费模式所特有的动机。本真性的概念广泛应用于旅游领域(So et al.,2018),如农业旅游、电影旅游和遗产旅游,用以考察旅游和产品体验(Daugstad and Kirchengast,2013;Halewood and Hannam,2001;Halvari et al.,2010;Lu et al.,2015)。在共享住宿研究中,本真性指消费者对入住共享住宿真实体验的认可(Liang et al.,2018),是共享住宿体验的基础,是驱使消费者使用共享住宿的动机之一。Lamb（2011）的研究指出，追寻本真性是消费者选择共享住宿的主要驱动力。Poon 和 Huang（2017）也认为，真实的本地体验是共享住宿相对于其他住宿模式所特有的吸引力。Guttentag 等（2018）在对游客使用爱彼迎的动机研究中发现，当地的本真性体验是促使游客选择爱彼迎平台所提供的住宿服务的重要原因。国内学者凌云等以 20 位青年游客为对象，通过深度访谈，对选择共享住宿的本真性动机进行了研究。他们发现驱使游客选择共享住宿的本真性动机包括两类：一是客体本真性动机，即追求当地特色的居住体验；二是人际本真性动机，即追求与房东或当地居民的人际互动（凌云等，2018）。

除以上动机外，学者们还提出功能利益、可持续性消费意识等动机会影响消费者对共享住宿的选择。Guttentag 等（2018）认为家庭利益（home benefit）代表了家的功能属性（包括家庭设施、家的感觉、大空间），能促进消费者选择爱彼迎。Möhlmann（2015）认为功能效用积极影响消费者对共享住宿的态度和使用意愿。Tussyadiah（2015）提出可持续性是消费者选择共享住宿的重要动机。

2. 影响消费者选择共享住宿的关键因素

现有研究发现，信任、熟悉度和感知风险是影响消费者选择共享住宿的关键因素。

首先，信任影响消费者对共享住宿的选择。信任代表消费者依赖交易伙伴的意愿（Moorman et al.，1992）。共享经济的基础是对陌生人的信任（Botsman and Rogers，2010），使传统上发生在家庭成员中的内分享延伸至更大范围的陌生人间的外分享（Belk，2014）。在协同消费中，信任包括对平台、产品和个体的信任（Hawlitschek et al.，2016）。Möhlmann（2015）在对协同消费的研究中发现，消费者对协同消费的满意度主要受信任等因素的影响。在共享住宿研究中，学者们也认为信任是影响消费者选择共享住宿的重要因素。Ert 等（2016）基于爱彼迎的实证研究发现，住客从房东的照片中感知到的信任水平越高，使用该房东提供的住宿资源的可能性越大，愿意接受的房价也越高。Tussyadiah 和 Park（2018）利用文本挖掘技术对爱彼迎平台上美国 14 个主要城市的房东数据进行了分析，他们发现爱彼迎平台上的房东可以划分为两类，一类人群的特征表现为游历丰富且人际交往能力较强，另一类则表现为拥有特定职业能力，而住客对前者具有更高的信任水平，也更愿意向他们预订房间。随后，其研究团队又进一步发现缺乏信任会阻碍住客选择共享住宿（Tussyadiah and Pesonen，2018）。同样，So等（2018）对爱彼迎的研究也得出类似的结论：不信任虽然不影响住客对爱彼迎的选择，但会显著地消极影响他们对爱彼迎的整体态度。

其次，熟悉度会影响消费者对共享住宿的选择。熟悉度是消费者对产品或服务相关知识的理解程度。由于共享经济是一种相对新颖的商业模式，消费者还处于不断深入认识的过程中，因此熟悉度会影响消费者参与协同消费的意愿（何超等，2018；卢东等，2018）。熟悉度在概念上与自我效能类似，自我效能是个体对自我完成某项任务的能力的判断，消费者会避免去做那些他们认为自己缺乏应对能力的任务（Bandura，1982，1986）。在协同消费研究中，Lamberton和Rose（2012）发现消费者对商业分享系统越熟悉，感知获得系统效用的不确定性越低，其参与协同消费的可能性越高。Zhu等（2017）的实证研究也发现，自我效能会积极影响消费者对拼车应用的态度和使用意愿。在共享住宿研究中，学者们也得出了类似结论。Möhlmann（2015）认为消费者对共享住宿的熟悉有助于减少交易成本，进而增加其选择的可能性。Tussyadiah（2015）提出缺乏自我效能是用户参与共享住宿的主要障碍，提高用户对共享住宿平台的熟悉度会促进用户的参与。在后续研究中，Tussyadiah和Pesonen（2018）再次验证了缺乏知识或使用能力、对系统的不熟悉是阻碍消费者选择共享住宿的重要因素。

最后，感知风险也会影响消费者对共享住宿的选择。在消费者行为研究中，感知风险是指消费者对产品或服务可能产生的负面后果的不确定性感知（Featherman and Pavlou，2003）。协同消费作为利用信息技术实现海量分散化资源与多样化用户需求相契合的经济模式（卢东等，2018），与传统电子商务一样，存在在线交易固有的不确定性和不可控制性，消费者总会面临一定程度的风险（Dan et al.，2009）。学者们发现，感知风险是影响消费者参与协同消费的重要因素（Gobble，2015）。在商业分享系统研究中，Lamberton和Rose（2012）提出感知产品稀缺风险（消费者持有的有关他人分享行为将抑制共享产品使用程度的信念）阻碍了消费者对商业分享系统的使用。Schaefers 等（2016）对共享汽车的研究也发现，减少产品功能风险、财务风险、社会风险有助于促进消费者参与使用消费。Lee 等（2018）在对优步（Uber）的实证研究中发现，感知风险（包括隐私风险和安全风险）显著负向影响消费者参与协同消费的意愿。在共享住宿研究中，Mao 和 Lyu（2017）论证了感知风险通过影响消费者对爱彼迎的态度，间接影响其重复使用意愿。

除上述因素外，网络口碑或在线评论也会影响消费者对共享住宿的选择。Mao 和 Lyu（2017）对爱彼迎用户进行调查，发现网络口碑显著正向影响消费者对爱彼迎的重购意愿。赵建欣等（2017）也基于爱彼迎网站内中美两国 1124 条房源预订数据，分析了在线评论对消费者预订意愿的影响。其研究结果表明：对于中国消费者，评论数量、总体评分均对其预订意愿有积极影响；而对于美国消费者，仅评论数量对其预订意愿有积极影响（赵建欣等，2017）。

从上述文献中可以看出，现有研究对包括共享住宿在内的共享经济下协同消费主要动机和关键因素的研究取得了一定的成果（见表 2-3）。这些研究大多数基于国外共享经济平台，针对国外消费者进行探索，并且不仅仅涉及共享住宿，还包括共享汽车和其他产品及服务共享，其归纳和总结的动机和关键因素是否适用于国内共享住宿和国内消费者还有待进一步验证。此外，除了这些动机和关键因素，是否还存在其他我国消费者特有的动机或影响因素，还值得进一步探索研究。

表 2-3　影响消费者参与共享经济的主要动机和关键因素

动机或关键因素	定义	主要参考文献
经济动机 （economic benefit motivation）	提供的感知利益和使用它的金钱成本之间的认知权衡	Möhlmann（2015）、Tussyadiah（2016）、Hamari 等（2016）、Guttentag（2016）、Mao 和 Lyu（2017）、Milanova 和 Maas（2017）、梁晓蓓和江江（2018）、Tussyadiah 和 Pesonen（2018）、卢东等（2018）
社会动机 （social benefit motivation）	消费者与资源供给者或其他消费者之间的互动或获得社群归属感	Albinsson 和 Yasanthi（2012）、Tussyadiah（2015）、Stors 和 Kagermeier（2015）、Bucher 等（2016）、Poon 和 Huang（2017）
新奇动机 （novelty motivation）	消费者渴望获得新产品信息或体验的程度	Mao 和 Lyu（2017）、Guttentag 等（2018）

续表

动机或关键因素	定义	主要参考文献
享乐动机 （hedonic motivation）	消费者从使用产品中获得的乐趣	Yang 和 Ahn（2016）、Tussyadiah（2016）、Hamari 等（2016）、卢东等（2018）、梁晓倍和江江（2018）、So 等（2018）
本真性动机 （authenticity motivation）	消费者对住宿真实体验的认知	Poon 和 Huang（2017）、凌云等（2018）、Guttentag 等（2018）、Liang 等（2018）
功能动机 （functional benefit motivation）	产品实体的、物理性的工具效用	Möhlmann（2015）、Guttentag 等（2018）、卢东等（2018）
可持续性 （sustainability）	减少新产品开发和资源消耗的信念	Tussyadiah（2015）、Hamari 等（2016）、Bucher 等（2016）、Tussyadiah 和 Pesonen（2018）
信任 （trust）	交易一方在知道另一方如何表现之前使用或提供分享服务或产品的意愿	Botsman 和 Rogers（2010）、Möhlmann（2015）、Ert 等（2016）、Tussyadiah 和 Park（2018）、Tussyadiah 和 Pesonen（2018）、So 等（2018）、卢东等（2018）
熟悉度 （familiarity）	消费者对产品或服务的认知程度	Lamberton 和 Rose（2012）、Möhlmann（2015）、Tussyadiah（2015）、Zhu 等（2017）、Mao 和 Lyu（2017）、Tussyadiah 和 Pesonen（2018）、何超等（2018）、卢东等（2018）
感知风险 （perceived risk）	关于使用产品或服务可能产生的负面后果的不确定性	Lamberton 和 Rose（2012）、Liang 等（2018）、Schaefers 等（2016）、Mao 和 Lyu（2017）、Lee 等（2018）、Tussyadiah 和 Pesonen（2018）
网络口碑 （eWOM）	消费者之间关于产品和服务的个人讨论	Mao 和 Lyu（2017）、赵建欣等（2017）

资料来源：笔者整理。

（三）研究评述

与共享住宿蓬勃发展的商业现实相比，有关共享住宿的理论研究还处于起步阶段，目前国内外的共享住宿研究多聚焦于住宿资源使用端的消费行为，而对资源提供端的分享行为较少关注。

从现有文献看，对共享住宿房东的分享行为动机还缺乏全面系统的研究，对房东参与共享住宿的"黑箱"还缺乏心理学的解释。因此，在理论上有必要对共享住宿的房东分享行为开展研究。就共享住宿资源使用端的研究而言，虽然学者们分析了消费者选择共享住宿的主要原因，但是其研究多以爱彼迎为对象来探索国外消费者的共享住宿使用意愿，其研究结果是否适用于我国文化和市场背景下的共享住宿还未经证实，尚缺乏基于国内共享住宿平台（如小猪、途家等）对我国消费者共享住宿消费行为的系统研究。

鉴于国内外相关理论研究的不足及共享住宿发展的现实需求，笔者将以我国共享住宿的房东及消费者为调查对象来收集数据，对共享住宿进行全面系统的研究：以协同消费视角，从住宿资源的分享端和使用端出发，研究房东的分享行为和消费者的使用行为，再进一步分析消费者在共享住宿中的感知风险、心理所有权和价值共创。以期丰富共享住宿理论体系，为共享住宿的营销实践和行业管理提供政策建议。

第三章　协同消费中共享住宿房东分享行为研究

共享住宿是共享经济的重要领域和协同消费的典型形式，它通过互联网平台实现闲置住宿资源与个性化住宿需求之间动态、精确、高效的供需匹配，既包括供给端的资源分享，也包括使用端的资源使用。本章聚焦协同消费的资源分享，以共享住宿房东分享行为为研究对象开展研究，以自我决定理论为理论基础，构建共享住宿中的房东分享行为模型，系统解析房东分享的心理机制。

第一节　自我决定理论

自我决定理论（self-determination theory，SDT）是 Deci 和 Ryan（1985）在传统认知评价理论上发展的一种动机理论，它解释了人类如何根据自己的心理或认知反应来实现目标或开展行动。自我决定理论假定人是具有积极的自我整合、自我完善和不断学习倾向的有机体，并且这种倾向受外部各种社会因素的促进或抑止（刘靖东等，2013）。与其他动机理论相比，它更强调个体与社会环境之间有机互动性的重要性。自我决定理论主要包括动机的构成、人类的基本需求和自我调节三个部分。自我决定理论对于理解和分析人类行为与动机具有重要意义，能够为人类行为的改进和优化提供理论依据和指导，并应用于教育、体育、医疗和组织管理等多个领域。

(一) 自我决定理论的动机

自我决定理论认为个体的心理和认知反应构成了在自主性维度上从非自我决定到自我决定的连续体上的不同动机，而个体行为意愿差异的最主要原因是个体内化和整合所从事活动的规则与价值的程度不同（赵燕梅等，2016）。内化是个体吸收的价值和规则；整合则是个体将规则看作自己的一部分，并映射到对自我的感觉中。根据个体对外部规则内化程度的不同，自我决定理论将动机类型分为去动机（amotivation）、外部动机（extrinsic motivation）和内部动机（intrinsic motivation）三类（见图3-1）。

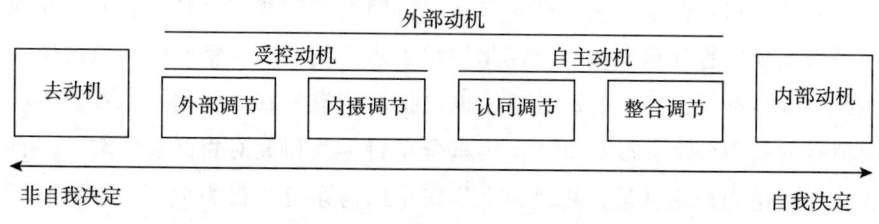

图 3-1 外部和内部动机连续体

1. 去动机

去动机是指个体处在缺少做事意愿的状态。在这种状态下，个体缺乏开展活动的意愿，也就没有控制或管理的调节，认为行为原因与己无关。主要有三种原因会造成动机的缺乏：一是行为或行为结果不为个体所看重；二是个体认为特定行为不会带来预期的结果；三是个体认为没有胜任行为的能力，即使这一行为会带来预期的结果。在去动机的行为过程中，个体处在无意愿、不自主、不能胜任的状态。

2. 外部动机

自我决定理论尊重人类作为积极与环境互动的个体，将外部动机定义为一种心理或认知反应，受不同层次的选择或意志、强迫性的人际或心理力量的调节（Deci and Ryan，2000）。外部动机包括两种形式的动机：受控动机（controlled motivation）和自主动机（autonomous motivation）。当行为不受内在原因（如选择或意志）的高度控制或调节时，动机被认为是自主或自我决定的。相比之下，当行为受到外部原因的控制或调节时（如强迫性的人际或心理力量），动机被认为是可控的或不太自主的。受控动机和自主动机并不只有一种动机形式。受控动机包括外部调节（external motivation）和内摄调节（introjected motivation）两种动机形式，而自主动机也包含认同调节（identified motivation）和整合调节（integrated motivation）两种动机形式。外部调节指个体行为受有形或无形的奖励或惩罚的调节，个体的行为是为满足外部要求，或为获得报酬，或为避免受到惩罚。内摄调节是指受个体内部偶然性后果调节的行为，个体吸收部分外部规则，但并没有完全转化为自我的一部分，行为的目的是避免心理焦虑或自责，或者展示自己的能力，或者避免失败，或者维持自尊（张旭等，2013）。内摄调节和外部调节的区别在于内摄调节是基于自尊（赵燕梅等，2016）。当个体行为的潜在价值被接受和认可时，认同调节就会出现；而当个体的行为是内化的、一致的、完全融入自我意识时，就会出现整合调节。认同调节是个体对特定行为的目标或规则进行有意识地评价，并将其接纳为自我的一部分。整合调节则是个体的特定行为被评估后已经与个体持有的规则和价值观一致，充分同化。

3. 内部动机

内部动机与外部动机是相互关联的（Deci and Ryan，2000）。内部动机指行为的诱发是因个体自身的原因，并为其带来乐趣和兴奋，是一种高度自主和完全自我决定的状态。内部动机与内化的外部动机不同，在内部动机状态下，个体认为活动或任务本身是有趣的，而在内化的外部动机状态下，个体并不认为活动或任务本身有趣，而只是伴随规则和价值的内化，认可所从事的活动。

4. 动机之间的关系

内部动机、外部动机和去动机三者是按自主性高低排列的连续体，构成动机调节方式的序列。内部动机是高度自主和完全自我决定的状态；去动机是无意愿的状态；外部动机则处于二者之间，是一种部分自主或部分自我决定的控制状态（赵燕梅等，2016）。当外部动机是自我决定或自主的时候，它与内部动机密切相关。去动机的个体则完全没有主动性和积极性，因此离内部动机最远。人类的行为就是由这些不同形式和组合的动机所驱动，当动机更自主或越自我决定时，行为更内化。在自主动机状态下，行为是自我选择的，而在受控动机状态下，个体会感受到行为受外界所控制。

(二) 自我决定理论的基本心理需求

自我决定理论认为个体意志培育了行为和人类的幸福感。自主、胜任和关系是人类普遍的需求。自主需求是个体开展活动时，内心渴望有选择和心理自由的体验；胜任需求是个体在与环境交互中渴望自身是有能力的；关系需求则是个体感到自身与他人有关联的内在倾向（张旭等，2013）。三种基本需求促进了内化过程。内化是将外部动机积极转化为个体认可的价值，并使个体能够融入那些最初受外部调节的动机的过程。意志形式的自主性决定了动机和个人对活动的参与。自主需求的满足需要个体在从事活动中感受到"我"作为有意志个体的存在，这种"我"的感觉来自个体自我价值观在行为中得到表达。胜任需求的满足则需要个体在从事活动中获得"我能"的感受，即个体对自我能力的信心。关系需求则是个体与他人发展紧密关系，并且受到他人尊重的需要，使个体感觉到自己是与他人有联系的个体，是受欢迎的。当个体的三种基本心理需求在活动中得到较高程度的满足时，其动机的调节方式会更倾向于内在调节。

(三) 自我决定理论的自我调节

自我决定理论认为自我决定动机的水平与自主性或自我调节的程度有关。较低水平的自我决定动机与较低程度的自主性或自我调节有关，较高水平的自我决定动机则与较高程度的自主性或自我调节有关（Deci and Ryan, 2000）。此外，自主性与自我调节的程度与个体活力之间存在联系，活力是个体自我可用的能量（Deci and Ryan, 2008）。受控调节会消耗能量，而自主调节会直接或间接地激活能量。人们对自身行为调节的导向也存在个体水平的差异。调节导向包括自主导向、控制导向和非个人导向，其中自主导向是个体倾向于选择能够激发其内在动机的环境，控制导向是个体倾向于受报酬、期限和他人的指令等的控制，非个人导向则是个体倾向于相信结果超出了个人的控制范围，在很大程度上受运气的影响（张旭等，2013）。

根据自我决定理论，去动机、外部动机和内部动机在调节方式、感知原因轨迹和调节过程中存在差异（见图3-2）。去动机缺少调节，归因是非个人的，其调节过程表现为无意愿、无评价、缺少胜任力和控制；外部动机的外部调节，归因是外部的，其调节过程表现为服从和外部奖惩；外部动机的内摄调节，归因是较外部的，其调节过程表现为自我控制、自我卷入和内部奖惩；外部动机的认同调节，归因是较内部的，其调节过程表现为强调个体重要性和意识评价；外部动机的整合调节，归因是内部的，其调节过程表现为胜任和自我整合；内部动机的调节方式是内部调节，归因是内部的，相关调节过程表现为有趣、享受和内在满足。

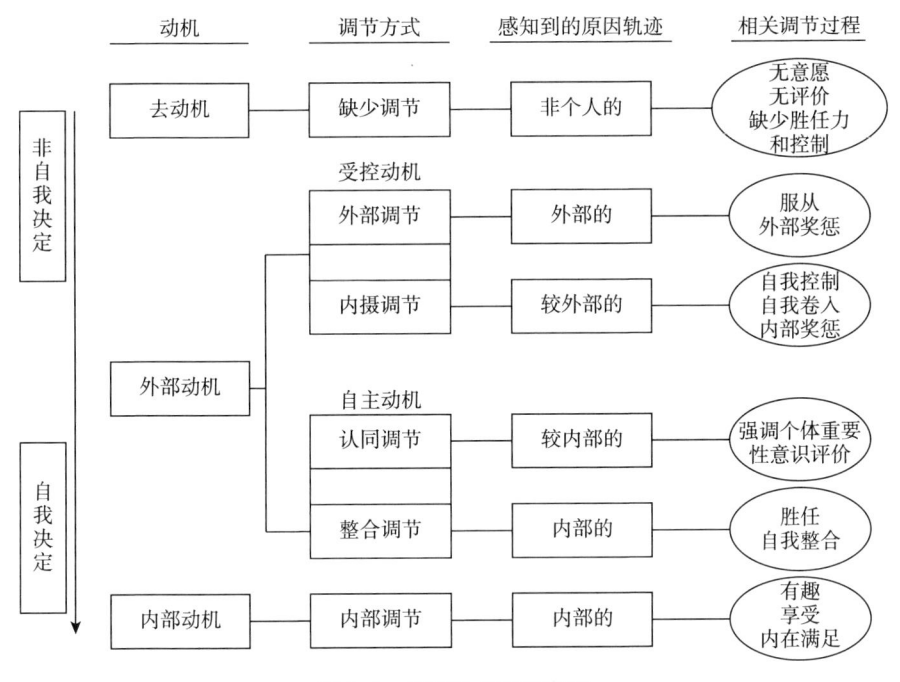

图 3-2 自我决定理论框架

资料来源：赵燕梅等（2016）。

第二节 共享住宿房东分享行为模型

自我决定理论（Deci and Ryan，1985，2000）强调个体与社会环境之间有机互动的重要性，并将这种有机互动的辩证关系作为自我决定理论对个体行为、经验和成长的预测基础。由于协同消费是消费者个体与社会环境之间互动的结果，因此运用自我决定理论能很好地解释消费者参与协同消费的内外动机，并基于这一理论基础构建共享住宿房东分享行为理论模型。

（一）房东分享行为的动机

货币回报、社会规范、社群感、环境关心和享乐构成消费者分享的主要动机，并积极影响房东的分享行为。货币回报和社会规范源于消费者全部或部分接受外部规则，因此属于受控动机；而社群感、环境关心与享乐属于自主动机，这些动机促进消费者的分享行为。

1. 货币回报

在协同消费中，消费者为其他消费者提供资源是为了获得财务收益或分摊成本，构成了消费者分享行为的经济动机。货币回报作为一种外部调节，是人们参与分享的最主要原因。货币回报是协同消费中的分享与传统分享的最大区别。现有共享经济的实证研究支持经济动机是人们参与共享经济的动机之一。Hamari 等（2016）对在线共享平台 Sharetribe 成员的调查显示，经济利益会刺激人们参与分享的意愿。对于共享住宿而言，货币回报也是房东提供闲置房间的最主要驱动因素。因此，提出以下假设。

H1：共享住宿的货币回报正向影响房东的分享意愿。

2. 社会规范

文化和社会规范构成了消费者分享的社会规范动机。社会规范是社会、文化以及政策等提供的个体或组织决策的参考准则，作为外在的标准规范，引导人们的言行（Schultz et al., 2007）。社会规范明确了哪些行为应当被允许、被禁止、被遵循，代表了社会所有成员间的一种分享的、普适的观点。社会规范确保了群体目标、群体行为的一致性，是指导及限制群体所有成员行为的法则和标尺。社会规范是一种内摄动机。Hellwig 等（2015）认为消费者会为他们拥有但并不真正需要某物而感到愧疚，为了减少这种愧疚，他们会将物品分享给那些更需要的人。在共享住宿情境中，房东一方面会遵循房东社群的价值规范，通过分享活动来获得自尊和声誉；另一方面，面对闲置房间会产生愧疚，为避免或减少愧疚，他们会分享闲置的房间。综上所述，共享住宿中的房东会为遵循文化和社会规范而参与共享住宿活动。因此，提出以下假设。

H2：共享住宿的社会规范正向影响房东的分享意愿。

3. 社群感

社群感和归属感等社会动机也构成消费者分享的重要心理动机（Albinsson and Yasanthi，2012；Benoit et al.，2017；Möhlmann，2015；Tussyadiah，2015），这是一种认同动机。除了社会认同，社群感还蕴含了合作意识的培养、人际信任的建立、长期友情的形成、相互支持和心满意足感的产生等。Sarason（1974）认为，社群感是存在于群体之中的认同感，包括个体对群体的认同和群体内个体间的相互认同。个体通过与他人行为保持一致，产生相互依赖，从内心感到自己是群体不可缺少的一员。

协同消费为参与者提供了建立和维持社会关系的新途径。在协同消费中，Bucher 等（2016）提出在实体产品分享中，构建新的社会关系、成为社群中的一员、在社群中寻求同伴关系是消费者参与分享的动机之一。Sung 等（2018）的研究证实，共享经济模式促进了资源提供者和资源使用者之间关系的建立。Belk（2014）认为，寻求建立融洽的人际交往关系是共享经济资源提供者乐于参与分享的主要动机。Zhang 等（2019）也认为，建立社会关系或找到新的同伴是资源提供者参与分享的主要原因。

共享经济平台为参与协同消费的个体提供了互动、交往和分享的条件。个体间通过共享经济平台实现资源交换、经验交流等活动，不仅有利于参与者之间建立社会联系，也增强了其社群归属感。在共享住宿中，房东的分享也促进了房东与房东之间、房东与住客之间的社会联系，增强了房东对所在社群的归属感。Thaichon 等（2020）基于澳大利亚爱彼迎的研究发现，共享住宿促进了房东与住客的价值共创。Lee 等（2019）的实证研究指出，共享住宿增强了房东对平台的依恋和心理所有权。基于此，共享住宿的房东为了扩大社会关系，获得社群认同，愿意将闲置的房间在平台上分享。因此，提出以下假设。

H3：共享住宿的社群感正向影响房东的分享意愿。

4. 环境关心

环境关心也是消费者分享的重要动机，属于整合动机。分享本身就是一种可持续实践（Botsman and Rogers，2010），是绿色和生态活动（Bardhi and Eckhardt，2012），对于注重环境和生态的个体具有天然的吸引力（Hamari et al.，2016）。分享使得人们可以更有效地利用资源，通过分享使闲置过剩的资源得到重新使用，提高了经济社会发展的可持续性。分享也被认为有助于减少对环境的负面影响，因为它减少了新产品的开发和原材料的消耗（Luchs et al.，2011）。对于更倾向于绿色消费的消费者而言，分享是可持续性消费行为的一种表现。因此，提出以下假设。

H4：共享住宿的环境关心正向影响房东的分享意愿。

5. 享乐

分享行为本身所带来的乐趣，也是消费者分享行为的动机。享乐与个体的内部因素如兴趣、满足感等密切相关，是高度自主的动机类型，代表了自我决定的原型，是一种内部调节。享受或乐趣是决定人们接受新产品或创新的享乐动机（Ha and Stoel，2009）。在技术接受文献中，享乐动机是消费者从使用新技术中获得的乐趣或愉悦（Venkatesh et al.，2012），它驱动消费者接受和使用新技术（Thong et al.，2006）。在诸如信息系统使用和网络信息分享等与分享有关的活动中，享乐被认为是消费者参与的重要动机（Nov，2007；Van der Heijden，2004）。同样，在参与协同消费活动中，如参与共享住宿，也可能获得一种愉悦的体验。Yang 和 Ahn（2016）的研究指出，爱彼迎用户的内部动机包括用户在爱彼迎上的活动本身所带来的愉悦享受。可以推断，作为资源提供者的房东，在共享住宿平台上的参与活动本身产生的享乐会积极影响其分享意愿。因此，提出以下假设。

H5：共享住宿的享乐正向影响房东的分享意愿。

（二）房东心理特征变量的引入及其对分享动机的影响

个体心理特征会影响其分享的动机（Bucher et al.，2016）。理性行为理论提出包括个体特征（认知方式和其他个性特征）在内的环境变量与行为的关系受到内外动机的中介作用（Ajzen and Fishbein，1975）。在现有关于分享的文献中，物质主义和互惠性（Hellwig et al.，2015）不同程度地影响个体的分享行为。

1. 物质主义

物质主义是一种强调物质财富重要性的个人价值观，是个体对物质财富的重视程度（Richins and Dawson，1992）。根据消费的目的和动机，物质主义可以分为工具性物质主义（instrumental materialism）和终极性物质主义（terminal materialism）（Csikszentmihalyi and Rochberg-Halton，1978）。工具性物质主义将物质财富作为实现个人价值和生活目标的基本手段，因此，物质财富是实现和推进这些目标的工具，人们拥有物质财富是为了使生活更长久、更安全和更愉快。而终极性物质主义则是传统上的物质主义观点，是指人们将拥有物质财富作为个人的终极目标，通过积累物质财富去获得社会地位并赢得他人的赞美和羡慕（李静等，2017）。终极性物质主义不仅把物质财富视为使人生得以掌控的资源，而且还把人生最终目标视为对物质财富的占有。终极性物质主义认为物质财富的价值仅仅是所拥有财富自身所代表的意义，即对所有权的占有。例如，一个高度终极性物质主义者不仅将汽车作为交通工具，而且认为拥有豪华的汽车是人生的核心价值之一。与此相反，工具性物质主义具有指向性，即个人的目标可通过与物质财富的相互作用而进一步实现。而终极性物质主义则不存在物质财富与目标的交互，拥有物质财富本身就是目标，而不是将其作为达成目标的手段。此外，终极性物质主义的目标也可能是与占有物相关的地位标签或形象，而不是实际的占有物本身。

现有文献表明，物质主义影响个体的心理和行为。物质主义者更重视物质财富（Richins and Dawson，1992）、更注重社会比较线索、更追求地位和声望，缺少独立性和自主性（Goldsmith and Clark，2012），虽然通过占有来获得幸福，却更多地陷入压抑和焦虑中。物质主义也影响个体的分享行为，但是现有研究在关于物质主义对个体分享行为的效用方面却存在截然相反的结论。Ozanne 和 Ballantine（2010）、Belk（2007）认为物质主义抑制了个体的分享意愿，但 Bucher 等（2016）的实证研究却发现物质主义正向影响个体的分享态度。因此，对于物质主义对分享行为的影响，有必要从工具性和终极性两类物质主义出发分别讨论。因为物质主义的概念大多被界定为消极的、相对稳定且难以改变，其本身就有局限性，忽略了物质主义对个体可能存在的积极效应。

工具性物质主义者将物质财富作为实现目标的手段，更可能诱发控制性动机，寻求货币回报的奖励和服从社会规范的约束，因此推断，工具性物质主义正向影响货币回报和社会规范等外部动机。而终极性物质主义将物质财富视为目的而非手段，更可能诱发自主性动机，因此推断，终极性物质主义正向影响社群感、环境关心和享乐这类自主动机。基于此，提出以下假设。

H6a：工具性物质主义正向影响货币回报。

H6b：工具性物质主义正向影响社会规范。

H6c：终极性物质主义正向影响社群感。

H6d：终极性物质主义正向影响环境关心。

H6e：终极性物质主义正向影响享乐。

2. 互惠性

社会交换理论（social exchange theory）认为人与人在交换过程中遵循互惠原则（norm of reciprocity）。这种互惠规范是社会交换持续产生的重要前提，也普遍存在于各种社会文化和每一个人的社会关系之中（邹文篪等，2012）。互惠性是"构筑给予帮助和回报义务的道德规范"（Gouldner，1960），是个体给予他人帮助或资源，并获取他人所给予的帮助或资源的一种人际交往规则，具有稳固社会体系的作用。

互惠具有三种特征（Cropanzano and Mitchell，2005）：一是相互交换，一方在接受另一方的给予之后需要回报对方，是否存在相互交换决定了互惠的发生；二是传统信念，传统信念包括付出理应获得回报的文化期望；三是社会规范和个人取向，作为社会规范，个人不履行互惠义务会受到惩罚，作为个人取向，互惠存在个体差异。

互惠存在三种形式（Sparrowe and Liden，1997）：广泛互惠（generalized reciprocity）、平衡互惠（balanced reciprocity）和负面互惠（negative reciprocity）。广泛互惠的核心是利他主义（altruism），互惠双方在交换中不确定偿还时间，不要求等价的回报。给予者是无私的，并不期望接受者在预定的时间内以同等价值的东西回报，回报取决于接受者何时能负担得起。广泛互惠发生时，双方行为中会体现仁爱（benevolence）、奉献、舍己为人的精神。负面互惠则是一种高度的利己行为，表现为及时、等价回报和高度的自利。这种形式的交换是以索取为导向，给予者以牺牲接受者为代价谋求自身利益的最大化。平衡互惠体现的是等价资源的同时交换，也就是说，接受者必须在很短时间内用同等价值的东西偿还给予者。平衡互惠也是一种利己主义互惠，要求体现公平，强调交换过程中双方利益的平等，因此也具有即时性和平等性的特点。平衡互惠的双方不会刻意沟通回报的时间和内容，但双方会心照不宣地遵守互惠规则，保证双方的利益平等性。平衡互惠介于广泛互惠和负面互惠之间。

个体互惠性特征影响房东参与分享的行为。对于一般意义的分享而言，由于分享是一种利他主义行为，因此遵守广泛互惠规范的消费者，其分享意愿也较高。Hellwig 等（2015）的研究发现，理想主义分享者（表现为高分享行为的消费者）具有最高的广泛互惠特征，但其平衡互惠特征的得分最低。但是就共享住宿这种协同消费而言，房东具有自利动机，提供房屋资源是为了获取回报，不同类型的互惠对其分享行为具有不同的影响。现有互惠性的分类是基于组织管理领域，在共享经济中，我们认为个体的互惠性主要表现为广泛互惠和平衡互惠两种，事实上，Hellwig 等（2015）对一般分享行为的研究也并未考虑负面互惠的情形。因此，我们主要考察广泛互惠和平衡互惠对分享动机的影响。由于平衡互惠者具有自利动机，追求的是即时对等的回报，因此其分享行为更多的是出于货币回报和社会规范这类可以给予实际回报的受控动机。而广泛互惠者具有利他动机，追求的是仁爱和奉献，因此其分享行为更多的是出于社群感、环境关心和享乐这类较少产生实际回报的自主动机。综上所述，可以推断平衡互惠正向影响受控动机，而广泛互惠正向影响自主动机，故提出以下假设。

H7a：平衡互惠正向影响货币回报。

H7b：平衡互惠正向影响社会规范。

H7c：广泛互惠正向影响社群感。

H7d：广泛互惠正向影响环境关心。

H7e：广泛互惠正向影响享乐。

（三）共享住宿房东分享行为模型

基于自我决定理论，房东在共享住宿平台作为资源提供者分享闲置房屋的行为受两类动机驱动：一类是受控动机，包括货币回报和社会规范；另一类是自主动机，包括社群感、环境关心和享乐。而物质主义和互惠性作为房东个体心理特征对这两类动机存在不同影响，其中工具性物质主义正向影响货币回报和社会规范等受控动机；终极性物质主义正向影响社群感、环境关心和享乐等自主动机；平衡互惠正向影响货币回报和社会规范等自主动机；广泛互惠正向影响社群感、环境关心和享乐等自主动机。因此，提出以下假设模型（见图3-3）。

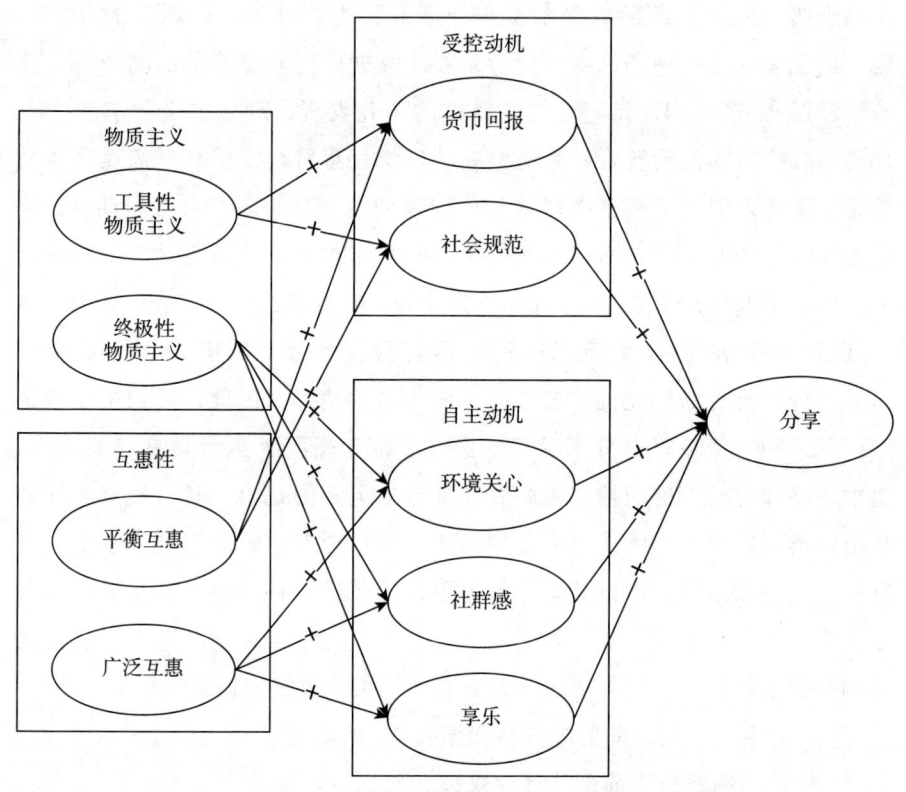

图 3-3　共享住宿房东分享行为模型

第三节　共享住宿分享模型研究设计

（一）变量的定义与测量

本研究涉及变量包括：工具性物质主义、终极性物质主义、平衡互惠、广泛互惠、货币回报、社会规范、社群感、环境关心、享乐、分享意愿。针对这些变量，现有文献提供了较为成熟的测量量表。本研究对这些成熟量表进行双向翻译，并基于共享住宿情境进行适应性的修订。各变量的概念定义和操作性定义见表 3-1。

表 3-1　潜变量的定义与测量量表

潜变量	定义	测量题项	量表参考
工具性物质主义（IM）	个体在共享住宿资源的提供或使用过程中对财富、功能等的重视程度	IM1：对我来说，最在意的是物品的实用性 IM2：我买东西的时候看中的是产品的功能性 IM3：我买东西的时候比较在意买的东西能做什么	Akbar 等（2016）、Lindblom 等（2018）
终极性物质主义（UM）	个体在共享住宿资源的提供或使用过程中重视通过积累物质资源去获得社会地位或旁人的羡慕等	UM1：我想拥有比别人更好的东西，我喜欢拥有奢侈豪华的东西 UM2：我喜欢拥有那些体现身份或地位的东西 UM3：我喜欢拥有那些能给别人留下深刻印象的东西 UM4：当我在购买某些东西时，内心深处希望通过它们给别人留下深刻印象	Akbar 等（2016）、Lindblom 等（2018）
广泛互惠（BRR）	个体在共享住宿资源的提供或使用过程中不计较付出与回报	BRR1：我愿意为他人提供帮助，即使他人现在对我没有贡献 BRR2：我愿意无条件地为他人提供帮助 BRR3：我向他人提供的帮助超过了我所获得的帮助 BRR4：我愿意不求回报地为他人提供帮助	Wu 等（2006）
平衡互惠（BAR）	个体在共享住宿资源的提供或使用过程中期望付出与回报成正比	BAR1：我把我和他人的利益看得同等重要 BAR2：长期来看，我所付出的与我获得的利益是均衡的 BAR3：只要我帮助他人，他人也会帮助我 BAR4：我为他人提供帮助时，也希望日后获得他人同等程度的帮助 BAR5：我为他人提供的帮助与他人给予我的帮助是对等的 BAR6：长期来看，我对他人的付出与收获是相等的	Wu 等（2006）

续表

潜变量	定义	测量题项	量表参考
货币回报（EB）	在共享住宿资源的提供或使用过程中的投入与产出比	EB1：将我的房屋用于出租，这样我可以赚钱 EB2：将自己的房屋改造为共享住宿，可以获得经济上的回报 EB3：将我的房屋改造为共享住宿，可以改善我现在的经济状况 EB4：将我的房屋改造为共享住宿，可以增加我的收入	Hamari 等（2016）
社会规范（SN）	社会对共享住宿房东群体行为及可接受的群体行为集体表现的看法	SN1：作为房东，我应严格遵守本行业约定俗成的规范 SN2：按照社会对共享住宿的期望去经营共享住宿，会使我的事业更顺利 SN3：整个共享住宿行业的发展，需要依靠所有参与者遵守行业规范 SN4：作为房东，我总是在尽力遵守行业规范 SN5：只有其他房东都遵守行业规范，我的共享住宿才会经营成功	Yang 等（2020）
社群感（CB）	共享住宿房东对共享住宿群体的归属感	CB1：成为共享住宿房东，能让我成为该行业中的一员 CB2：选择入住我房屋的顾客很可能与我有相似的兴趣 CB3：将自己的房屋租给他人使用，会让我交到志同道合的朋友 CB4：我觉得我是共享住宿行业中的一员 CB5：我和这一带的房东关系很好	Kim 和 Jin（2020）
环境关心（SC）	共享住宿房东减少消费对环境、社会和经济可持续性发展的影响，以满足当代人和后代的需求	SC1：把闲置的房屋改造为共享住宿有助于节约资源 SC2：将闲置的房屋改造成共享住宿是一种环保的行为 SC3：将闲置的房屋改造成共享住宿，体现了我对环境的关心 SC4：将老旧的房屋作为共享住宿重新利用减少了资源的浪费	Hamari 等（2016）

续表

潜变量	定义	测量题项	量表参考
享乐（HED）	房东在经营共享住宿过程中获得愉悦等感受	HED1：我认为经营共享住宿是很有趣的	Akbar 等（2016）
		HED2：我在经营共享住宿的过程中得到了满足感	
		HED3：我享受经营共享住宿的过程	
分享意愿（SHA）	房屋拥有者分享闲置房屋的意愿	SHA1：如果有机会，我会试着把我闲置的房间出租给别人	Ozanne 和 Ballantine（2010）
		SHA2：只要有可能，我都会出租闲置的房屋给别人	
		SHA3：我非常愿意出租闲置的房屋	
		SHA4：我非常愿意建议亲朋好友出租他们闲置的房屋	

（二）问卷设计与发放

问卷的内容包括三个方面：①房东的共享住宿经营现状；②房东对共享住宿的态度及分享闲置房屋的动机和意愿；③房东的基本情况。最初的调查问卷形成后，让20位经营共享住宿的房东填答，并针对初步填答的情况与房东进行讨论，根据其观点，修订初步问卷中存在的含义不清或不易理解的问题，最后形成正式调查问卷。

1. 正式调研对象

正式调研选择成都及其周边共享住宿模式发展较好、共享住宿规模较大的共享住宿聚集区进行，主要以在成都蒲江明月村、崇州街子古镇、大邑安仁古镇、乐山黄湾镇、眉山七里坪国际旅游度假区等多个著名景区经营共享住宿的房东为调查对象。

2. 样本容量

由于数据分析需要运用因子分析检验测量效度，并使用结构方程模型对理论模型进行验证，因此需要考虑样本容量。本次调查的测量问题共41个，按问题数量与样本数量之比1∶5计算，正式调查样本应在205个左右。为了保证有效样本数的充足性，尽可能减少无效样本所占的比例，在正式调查中共发出400份问卷，从而保证剔除无效调查问卷后，仍能获得充分的样本数据，以确保数据分析的有效性。

3. 问卷调查时间

正式问卷调查时间为 2022 年 7~9 月。选择此段时间开展调研是为了利用暑期招募兼职大学生协助完成调研任务，收集更加丰富的数据。

4. 问卷发放与回收

本研究采用多种方式发放与回收问卷：

（1）研究者亲自到蒲江、崇州、大邑、乐山等地共享住宿集中的社区、景区现场发放与回收调研问卷，共发放问卷 180 份，回收问卷 162 份，其中无效问卷 24 份，有效问卷共 138 份。

（2）聘请四川师范大学的硕士研究生或本科生到成都周边景区共享住宿集中的村（社区）现场发放与回收问卷，共发放问卷 220 份，回收问卷 193 份，其中无效问卷 30 份，有效问卷共 163 份。

正式问卷发放与回收的最终情况如下：通过上述两种方式共发放纸质问卷 400 份，共回收 355 份，其中无效问卷 54 份，有效问卷 301 份。

5. 回收问卷的处理与清理

本研究在对调查问卷进行回收与清理的过程中，采取一系列措施确保信息的准确性与完整性。首先，确保回收的问卷数量充足，以达到样本容量的要求。其次，针对每份问卷，在清理过程中对其进行详细的检查，包括查看填写是否规范、回答是否准确、缺失内容是否补充等。同时，还对数据进行归纳汇总和统计分析，以便深入了解研究对象的态度和看法。最后，为了确保数据的可靠性，尽可能避免数据泄露和篡改，严格控制问卷的保密性和安全性。正式用于分析的有效问卷为 301 份，超过题项数与样本数之比 1∶5 的比例要求。

第四节 基于问卷调查的分享行为分析

（一）样本的描述性统计分析

利用 SPSS 23.0 软件对样本的个人基本信息进行描述性统计分析，以了解样本的基本情况（见表 3-2）。

表 3-2 样本的基本信息

样本特征	分类标准	人数（人）	占比（%）
性别	男	134	44.52
	女	167	55.48
年龄	18~30 岁	71	23.59
	31~40 岁	114	37.87
	41~50 岁	93	30.90
	51~60 岁	20	6.64
	>60 岁	3	1.00
婚姻状况	未婚	40	13.29
	已婚	197	65.45
	离异	64	21.30
经营共享住宿前的职业	学生	31	10.30
	行政机关职员	64	21.26
	事业单位职员	46	15.28
	企业职员	70	23.26
	自由职业者	66	21.93
	其他	24	7.97
受教育程度	高中/中专及以下	114	37.87
	大专	84	27.91
	本科	62	20.60
	研究生及以上	41	13.62
所持共享住宿物业所有权	自住房	131	43.52
	租赁的房	91	30.23
	投资新建的房	67	22.26
	其他	12	3.99
房东户籍	本地居民	159	52.82
	外来承租者	122	40.53
	其他	20	6.64
共享住宿经营年限	经营一年	63	20.93
	经营两年	128	42.52
	经营三年	60	19.93
	经营四年及以上	50	16.61

续表

样本特征	分类标准	人数（人）	占比（%）
目前月收入	≤4000 元	36	11.96
	4001~6000 元	108	35.88
	6001~10000 元	101	33.55
	>10000 元	56	18.60

就男女比例而言，男性房东人数约为女性房东人数的80%，与《中国共享住宿发展报告（2019）》的结论相符。

从年龄分布看，18~30岁有71人，占23.59%；31~40岁114人，占37.87%；41~50岁有93人，占30.90%；51~60岁有20人，占6.64%；60岁以上3人，占1%。总体看来，共享住宿房东以"70后"、"80后"和"90后"为主。

从受教育程度看，高中/中专及以下学历者为114人，占总样本的37.87%；大专学历者84人，占27.91%；本科学历者62人，占20.60%；研究生及以上学历者41人，占13.62%。各受教育程度的人数比例较为合理，其中以高中/中专及以下学历者居多，总体受教育程度分布与共享住宿房东的实际情况大致吻合。

从所持共享住宿物业所有权与房东户籍看，使用自住房的房东有131人，占43.52%；租赁的房东有91人，占30.23%；投资新建的房东有67人，占22.26%。房东为本地居民的有159人，占52.82%，外来承租者有122人，占40.53%。可见，共享住宿以本地居民自住房改建为主。

从共享住宿经营年限看，经营一年的有63人，占总样本的20.93%；经营两年的有128人，占42.52%；经营三年的有60人，占19.93%；经营四年及以上的有50人，占16.61%。总的来说，大部分共享住宿房东的工作时间较短，有三年以上工作经验的较少，这也符合共享住宿作为新兴住宿模式的现实。

（二）信度和效度检验

（1）信度检验。利用SPSS 23.0和AMOS 23.0软件进行数据分析，检验结果如表3-3所示，所有变量的Cronbach's α均大于0.7，建构信度

（CR）均大于 0.7，这表明测量的信度较高，具有很高的可靠性。

（2）效度检验。利用 AMOS 23.0 软件对测量模型进行验证性因子分析（CFA），结果显示：χ^2（790）= 1560.425，$p<0.001$；GFI = 0.808，NFI = 0.857，CFI = 0.923，IFI = 0.924，TLI = 0.916，RMSEA = 0.057。这表明测量模型拟合较好。进一步，各潜变量的平均方差抽取量（AVE）都大于临界值 0.5，且平均方差抽取量的平方根大于潜变量间的复相关系数（见表 3-4），由此可以判定测量量表具有较高的聚敛效度与判别效度。

综上，本研究的测量量表满足信度和效度要求，可进行下一步分析。

表 3-3 验证性因子分析测量的建构信度和聚敛效度

潜变量	题项	标准荷载	Cronbach's α	CR	AVE
工具性物质主义（IM）	IM1	0.919	0.953	0.949	0.863
	IM2	0.908			
	IM3	0.959			
终极性物质主义（UM）	UM1	0.851	0.927	0.926	0.757
	UM2	0.862			
	UM3	0.895			
	UM4	0.871			
广泛互惠（BRR）	BRR1	0.852	0.818	0.919	0.739
	BRR2	0.907			
	BRR3	0.883			
	BRR4	0.791			
平衡互惠（BAR）	BAR1	0.872	0.954	0.957	0.789
	BAR2	0.894			
	BAR3	0.908			
	BAR4	0.91			
	BAR5	0.875			
	BAR6	0.869			
货币回报（EB）	EB1	0.83	0.804	0.858	0.603
	EB2	0.795			
	EB3	0.716			
	EB4	0.76			

续表

潜变量	题项	标准荷载	Cronbach's α	CR	AVE
社会规范（SN）	SN1	0.797	0.837	0.886	0.608
	SN2	0.746			
	SN3	0.767			
	SN4	0.83			
	SN5	0.757			
社群感（CB）	CB1	0.758	0.841	0.899	0.640
	CB2	0.86			
	CB3	0.771			
	CB4	0.762			
	CB5	0.842			
环境关心（SC）	SC1	0.866	0.865	0.883	0.655
	SC2	0.802			
	SC3	0.822			
	SC4	0.741			
享乐（HED）	HED1	0.782	0.792	0.853	0.660
	HED2	0.796			
	HED3	0.856			
分享意愿（SHA）	SHA1	0.869	0.880	0.913	0.724
	SHA2	0.843			
	SHA3	0.852			
	SHA4	0.839			

表 3-4 判别效度检验

潜变量	BRR	BAR	UM	IM	HED	SC	CB	SN	EB	SHA
BRR	0.859									
BAR	0.500	0.888								
UM	0.622	0.401	0.870							
IM	0.377	0.053	0.515	0.929						
HED	0.520	0.481	0.446	0.322	0.812					
SC	0.577	0.502	0.638	0.382	0.522	0.809				
CB	0.516	0.471	0.469	0.324	0.486	0.518	0.800			

续表

潜变量	BRR	BAR	UM	IM	HED	SC	CB	SN	EB	SHA
SN	0.222	0.552	0.200	0.240	0.209	0.223	0.206	0.780		
EB	0.258	0.638	0.234	0.290	0.243	0.260	0.239	0.470	0.776	
SHA	0.398	0.711	0.354	0.543	0.431	0.375	0.357	0.307	0.322	0.851

注：对角线上的数值为 AVE 的平方根，对角线下的数值为构念间相关系数（Φ）。

（三）结构模型验证与修正

AMOS 23.0 软件对结构模型拟合指标的输出结果显示：χ^2（782）= 1267.697，$p<0.001$；GFI=0.836，NFI=0.884，CFI=0.952，IFI=0.952，TLI=0.947，RMSEA=0.046。这表明概念模型整体拟合效果较好。随后对变量间的路径系数进行估计，结果如表 3-5 所示。

表 3-5　拟合模型的路径系数

变量关系	非标准化路径系数	t	p	显著性
工具性物质主义→货币回报	0.129	5.389	***	显著
工具性物质主义→社会规范	0.106	4.97	***	显著
终极性物质主义→社群感	0.089	2.204	*	显著
终极性物质主义→环境关心	0.018	0.3	0.764	不显著
终极性物质主义→享乐	0.202	5.026	***	显著
平衡互惠→货币回报	0.42	11.347	***	显著
平衡互惠→社会规范	0.364	10.644	***	显著
广泛互惠→社群感	1.06	9.354	***	显著
广泛互惠→环境关心	0.989	8.795	***	显著
广泛互惠→享乐	0.919	14.294	***	显著
货币回报→分享意愿	0.131	2.558	*	显著
社会规范→分享意愿	0.154	3.721	***	显著
社群感→分享意愿	0.046	1.024	0.306	不显著
环境关心→分享意愿	0.244	9.253	***	显著
享乐→分享意愿	0.504	5.277	***	显著

注：*** 表示 $p<0.001$，** 表示 $p<0.01$，* 表示 $p<0.05$。

由上述路径系数估计结果发现，社群感作为共享住宿中较为重要的动机维度，对分享意愿的效应却未达到显著水平。这可能是因为共享住宿房东多为本地居民，对周围的人和环境均较为熟悉，且原本就有同乡或者同村的观念，所以即使房东感知到自己属于共享住宿房东中的一员，但通常从"同乡"到"同行"的身份转变感知不太明显，因此社群感并未正向影响分享意愿。但是，共享经济提供了建立并保持社会关系的契机，这也是其显著的特点之一，此社会关系将对资源提供者和消费者产生积极影响。So 等（2018）的研究表明，个体与亲人、朋友或所有去过目的地的人们分享事物是为了产生分享乐趣。同时，有研究显示，在共享经济中建立社交关系或寻找志趣相投的同伴会令分享者感到愉快甚至兴奋（Tussyadiah and Pesonen, 2018）。基于此，有理由相信社群感或将进一步促进分享者对享乐的感知。因此，在原概念模型基础上，增加路径"社群感→享乐"，以修正结构模型。再次运用 AMOS 23.0 软件对结构模型进行拟合，结果显示：χ^2（812）= 1380.318，$p < 0.001$；GFI = 0.823，NFI = 0.842，CFI = 0.902，IFI = 0.913，TLI = 0.907，RMSEA = 0.053。再次估计变量间的路径系数，结果如表 3-6 所示。

表 3-6 修正后模型的路径系数

变量关系	非标准化路径系数	t	p	显著性
工具性物质主义→货币回报	0.129	5.387	***	显著
工具性物质主义→社会规范	0.106	4.964	***	显著
终极性物质主义→社群感	0.078	11.624	***	显著
终极性物质主义→环境关心	0.033	0.587	0.557	不显著
终极性物质主义→享乐	0.141	2.914	**	显著
平衡互惠→货币回报	0.420	11.339	***	显著
平衡互惠→社会规范	0.364	10.637	***	显著
广泛互惠→社群感	0.892	8.837	***	显著
广泛互惠→环境关心	0.951	9.064	***	显著
广泛互惠→享乐	0.786	11.264	***	显著
社群感→享乐	0.158	2.993	***	显著
货币回报→分享意愿	0.557	4.82	**	显著
社会规范→分享意愿	0.149	2.906	**	显著
社群感→分享意愿	0.122	2.401	*	显著

续表

变量关系	非标准化路径系数	t	p	显著性
环境关心→分享意愿	0.271	5.246	***	显著
享乐→分享意愿	0.579	4.547	***	显著

注：*** 表示 p<0.001，** 表示 p<0.01，* 表示 p<0.05。

（四）假设检验

依据结构模型分析结果对研究假设进行检验，结果如表3-7所示，除假设H6d外，其他假设均成立。其中终极性物质主义对环境关心动机的影响不成立，其原因可能在于终极性物质主义者将物质财富视为人生追求的目标，期望通过物质财富来彰显社会地位，虽然环境关心是自主性动机，但他们并不会产生此类动机，因此终极性物质主义不影响环境关心动机。

表3-7 研究假设检验

研究假设	检验结果
H1：共享住宿的货币回报正向影响房东的分享意愿	成立
H2：共享住宿的社会规范正向影响房东的分享意愿	成立
H3：共享住宿的社群感正向影响房东的分享意愿	成立
H4：共享住宿的环境关心正向影响房东的分享意愿	成立
H5：共享住宿的享乐正向影响房东的分享意愿	成立
H6a：工具性物质主义正向影响货币回报	成立
H6b：工具性物质主义正向影响社会规范	成立
H6c：终极性物质主义正向影响社群感	成立
H6d：终极性物质主义正向影响环境关心	不成立
H6e：终极性物质主义正向影响享乐	成立
H7a：平衡互惠正向影响货币回报	成立
H7b：平衡互惠正向影响社会规范	成立
H7c：广泛互惠正向影响社群感	成立
H7d：广泛互惠正向影响环境关心	成立
H7e：广泛互惠正向影响享乐	成立

增加社群感对享乐的影响路径后，社群感对分享意愿由不显著变为显著，说明社群感增加了分享产生的乐趣，反过来促进了房东的分享意愿。

综上分析，修正后的共享住宿房东分享行为模型如图3-4所示。

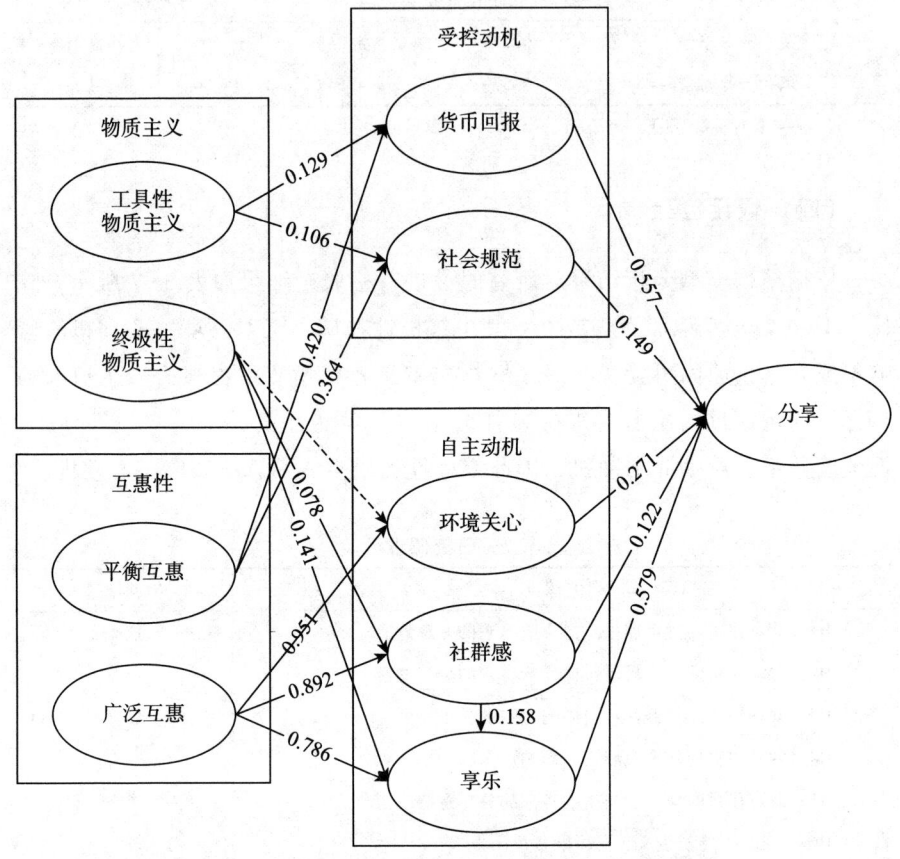

图 3-4 修正后的共享住宿房东分享行为模型

（五）结果分析

研究结果表明，工具性物质主义、终极性物质主义、平衡互惠、广泛互惠分别会对个体的受控动机和自主动机产生不同程度的影响。与此同时，货币回报、社会规范、社群感、环境关心和享乐显著增强了资源提供者的分享意愿。

第一，工具性物质主义可以有效增强房东的货币回报和社会规范动机，这与假设预测一致。正如前文所述，工具性物质主义者将物质财富作为一种工具，通过物质财富的占有来实现更高的个人目标。因此，具有较高工具性物质主义的共享住宿房东会更加注重共享住宿提供过程中直接的经济回报，并且为了更好地经营共享住宿会更加重视共享住宿行业的社会规范。

第二，终极性物质主义会增强房东的社群感和享乐动机。终极性物质主义者更想要赢得他人的赞美、羡慕与尊重，获得更高的社会价值，更在乎物质财富所带来的社会地位、社会认可与旁人的羡慕。由于国内共享住宿正处蓬勃发展期，对于大部分共享住宿从业者而言，这是一份怀揣诗和远方的体面职业，从业者们能享有强烈的归属感和价值感，从而感到身心愉悦。然而，终极性物质主义对环境关心的影响在本研究中并不显著，这可能是由于一些作为终极性物质主义者的共享住宿房东并不将环境视为社会地位彰显的标志，在一定程度上弱化了终极性物质主义对环境关心的促进作用。

第三，平衡互惠有效增强了货币回报和社会规范动机。平衡互惠的双方更在乎在给予对方资源时获得等价的回报。提供帮助或资源的一方会在意对方是否偿还同等价值的帮助与资源，参与双方都很默契，知道这其中礼尚往来的社交准则，因此双方重视回报的时间和方式。一方面，共享住宿房东通过为游客提供住宿服务得到与之相对等的经济回报，从而正向影响了共享住宿房东的货币回报动机。另一方面，共享住宿房东之间共同维护行业的社会规范，如定价、服务标准等，从而促进行业的良性发展，这也有利于个人共享住宿的经营。因此，平衡互惠能够正向影响房东的货币回报与社会规范动机。

第四，广泛互惠可以有效增强社群感、环境关心和享乐动机。这与现有的研究结论一致。广泛互惠的核心是利他主义，给予帮助和资源的一方不会在乎对方做出回报的时间与数量。当一方做出广泛互惠行为时，其更在乎与他人建立长期的关系，而非即时的回报，这是一种积极的利他主义心理。大多数共享住宿房东通过经营共享住宿与周围从业者建立良好的社群关系，找到志同道合的朋友。同时共享住宿房东大多为当地居民，他们注重当地生态发展，将闲置的房屋改造为共享住宿来体现他们对环境的关心。经营共享住宿在大多从业者眼中是一种理想生活方式的实现，他们找到内心的平和与宁静，实现个人价值，感受身心的愉悦。因此，广泛互惠有效增强了社群感、环境关心和享乐动机。

　　第五，与假设预测一致，货币回报、社会规范、社群感、环境关心和享乐显著增强了房东的分享意愿，并且货币回报、享乐的影响更大。一方面，对于共享住宿房东来说，将房屋用于分享可以补偿其购买房屋的成本，并且也能获得提供服务所换来的劳动报酬。另一方面，相对于传统酒店服务来说，经营共享住宿可以和游客有更多的互动，大多数共享住宿房东不仅是提供住宿服务，他们更希望通过共享住宿传递个人的生活方式，交到志同道合的朋友。因此，在提供共享住宿时他们能收获愉悦感和惊喜感，这满足了他们的情感需求。与传统住宿业相比，共享住宿有利于保护生态环境，实现资源充分利用。研究也表明，共享住宿从业者普遍具有较高的环保意识，这与 Böcker 和 Meelen（2017）的观点一致。共享住宿房东之间会形成当地的小群体或行业群体，房东间的讨论与参与，会潜移默化地培养深厚的社群关系，也会吸引更多的潜在共享住宿房东参与。共享住宿房东之间的互动与融洽的关系也能让共享住宿房东感受到愉悦与归属感，彼此之间也会心照不宣地形成行业规则，促进共享住宿房东按照社会期望和规范来经营共享住宿，同时这种社群带来的归属感与享乐以及行业规范带来的安全感也让共享住宿房东更乐于投身共享住宿行业。

第四章　协同消费中共享住宿消费者使用行为质性研究

第三章讨论了共享住宿提供端房东的分享心理机制，本章将视角转向共享住宿使用端，研究消费者选择共享住宿的影响机制。首先，介绍本研究采用的质性研究方法与工具，以及数据收集过程；其次，利用质性分析软件 NVivo10 对收集的资料进行整理与分析，归纳共享住宿消费行为意愿的影响因素及其影响机制。

第一节　扎根理论方法与工具

（一）研究方法与工具

扎根理论是一种质性研究方法，最早由社会学家 Glaser 和 Strauss 提出，它主张研究者从社会现象或日常生活经验中获取资料，再通过系统化归纳的方式分析资料，逐步发展出符合客观实际且具有应用价值的理论成果（Glaser and Strauss，1967）。扎根理论凭借细致规范的研究程序使得理论构建成为一个严谨科学的过程，也让研究结果更具信度和解释力（Strauss and Corbin，1997）。徐淑英等指出要把握本土情境的丰富内涵，发展内部效度和外部效度较高的模型，运用扎根理论是一个必要步骤（徐淑英和刘忠明，2004；徐淑英和张志学，2005）。由于学者们对扎根理论的认识和理解存在差异，在长期发展过程中扎根理论逐渐演化为经典扎根理论（classical grounded theory）（Glaser and Strauss，1967）、程序化扎根理论（proceduralised verion of grounded theory）（Strauss and Corbin，1997）和构建型扎根理论（gonstrucing grounded theory）（Charmaz，2006）。经典扎根理论坚持让问题从真实的社会过程或情景中自然涌现，避免先入为主的预设，强调理论构建的客观性（Glaser and Strauss，1967）。程序化扎根理论认为一套在关系命题中相互联系的完善概念体系可用来解释和预测客观现象中的问题，更侧重于借助预设等技巧来归纳整理数据中的规律，强调人的主观认知能力（贾旭东和衡量，2016）。构建型扎根理论认为研究者可建构和认知数据中客观存在的规律（Charmaz，2006），强调过度客观致使方法死板难以应用，过度主观则致使客观本质属性丧失（贾旭东和衡量，2016）。相较于其他两类扎根理论，程序化扎根理论具有理论结构清晰、技术操作明确的特点，它为研究者提供了严谨的研究准则和具体的操作步骤，被研究者广泛应用（张婕等，2012）。

NVivo 是目前功能最强大的计算机辅助定性数据分析软件（computer assisted qualitative data analysis software，CAQDAS）之一，能够帮助研究者简化对半结构或无特定结构数据（如访谈记录、调查问卷、文献、网页或社交媒体的内容等）的处理与分析，提高研究者在质性分析过程中的准确度和效率（刘世闵和李志伟，2017）。

因此，本研究将运用程序化扎根理论，借助 NVivo 10 软件对收集的访谈资料进行整理与分析，以期在我国市场背景下，从我国消费者共享住宿消费的切身经历中，准确地归纳出影响消费者共享住宿消费行为意愿的主要因素，并构建出新的理论模型解释其影响机制。

（二）数据收集

（1）选定访谈对象。《中国共享住宿发展报告》指出：从平台来看，综合房源量、用户量、融资额等情况，小猪、爱彼迎、途家等已成为引领我国共享住宿行业发展的头部企业。从参与者看，"千禧一代"是共享住宿的活跃主体，在主要共享住宿平台的住客中，18~35 岁群体的占比超过 70%（国家信息中心分享经济研究中心，2018，2019）。此外，现有研究也指出共享住宿的消费者具有受教育程度高、创新性高的特征（Tussyadiah，2015），且在共享次数和共享频率上，青年人高于老年人，女性高于男性（Hellwig et al.，2015）。为保证调查样本的代表性及研究成果的推广性，本研究参考上述研究成果，在选定访谈对象时，以"千禧一代"用户为主要调查样本，同时兼顾其他年龄层次的用户群体，并根据其性别、受教育程度、职业、月均收入及年均入住频次等对访谈对象进行筛选，最终选定了小猪、途家等国内主要共享住宿平台上26位有过共享住宿实际消费体验的注册用户作为本研究的访谈对象。他们的基本特征如表4-1所示。

表4-1 访谈对象基本特征

样本特征	分类标准	占比（%）
性别	男	46.2
	女	53.8
年龄	50岁及以上	11.5
	40~49岁	19.2
	30~39岁	30.8
	18~29岁	38.5
受教育程度	大专及以下	19.4
	本科	53.7
	研究生	26.9
职业	国家机关事业单位职员	19.2
	企业职工	34.6
	个体工商户	3.9
	学生	30.8
	其他	11.5
月均收入	3000元及以下	27.0
	3001~6000元	19.2
	6001~9000元	34.6
	9001元及以上	19.2
年均入住频次	2次及以下	50.0
	3~5次	34.6
	6次及以上	15.4

资料来源：笔者整理。

（2）设计访谈提纲。根据研究目的及主题设计半结构式访谈提纲，访谈时不仅要收集个人基本信息，研究者还需根据共享住宿用户从确定需求、寻找信息、评估方案到线上预订、线下入住再到购后行为的整个消费决策过程来展开访问。其主要问题包括:"您了解共享住宿吗,您所理解的共享住宿是怎样的?您是通过什么途径知道共享住宿的?""您第一次体验共享住宿是什么时候,最近一次体验又是什么时候?""共享住宿吸引您的因素是什么,哪些因素促使您选择共享住宿?""在选择共享住宿时,您最担心的是什么,哪些因素会阻碍您选择共享住宿?""您常通过哪些平台来预订共享住宿,为什么?""在预订和体验共享住宿的过程中,您认为存在哪些待解决的问题,或有哪些不便之处?""在未来,您是否仍愿意再次选择共享住宿,为什么?"此外,研究者可根据不同访谈对象的实际情况对上述问题进行拓展,并允许他们就相关问题进行补充说明,以便客观完整地反映受访者的真实想法。

(3)收集访谈资料。按事先约定的时间、地点,先后与 26 位访谈对象进行一对一式的深度访谈,单次访谈时间控制在 30~60 分钟。为保证访谈的完整性和准确性,经受访者同意,对访谈进行全程录音。在访谈过程中,给予受访者充足的思考时间和表述空间,并对其回答的内容进行适当挖掘,以使访谈问题得到多维的发散和丰富。所有访谈结束后,将原始资料进行匿名处理,并手动将所有录音材料逐字逐句地转换为文本资料,最终得到约 5.5 万字的访谈记录。

第二节　共享住宿使用行为质性研究过程

本研究依据 Strauss 等提出的程序化扎根理论编码原则及程序进行数据归纳和模型构建,具体程序包括开放性译码、主轴译码和选择性译码(Strauss and Corbin,1990)。此外,还需要对所构建的理论进行饱和度检验,确保研究者现有的数据乃至新收集的数据可以被已提炼出的理论范畴所涵盖,而不再有新的概念或范畴出现(王璐和高鹏,2010)。

(一)开放性译码

开放性译码是指将收集的原始资料打散,逐字逐句地分析并赋予概念,再以新的方式重新组合起来的操作化过程。其目的是将原始资料中出现的主题或概念逐步聚拢提炼,以达到概念化及范畴化。对概念和范畴进行命名时,借鉴现有文献归纳出与资料内容最匹配的概念,对于无文献参考的,则需充分挖掘原始资料,根据具体情境来自行命名。

利用 NVivo10 软件,先对访谈内容进行编号,按访谈完成的先后顺序,将第 * 位的访谈资料记为 S*。接着将访谈资料中的句子进行拆分,把每个句子中的独立事件或现象贴上标签记为 a*,如访谈资料 S01 中的原句"我是因为亲友介绍并带我一起住过",记为"a1 亲友介绍"。由于诸多事件或现象在本质上是类似或重复的,因此需对标签进行归纳整理并赋予概念。如标签"a10 搬行李不方便""a28 入住便利""a68 预订操作便利"等均表示共享住宿的消费过程中各环节是否便利,因此将其概念化为"便利",记为"A1 便利"。初步概念化后,再进一步将具有相同特征属性的概念聚拢提炼,形成初始范畴。如"A1 便利""A2 卫生状况""A3 房主附加服务""A4 房屋品质""A5 配套设施设备""A6 专业化水平"均为共享住宿产品及服务质量优越与否的具体外在表现,因此将其范畴化为"产品服务质量",记为"AA1 产品服务质量"。最终,在开放性译码程序中,共贴出 432 个标签、37 个概念、13 个初始范畴,具体译码结果见表 4-2。

表 4-2　开放性译码结果

原始代表语句	贴标签	概念化	范畴化
S02:不能精准导航,入住时不好找	a28 入住便利	A1 便利 (a10,a28,a68…)	AA1 产品服务质量 (A1~A6)
S04:因为它预订操作比较方便	a68 预订操作便利		
S05:提供的拖鞋、毛巾、杯子等不是很卫生	a90 用品卫生	A2 卫生状况 (a6,a27,a90…)	
S08:会看看房间是否打扫得干净整洁	a143 房间干净整洁		
S02:房主的接待服务很周到很热情	a32 房主热情接待	A3 房主附加服务 (a32,a71,a119…)	
S13:房主会推荐各种适合当地的游玩方式	a431 房主推荐		
S01:有些房屋的整体质量不如星级酒店好	a7 房屋质量	A4 房屋品质 (a7,a67,a222…)	
S20:共享住宿的房屋更有档次	a411 房屋档次		

续表

原始代表语句	贴标签	概念化	范畴化
S02：整个房屋的设施设备比较齐全	a20 设施设备齐全	A5 配套设施设备 (a20, a58, a81…)	AA1 产品服务质量 (A1~A6)
S05：还允许在厨房做饭、用洗衣机等	a81 允许做饭洗衣		
S12：可能没有酒店那样专业	a198 专业	A6 专业化水平 (a198, a267, a295…)	
S13：偶尔觉得没有酒店的专业化服务到位	a267 专业化服务		
S01：我是因为亲友介绍并带我一起住过	a1 亲友介绍	A7 亲友推荐 (a1, a16, a39…)	AA2 社会影响 (A7~A10)
S07：朋友向我推荐过共享住宿	a115 朋友推荐		
S03：看其他用户的评价为自己决策做参考	a45 用户评价	A8 用户评论 (a45, a138, a147…)	
S08：评分也比较高	a147 用户评分		
S16：毕竟共享是一个发展趋势	a317 发展趋势	A9 趋势 (a160, a317, a354…)	
S18：它在国外发展得很好，很流行	a354 流行		
S06：参考互联网上别人的出游攻略	a97 出游攻略	A10 旅游攻略 (a97, a155, a206…)	
S08：提供一些更实用的旅游指南	a155 旅游指南		
S11：看旅游住宿方面的一些推文了解的	a206 旅游推文		
S11：平台上的房屋图片和真实的不大相符	a224 房源上线验真	A11 平台管理 (a25, a89, a224…)	AA3 平台能力 (A11~A12)
S11：平台对房主租客有身份识别和认证	a230 身份认证		
S17：在电视和微博上也常看到小猪的广告	a329 宣传推广		
S19：平台监管的制度不够健全	a378 监管制度		
S02：这些平台自身的规模庞大	a24 规模庞大	A12 平台规模 (a24, a296, a309…)	
S16：这些平台的注册用户数量多	a309 注册用户数量		

第四章 协同消费中共享住宿消费者使用行为质性研究

续表

原始代表语句	贴标签	概念化	范畴化
S02：房屋内有许多个性化的装饰	a33 个性化装饰	A13 风格多样 （a33，a93，a120…）	AA4 多样性 （A13~A15）
S13：房子的装修风格也比较别致多样	a259 装修风格别致		
S05：房间的类型是多种多样的	a80 房间多样	A14 类型多样 （a80，a221，a313…）	
S11：户型还蛮多，有树屋、船屋等	a221 户型多样		
S05：景区内酒店较少，它提供更多选择空间	a94 更多选择空间	A15 房源众多 （a94，a219，a311…）	
S19：它的房源数量比较多	a368 房源数量众多		
S01：它是具有本土特色的住宿	a3 本土特色	A16 客观主义本真 （a3，a18，a79…）	AA5 本真利益 （A16~A17）
S18：有利于我感受当地的传统建筑	a340 传统建筑		
S02：在当地人家中体验当地民风民俗	a14 民风民俗	A17 存在主义本真 （a14，a40，a78…）	
S08：选择它可增加与当地人的接触、互动	a156 接触当地人		
S01：担心个人的安全问题	a5 个人安全	A18 人身安全 （a5，a21，a42…）	AA6 安全利益 （A18~A20）
S16：如何避免意外事故	a314 意外事故		
S01：个人的隐私会得到较好的保护	a9 隐私保护	A19 隐私安全 （a9，a124，a409…）	
S07：用户的信息不会被泄露	a124 信息泄露		
S07：跟陌生人同住会担心财物失窃	a102 财物失窃	A20 财产安全 （a84，a102，a293…）	
S07：会非常在意自己的财产损失	a121 财产损失		
S19：金钱交易方面担心出问题	a379 交易风险		
S01：我十分看重这种住宿的高性价比	a4 高性价比	A21 经济实惠 （a4，a51，a85…）	AA7 经济利益 （A21~A22）
S05 有时它的折扣与优惠更多	a85 折扣优惠		
S19：它的价格更加实惠	a371 价格实惠		
S03：与别人共同分摊住宿费	a37 分摊住宿费	A22 节省费用 （a37，a114，a136…）	
S07：能减少住宿的成本	a114 减少成本		

续表

原始代表语句	贴标签	概念化	范畴化
S04：我自己很了解也多次体验过	a72 多次体验	A23 经验 （a72，a95，a125…）	AA8 个人知识 （A23~A24）
S05：我自己对这样的共享模式很有经验	a95 有经验		
S03：我对它的整个入住流程比较熟悉	a46 熟悉入住流程	A24 熟悉度 （a46，a69，a105…）	
S06：对它的预订操作流程非常熟悉	a105 熟悉预订流程		
S09：我感觉住起来也很舒服	a166 舒服	A25 居家感 （a56，a82，a166…）	AA9 享乐 （A25~A27）
S10：比起酒店，共享住宿更有人情味儿	a195 人情味		
S15：整体的氛围会更有家的感觉	a290 家的感觉		
S08：让人收获不一样的感受	a153 不一样的感受	A26 新奇感 （a140，a162，a236…）	
S09：我认为共享住宿属于新生事物	a162 新生事物		
S12：自己也会有许多新鲜感受	a236 新鲜感受		
S07：它使得我们的旅途更加有乐趣	a133 有乐趣	A27 愉悦感 （a41，a133，a139…）	
S08：共享住宿给大家带来一些快乐	a139 快乐		
S18：选择共享住宿能让人感到更自由畅快	a360 自由畅快		
S04：觉得这个平台是值得我信赖的	a70 平台值得信赖	A28 信任平台 （a70，a126，a182…）	AA10 信任 （A28~A30）
S17 我相信这个平台是正规可靠的	a328 平台正规可靠		
S04：入住前我对房主不了解	a66 不了解房主	A29 信任房主 （a66，a202，a305…）	
S17：会对房主的人品有些许顾虑	a327 顾虑房主人品		
S06：担心同住的人过于混杂	a103 同住者混杂	A30 信任同住者 （a43，a103，a215…）	
S11：不太敢和陌生住客共享一套房	a215 顾虑陌生住客		

续表

原始代表语句	贴标签	概念化	范畴化
S02：对于大家庭的全家出游确实更有帮助	a35 有帮助	A31 有用（a35，a75，a154…）	AA11 感知有用性（A31~A33）
S20：对我来说共享住宿比酒店更有好处	a424 有好处		
S10：能满足我更别样细致的一些住宿需求	a195 满足需求	A32 满足需求（a30，a130，a195）	
S12：实际房屋和自己的预期不至于有太大落差	a233 符合预期		
S03：总体来说，我认为共享住宿是优胜于劣	a49 优胜于劣	A33 利大于弊（a49，a359…）	
S18：虽然共享住宿有些问题，但于我是利大于弊	a359 利大于弊		
S14：我会把共享住宿作为旅游住宿的首要选择	a286 首要选择	A34 惠顾（a11，a91，a286…）	AA12 消费意愿（A34~A35）
S20：它特别吸引我，让我产生强烈的入住欲望	a402 强烈入住欲望		
S02：在我以后的旅程中还会再次选择共享住宿	a31 再次选择	A35 再惠顾（a31，a109，a187…）	
S06：下一次出行愿意继续预订共享住宿	a109 继续预订		
S02：我会向他们推荐共享住宿这种新兴的住宿	a36 推荐共享住宿	A36 推荐产品（a36，a96，a281…）	AA13 推荐意愿（A36~A37）
S14：向身边朋友推荐我住过的房子	a281 推荐住过的房源		
S11：将这个共享住宿平台推荐给我的朋友	a218 推荐平台	A37 推荐平台（a218，a183，a452…）	
S20：我也会推荐其他人去选择爱彼迎	a452 推荐品牌		

资料来源：笔者整理（因篇幅有限，仅展示部分标签内容）。

（二）主轴译码

在开放性译码中，虽然已将原始资料进行概念化、范畴化，但这些初始范畴数量较多，且彼此间的逻辑关系也不清晰。因此，主轴译码的主要任务是发现和建立各初始范畴之间的逻辑关联，并按其关联性将初始范畴进行合并重组，归纳为更高层次的主范畴（张帅等，2017）。在主轴译码程序中，程序化扎根理论和经典扎根理论存在重要区别（Kendall，1999），它强调采用典范模式，即通过"因果条件—现象—脉络—中介条件—行动/策略—结果"来进行聚类整合，建立范畴间的关联。经比照分析，发现可进一步将初始范畴合并重组，且各范畴间确实也存在一定的因果关系。因此，运用NVivo10软件中的类属功能将开放性译码得到的13个范畴进一步整合为"拉力因素""推力因素""主观心理感受""行为意愿"4个主范畴，具体见表4-3。

其中，拉力因素和推力因素是依据旅游研究中Dann（1977）提出的推拉理论来进行归纳整合的。该理论认为，推力是指导致旅游行为产生的主观内在驱动力，与游客自身的需求或动机相关，而拉力则指导致旅游行为产生的客观外在吸引力，与吸引物及目的地的属性相关。通过对原始访谈资料的挖掘，发现追求本真利益、安全利益以及经济利益是游客选择共享住宿的内在动因，个人知识则是消费者自身积累的有关共享住宿的认知或经验，对消费者的共享住宿消费行为有着重要的指导作用，因此将"本真利益""安全利益""经济利益""个人知识"4个初始范畴整合为"推力因素"。"产品服务质量""多样性"是共享住宿的客观属性，"平台能力"是共享住宿交易中介方的客观属性，"社会影响"则代表消费者身边重要他人的言辞、行为等对其选择共享住宿所发挥的作用，因此将"产品服务质量""多样性""平台能力""社会影响"4个初始范畴整合为"拉力因素"。"享乐""信任""感知有用性"均属于消费者在共享住宿消费过程中基于拉力因素、推力因素而形成的关于共享住宿的主观感受，因此将这3个初始范畴整合为"主观心理感受"。而"消费意愿"和"推荐意愿"则是由主观心理感受决定的具体行为意愿，因此将这2个初始范畴整合为"行为意愿"。

表4-3 主轴译码结果

类别	主范畴	初始范畴	范畴内涵
因果条件	拉力因素	产品服务质量	共享住宿满足消费者需求及潜在需求的特征和特性的总和
		社会影响	消费者周围重要他人的言辞、行为等对其思想、态度、行为所发挥的作用及产生的效果

续表

类别	主范畴	初始范畴	范畴内涵
因果条件	拉力因素	平台能力	共享住宿平台在资源配置、运营管理等方面力量的总和
		多样性	共享住宿的房源数量、户型、风格等多种多样
因果条件	推力因素	本真利益	客观环境的真实性及其所带来的真正自我存在的状态
		安全利益	保障消费者在共享住宿消费过程中免受伤害或损失
		经济利益	住宿资源的获取使用过程中的投入与产出比
		个人知识	消费者积累的有关共享住宿的认知或经验
中介条件	主观心理感受	享乐	在共享住宿消费过程中获得居家感、愉悦感或新奇感等个人感受
		信任	消费者对共享住宿产生认同和依赖的心理特征
		感知有用性	消费者对共享住宿能满足需求或带来效用的主观感受
结果	行为意愿	消费意愿	消费者倾向于选择共享住宿的程度
		推荐意愿	消费者倾向于向他人推荐共享住宿的程度

资料来源：笔者整理。

（三）选择性译码

选择性译码是指在开放性译码与主轴译码的基础上，系统分析所有已呈现的概念范畴，并选择出占据中心位置、具有统领性的核心范畴，将其与其他范畴相联系，并通过"故事线"来描述行为现象及脉络，以建立概念构架，发展新的理论。运用NVivo10的模型建构功能来梳理范畴关系结构，结果见表4-4。经反复分析对比，发现"共享住宿行为意愿的影响因素及其影响机制"能作为核心范畴统领其他范畴。其故事线为：共享住宿的客观拉力因素和主观推力因素诱发消费者关于共享住宿的主观心理感受，并由此决定消费者的共享住宿行为意愿。

表4-4 选择性译码结果

典型关系	关系类别	关系结构的内涵
推力因素/拉力因素→主观心理感受	因果关系	共享住宿产品服务的客观属性及消费者的主观需求或动机刺激消费者形成关于共享住宿的主观心理感受
主观心理感受→行为意愿	因果关系	信任共享住宿、认为共享住宿有用且能带来快乐等主观的心理感受刺激消费者产生共享住宿的消费及推荐意愿

(四) 饱和度检验

对余下 4 位受访者的访谈资料以同样的方式进行编码分析,并无新的概念、范畴及关系出现,分析结果仍然可以反映"共享住宿行为意愿的影响因素及影响机制"的故事线。最终整理出本研究的理论模型,如图 4-1 所示。此外,在原访谈结束的 3 个月后,又增加 2 名新的访谈对象获取新的资料,经分析均无新发现,表明该模型已达到理论饱和。

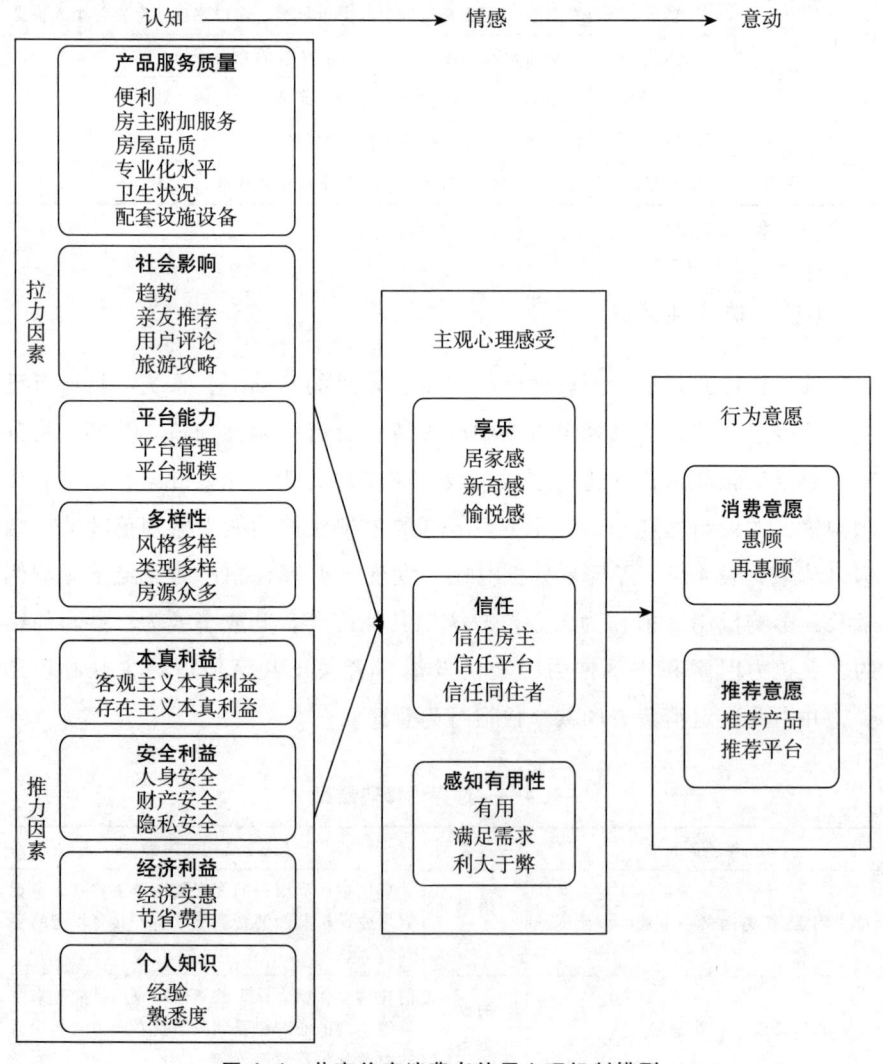

认知 → 情感 → 意动

拉力因素：
- **产品服务质量**：便利、房主附加服务、房屋品质、专业化水平、卫生状况、配套设施设备
- **社会影响**：趋势、亲友推荐、用户评论、旅游攻略
- **平台能力**：平台管理、平台规模
- **多样性**：风格多样、类型多样、房源众多

推力因素：
- **本真利益**：客观主义本真利益、存在主义本真利益
- **安全利益**：人身安全、财产安全、隐私安全
- **经济利益**：经济实惠、节省费用
- **个人知识**：经验、熟悉度

主观心理感受：
- **享乐**：居家感、新奇感、愉悦感
- **信任**：信任房主、信任平台、信任同住者
- **感知有用性**：有用、满足需求、利大于弊

行为意愿：
- **消费意愿**：惠顾、再惠顾
- **推荐意愿**：推荐产品、推荐平台

图 4-1 共享住宿消费者使用心理机制模型

第三节 共享住宿消费者使用心理机制阐释

通过模型可以看出，共享住宿消费的客观拉力因素和主观推力因素促使消费者产生关于共享住宿的主观心理感受，并由此决定消费者的共享住宿行为意愿，这与"认知—情感—意动"经典理论相一致，揭示了消费者共享住宿消费及推荐意愿的影响因素及影响机制。

（一）拉力因素及其对主观心理感受的影响

拉力因素是指促使消费者形成共享住宿消费行为意愿的客观外在因素，包括产品服务质量、社会影响、平台能力及多样性。

产品服务质量是指共享住宿满足消费者需求及潜在需求的特征和特性的总和。共享住宿房屋的品质、服务的专业化水平等影响消费者对共享住宿的信任，如"S12：房屋的质量、家具的品质、服务的专业性这些都是参差不齐的，整体给我的感觉不是太好，这也是我目前不太信赖共享住宿的原因"。入住期间房主接待、推荐等附加服务则有助于消费者享乐，如"S17：房主比较热情，入住当天会主动接待我们，帮我们推荐一些当地好吃的、好玩的或值得一去的旅游景点，这都挺好的，也确实为我们的旅途增加了很多趣味和欢乐"。此外，共享住宿室内齐全的配套设施设备则会增强消费者对共享住宿有用性的感知，如"S05：除了酒店房间自带的电器设备，很多共享住宿还有洗衣机，有非常齐全的厨具，允许住客在室内洗衣做饭等，对于我们这样全家老小一起出游的家庭来说真的非常有用"。

消费者周围重要他人的言辞、行为等对其思想、态度、行为所发挥的作用及产生的效果被称为社会影响。在共享住宿消费情境中，亲朋好友的推荐以及其他用户的评论、攻略等是消费者制定消费决策的重要依据，能影响消费者对共享住宿的信任，如"S18：我有亲戚是小猪平台上的房主，她给我推荐过共享住宿，也给我做过很多介绍，所以我认为共享住宿还是很可信的"，"S11：我会参考以前住客的评价，包括对房屋整体品质的评价、对房东的评价，我觉得这样能确定是否值得信赖、是否可靠"。

平台能力是指共享住宿平台在资源配置、运营管理等方面力量的总和。共享住宿平台通过一系列的机制来促成住宿资源提供者与需求者之间的交易，其高效的运营管理将积极影响消费者对共享住宿有用性的感知，如"S17：我在电视和微博上也经常能看到小猪的广告，感觉共享住宿还是有价值的，能满足住客，让住客受益"。

多样性是共享住宿区别于传统酒店的一个重要属性，它具体表现为共享住宿房源数量众多、房屋类型多样、装修风格多样，它对享乐产生积极的影响。相对于标准化的酒店，多样化的共享住宿更能让消费者在旅游住宿过程中收获新奇独特的感受，如"S11：共享住宿的户型还蛮多，有树屋、船屋，还有草原上牧民们住的蒙古包等，去住这些我们日常生活中很少有机会住的房子，我真的会有很多不同的体验，会感到很新奇，也很开心"。

（二）推力因素及其对主观心理感受的影响

推力因素是指促使消费者形成共享住宿消费行为意愿的主观内在因素，包括本真利益、安全利益、经济利益和个人知识。

本真利益包含客观主义本真利益和存在主义本真利益两部分。客观主义本真利益是指通过非标准化共享住宿感受并融入具有当地传统特色的客观环境。存在主义本真利益是指借由共享住宿领略当地的人文风情，进而享有真正的自由与自我。本真利益积极影响消费者对共享住宿有用性的感知，如"S18：共享住宿很有当地特色，有当地独有的人文气息，选择共享住宿不仅在于它能满足我的住宿需求，更在于它有利于我了解当地的文化和生活"。此外，追求本真利益有助于诱发消费者在共享住宿消费过程中的愉悦、新奇等享乐感受，如"S03：共享住宿让我可以在当地人家中体验当地生活，感受当地的民风民俗，而且让我有机会与当地人分享彼此的故事，获得独一无二的体验，让我无比开心快乐"。

安全利益是指消费者在共享住宿消费过程中免受人身伤害、财务损失及隐私泄露等。消费者的安全利益能否得到有效保障是消费者能否建立信任的关键前提条件，如"S01：在这个共享住宿平台上，用户的个人信息比较安全，个人隐私会得到较好的保护，我非常信赖这个平台"，"S16：我不确定住到陌生人的家里是否有安全隐患，自己的随身物品会不会被窃，所以不敢完全信任房主"。

经济利益是消费者在住宿资源获取、使用过程中的投入与产出比。追求经济实惠、实现成本节约都是消费者追求共享住宿经济利益的具体表现。经济利益有助于增强消费者对共享住宿的信任，如"S04：我住过的共享住宿，它的价格比较合适，不会乱收费，而且我付出的费用和获得的价值是比较对等的，这会增加我对共享住宿的信任"。此外，经济利益也能积极影响消费者对共享住宿有用性的感知，如"S13：我认为共享住宿的价格比较实惠，而且如果是和其他住客共享一套房子，还能分摊住宿费用，这些因素都很符合我的消费需求，让我觉得共享住宿对我个人来说是有利可图的"。

个人知识是消费者积累的有关共享住宿的认知或经验。个人知识能为消费者的共享住宿消费决策提供指导，它不仅能积极影响消费者对共享住宿有用性的感知，还能帮助消费者在共享住宿的消费过程中收获更多欢乐，如"S09：现在我对共享住宿有了更多面的理解，并且有了更多入住经历，我认为比起酒店，共享住宿于我而言更有益处"，"S05：我自己对共享住宿非常了解，对这样的模式很熟悉也有经验，正因为如此，我才得到更多共享的趣味和欢快"。

（三）主观心理感受对行为意愿的影响

享乐是指消费者在共享住宿消费过程中获得居家感、愉悦感或新奇感等个人感受。有别于传统标准化酒店住宿，共享住宿的房源多为私人提供的闲置房屋，甚至就是房主目前居住的家，房内配套的生活设施设备一应俱全，为消费者提供了居家式的场景和氛围。因此，共享住宿带来的居家感成为消费者选择共享住宿的重要促进因素，如"S15：我愿意选择共享住宿是因为它整体的氛围让我感觉更有温度，更有家的感觉，就像住在自己家里一样"。此外，共享住宿作为一种新兴住宿模式能让消费者在入住期间获得更多新颖、独特和愉悦的体验，这些难以在传统住宿中获得的愉悦、新奇体验有助于提升消费者的共享住宿消费意愿及推荐意愿，如"S10：共享住宿给我提供了融入当地、接触当地人的机会，它能让我在旅途中收获更多乐趣，如果让我在酒店和共享住宿中做选择，我一定会选共享住宿","S07：在我每次旅途中，住共享住宿带来的乐趣和新鲜感比住酒店多了太多，所以我每次都会向朋友推荐，一定要尝试共享住宿"。

信任是指消费者对共享住宿产生认同和依赖的心理特征。有学者指出，共享经济中的信任构成往往比传统电子商务中的信任构成更加复杂（李立威和何勤，2018）。在本研究中，信任包含三个维度，分别是对平台的信任、对房主的信任以及对同住者的信任。对于消费者而言，共享住宿消费的第一步是选择值得信赖的平台，消费者对共享住宿平台的信任水平越高，越易产生共享住宿消费意愿，如"S20：爱彼迎这个平台的信用度和可靠度都比较高，我相信它是能够保障我的权益的，所以我愿意选择共享住宿"。除了对平台的信任，共享住宿交易的达成还依赖于消费者对房主的信任，缺乏对房主的信任将削弱消费者的共享住宿消费意愿，如"S17：我会对房主的人品有些许顾虑，因为彼此是陌生的，互不了解，不敢完全信任房主，这可能会直接导致我放弃选择共享住宿"。当消费者不是选择整套房屋共享，而是需要跟其他陌生的住客共享一套房屋内的不同房间时，不少受访者表示，由于不了解陌生住客，无法建立对陌生住客的信任，因而会影响对共享住宿的选择，如"S03：我不愿意和陌生住客一起共享，因为其他住客的信息我是完全不知道的，其性别、品德、为人在入住前我都无法知晓，我无法安心地同其住在一个屋子内，不敢相信其对我是无害的。在这样的情况下，可能我就不会选择共享住宿了"。所以，信任是消费者进行共享住宿消费的基础条件，建立对平台、房主及同住者的信任，将有助于增强消费者的共享住宿消费意愿。此外，信任也是消费者形成推荐意愿的重要促进因素，信任的主体不同，推荐的对象也就存在差异。对平台的信任能促使消费者向他人推荐共享住宿平台及该平台上的房源，对房主的信任则会促使消费者推荐该房主提供的房源，如"S09：这个平台（小猪）的管理做得非常好，值得信赖，我一般也会推荐我的家人和朋友选择小猪，在小猪上来预订住宿"，"S05：我也会向朋友推荐我住过的房源，特别是房东热情友善、真诚可信的，我更愿意将他们的房子推荐给我的朋友"。

感知有用性是消费者对共享住宿能满足需求或带来效用的主观心理感受。与传统酒店住宿不同，消费者认为共享住宿不仅能满足基本的住宿需求，还能极大地满足消费者其他的个性化需求，为顾客带来在传统住宿中较难获取的利益。因此，消费者对共享住宿有用性的感知会对其共享住宿消费意愿的形成发挥积极的影响，同时也有助于促进消费者对共享住宿的推荐。例如，"S10：我觉得共享住宿吸引我的是它能够满足我更别样的住宿需求，比如它支持我携宠入住，所以我非常愿意选择它，并且会将这种房子推荐给我养猫养狗的朋友们，因为允许携宠入住这一点对我们来说特别有用"，"S14：我们入住期间有什么需求或是遇到什么问题，房主都会积极帮我们处理和解决，这真的特别好，对我们特别有帮助，所以回来之后，我就会向身边的朋友推荐这位房主提供的住宿"。

第五章　协同消费中共享住宿消费者使用行为量化研究

第四章通过质性研究，对消费者选择共享住宿消费的影响因素和影响机制进行了探讨，虽然诠释性质性研究可以为消费者选择共享住宿提供良好的因果解释，但其所具有的主观化、非量化、个案化特点使其研究结果的客观性、普适性相对较弱（谢立中，2018），因此有必要进一步采取实证性量化研究，增强结论的客观性和普适性。鉴于此，本章基于认知—情感—意动理论，通过大规模问卷调查，对消费者选择共享住宿的心理机制进行全面系统的实证研究，验证共享住宿消费者使用心理机制模型，揭示消费者选择共享住宿的复杂心理过程，为房东开展共享住宿营销提供策略建议。

第一节　认知—情感—意动理论

Hilgard 将人类的心理过程划分为认知、情感和意动三个阶段，称为人类"心灵三部曲"（Hilgard，1980）。认知是指人脑对外部信息进行接收、加工、转换、吸收的心理活动；情感是指人在认知信息的基础上产生的主观情绪或感受；意动是指人在未来可能会表现出来的行为倾向或行为意愿。认知、情感、意动三者相互联系，其中认知是产生情感和意动的基础，三者共同构成了态度，而态度是外界刺激和个体行为之间的桥梁，影响个体因外界刺激而表现出的具体行为反应。"认知—情感—意动"对于研究个体行为有着极为重要的意义，而游客在共享住宿的决策过程中也遵循这一心理反应过程。

认知阶段是人对所接收的外界信息进行处理转换的心理过程，包括感觉、知觉、判断等（刘向阳等，2011）。在共享住宿消费中，认知阶段既包括游客对共享住宿外在客观属性的认知，还包括消费者对自己内在主观需求或知识的认知。也就是说，游客会首先对产品服务质量、社会影响、平台能力及多样性等客观属性进行感知，形成知觉，然后基于自身知识或经验对本真利益、安全利益、经济利益、个人知识等主观需求进行判断，评价其状态或情况，形成对共享住宿的情绪和感受。

情感阶段是人在经历认知阶段后对某一特定对象形成情感的过程。在共享住宿消费中，游客会基于认知的结果对共享住宿产生或表现出积极或消极的感觉，这些感觉通常会被评价为有利或不利的两种情形，进而影响其消费意愿。卢东等（2021）的研究发现，游客在共享住宿消费中主要产生享乐、感知有用性和信任三种主观心理感受。其中，享乐是指游客在共享住宿消费过程中获得居家感、愉悦感或新奇感等个人感受；感知有用性是游客对共享住宿能满足需求或带来效用的主观判断；信任是"信任者认为信任对象真正关心自己的利益，从而产生情感的依恋与投入"（韦慧民和龙立荣，2009），在共享住宿消费中表现为游客对共享住宿产生认同和依赖。

意动阶段是个体意愿的表达阶段，在此阶段个体将依据自己对特定人、事、物的认知和情感，以此来表达自己的某种行为倾向，甚至可能表现出具体的行为。在共享住宿决策中，游客基于对共享住宿属性的感知和判断，形成情感评价，影响其消费意愿。

第二节　共享住宿消费者使用行为模型

在旅游研究中，Dann（1977）的推拉理论认为，推力是指导致旅游行为产生的主观内在驱动力，与游客自身的需求或动机相关，而拉力则是指导致旅游行为产生的客观外在吸引力，与吸引物及目的地的属性相关。卢东等（2021）依据推拉理论将多样性、平台能力、产品服务质量和社会影响等与共享住宿客观属性相关的因素归纳为拉力因素,将本真利益、个人知识、经济利益、安全利益等与游客自身需求和动机相关的因素视作推力因素,认为这些因素决定着游客是否会选择共享住宿。基于"认知—情感—意动"理论,我们认为推力因素和拉力因素形成游客对共享住宿的认知,影响由享乐、感知有用性和信任构成的主观心理感受,经由情感判断和评价,主观心理感受进一步影响游客的共享住宿消费意愿,并且推拉因素对享乐、感知有用性和信任存在不同的影响。

(一) 假设发展

1. 拉力因素对享乐、感知有用性和信任的作用

多样性、平台能力、产品服务质量和社会影响构成的拉力因素是吸引游客选择共享住宿的客观属性,形成游客对共享住宿属性的客观认知。其中,多样性是共享住宿区别于传统住宿形式的重要属性,指共享住宿在房屋类型、装修风格、服务流程上的非标准化、个性化和形式多样。相对于传统上标准化的酒店,共享住宿所表现出的多样性不仅能够满足游客个性化的选择,而且能让游客在住宿过程中获得新奇、独特的感受。Mao 和 Lyu(2017)的研究也发现共享住宿所提供的非标准化、个性化的旅游产品和服务有助于消费者获得更多的独特体验。享乐是指游客在接受新技术或新产品过程中获得乐趣或愉悦(Ha and Stoel,2009),当游客感知到共享住宿的多样性会带来更多新奇、独特的体验时,其将感受到更多的享乐。由此,提出以下假设。

H1:共享住宿的多样性正向影响游客的享乐。

平台能力反映了共享住宿平台在房源聚集、资源配置、运营管理等方面的能力。共享住宿平台提供的房源数量越多,促成房东与住客交易的能力越强,其服务能力和效率越高,就越能体现平台的网络外部性(network externalities)。现有研究表明,以网络外部性为特征的平台能力提高了用户对共享平台有用性的感知。例如,Lu 等(2019)发现平台的网络外部性增强了用户对共享单车系统的感知有用性;Hsu 和 Lin(2016)对物联网服务的研究也证实系统的网络外部性是影响用户感知系统使用效益的主要因素。在共享住宿中,平台能力越高,平台的网络外部性越强,越能增强游

客对共享住宿有用性的感知。由此，提出以下假设。

H2：共享住宿的平台能力正向影响游客的感知有用性。

共享住宿中的产品服务质量是指住宿产品满足游客需求及潜在需求的特征和特性的总和（卢东等，2021）。产品服务质量对享乐和感知有用性的积极效应在众多实证研究中获得支持，例如：在数据服务领域中，Kim和Han（2011）证实了系统质量增加了顾客的享乐价值和实用价值；王高山等（2019）验证了网站服务质量正向影响用户的享乐价值和实用价值。同样，在共享住宿中，高水平的产品服务质量也有利于满足游客的享乐需求，增强感知有用性。卢东等（2021）在对游客的深度访谈中发现，游客认为共享住宿平台及房东提供的附加服务增添了他们的旅途乐趣，房间内齐全的配套设施增强了他们对共享住宿有用性的感知。此外，产品服务质量也有助于游客建立对共享住宿的信任。在共享经济研究中，学者们发现产品服务的保障是需求方信任共享平台的影响因素之一（李立威和何勤，2018），产品服务质量影响着共享经济中信任的建立（谢雪梅和石娇娇，2016）。由此，提出以下假设。

H3a：共享住宿的产品服务质量正向影响游客的享乐。

H3b：共享住宿的产品服务质量正向影响游客的感知有用性。

H3c：共享住宿的产品服务质量正向影响游客的信任。

消费者周围重要他人的言辞、行为等对其思想、态度、行为所发挥的作用及产生的效果被称为社会影响（卢东等，2021）。在共享经济研究中，Sundararajan（2016）认为其他用户的反馈能帮助消费者建立对共享经济的信任；李立威和何勤（2018）提出基于评论的声誉机制是共享经济中构建供需双方信任的重要手段，双向评论可以降低交易双方的信息不对称，帮助消费者决策。在共享住宿消费时，游客在制定消费决策时往往会征询亲朋好友的意见，搜寻其他用户的评论、攻略，因此社会影响构成了游客制定消费决策的重要依据，影响着游客对共享住宿的信任。由此，提出以下假设。

H4：共享住宿的社会影响正向影响游客的信任。

2. 推力因素对享乐、感知有用性和信任的作用

由本真利益、个人知识、经济利益、安全利益构成的推力因素，是游客选择共享住宿的主观内驱动力。在共享住宿中，本真利益是指游客通过

非标准化的共享住宿感受并融入具有当地传统特色的客观环境,并借由共享住宿领略当地人文风情,进而享有真正的自由与自我。共享住宿为游客提供的本真利益增加了享乐感知和有用性感知。在旅游研究中,陈瑞霞和周志民(2018)的研究证实了游客的享乐幸福感与本真性显著正相关;Liang等(2018)在研究共享住宿消费者的再使用意愿时,发现本真性能提高爱彼迎的消费者对共享住宿价值的感知。由此,提出以下假设。

H5a:共享住宿的本真利益正向影响游客的享乐。

H5b:共享住宿的本真利益正向影响游客的感知有用性。

个人知识是指消费者积累的有关共享住宿的认知或经验。作为一种相对新颖的住宿商业模式,游客对共享住宿的认知还处在不断深入的过程中。随着游客对共享住宿的不断熟悉,其自我效能感不断增强,从而增强了其对共享住宿的感知有用性。卢东等在对游客的深度访谈中发现,游客对共享住宿的认知和入住经验越多,越能体会到共享住宿带来的效用。此外,个人知识也是游客享乐体验的来源,游客对共享住宿的使用次数越多,自身积累的共享住宿消费相关知识和经验越多,其审美愉悦感知越强。由此,提出以下假设。

H6a:对共享住宿的个人知识正向影响游客的享乐。

H6b:对共享住宿的个人知识正向影响游客的感知有用性。

经济利益是游客选择共享住宿的主要因素之一,主要表现为成本节约和交易效用。已有研究认为财务利益(Hellwig et al.,2015;Milanova and Maas,2017)、价格价值(So et al.,2018)、交易效用和存储效用(Lamberton and Rose,2012)、成本节约(Bardhi and Eckhardt,2012;Möhlmann,2015)等经济利益是消费者参与共享经济的外部动机之一。经济利益影响游客对共享住宿有用性的感知,在类似的共享汽车研究中,经济利益正向影响消费者对共享汽车有用性的感知(Barnes and Mattsson,2017)。成本节约也增强了游客对共享住宿产品的信任,谢雪梅和石娇娇(2016)对传统经济和共享经济的比较研究发现,共享产品合理的价格是影响共享信任的关键因素之一。由此,提出以下假设。

H7a:共享住宿的经济利益正向影响游客的感知有用性。

H7b:共享住宿的经济利益正向影响游客的信任。

在共享住宿中，人身、财产、隐私三个方面的安全利益得到有效保障是游客建立信任的关键前提条件。在共享经济的信任研究中，需求方对平台建立信任的影响因素包括支付安全保障、安全保险等（李立威和何勤，2018）。在共享住宿的信任研究中，游客对平台信任的建立主要依赖于安全和隐私等（Yang et al., 2018）。由此，提出以下假设。

H8：共享住宿的安全利益正向影响游客的信任。

3. 享乐、感知有用性和信任对共享住宿消费意愿的作用

享乐、感知有用性和信任构成了游客对共享住宿的情感评价，而积极或消极的情感评价决定了游客对共享住宿的消费意愿。共享住宿带来的居家、新奇、愉悦的享乐感受是消费者选择共享住宿的重要促进因素。Yang和Ahn（2016）的研究证实了享乐是驱动游客选择爱彼迎的内部动机之一，并且积极影响游客对爱彼迎的态度；同样，So等（2018）的实证研究也发现享乐积极影响游客的共享住宿消费意愿。感知有用性是游客对共享住宿能够满足需求或带来效用的主观判断。与传统酒店不同，共享住宿不仅能满足游客的基本住宿需求，还满足了其他个性化需求。在共享经济研究中，感知有用性积极影响消费者对智能产品服务系统（Lu et al., 2019）和共享汽车（Barnes and Mattsson, 2017）的使用意愿。同样，在共享住宿研究中，游客的感知价值越高，其再次选择共享住宿的可能性越大（Liang et al., 2018a）。共享经济建立在信任之上，在共享住宿中对平台、房东和同住者的信任，有助于增强游客的共享住宿消费意愿。在已有的研究中，Ert等（2016）发现爱彼迎用户对房东的信任越强，越可能使用该房东提供的房源。同样，Tussyadiah和Park（2018）也证实了缺乏信任会阻碍游客选择共享住宿。由此，提出以下假设。

H9：游客的享乐正向影响共享住宿的消费意愿。

H10：游客的感知有用性正向影响共享住宿的消费意愿。

H11：游客的信任正向影响共享住宿的消费意愿。

（二）模型构建

基于"认知—情感—意动"理论，我们认为游客对共享住宿的多样性、平台能力、产品服务质量和社会影响等客观属性的认知及对本真利益、个人

知识、经济利益、安全利益等主观需求的认知能影响享乐、感知有用性和信任三种心理感受。经由情感判断和评价，享乐、感知有用性和信任进一步影响游客的共享住宿消费意愿。综上所述，提出以下研究模型（见图5-1）。

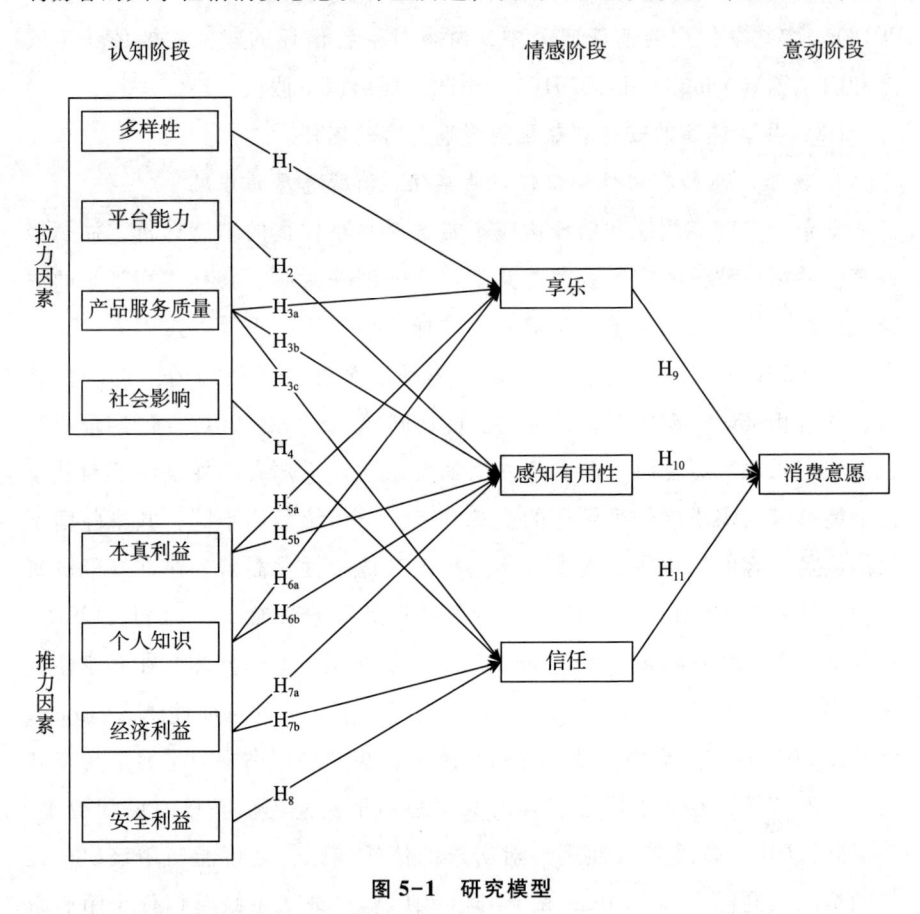

图 5-1 研究模型

第三节 共享住宿使用模型研究设计

（一）变量测量、问卷设计与数据收集

为了检验提出的理论模型，本研究对我国多个共享住宿平台的用户进行网络问卷调查，获得数据，运用结构方程模型拟合理论模型，验证假

设。对于研究涉及的变量,已有成熟量表的,通过双向翻译并结合实际情景适当修改完善;无成熟量表的,依据卢东等(2021)的深度访谈资料进行开发,最终形成本研究所需的测量量表(见表5-1)。测量采用李克特7级量表,1表示非常不同意,7表示非常同意。

表 5-1 测量量表

潜变量	题项	量表参考
产品服务质量 (QPS)	QPS_1:我认为共享住宿提供的房间是干净卫生的 QPS_2:我认为房东能迅速响应我的要求 QPS_3:我认为共享住宿平台能够提供我所期望的住宿服务	自主设计
社会影响 (SI)	SI_1:选择共享住宿能改善我在朋友及同龄人中的形象 SI_2:旅途中对我重要的人认为我应该选择共享住宿 SI_3:我周围热爱旅游的朋友都希望我选择共享住宿	So 等(2018)
平台能力 (PC)	PC_1:选择共享住宿时,平台的运营管理效率对我很重要 PC_2:选择共享住宿时,平台的市场交易规模对我很重要 PC_3:选择共享住宿时,我会关注平台已有的用户数量 PC_4:选择共享住宿时,平台在本领域内的专业性对我很重要	自主设计
多样性 (DIV)	DIV_1:我认为共享住宿的房屋类型是多种多样的 DIV_2:我认为共享住宿的房屋装修风格是各式各样的 DIV_3:我认为共享住宿可供我选择的房源是足够多的	自主设计
本真利益 (AI)	AI_1:我认为共享住宿能让我获得真正的本土化体验 AI_2:我认为共享住宿能让我拥有一种当地独有的住宿经历 AI_3:我认为共享住宿能为我提供一个融入当地环境的机会 AI_4:我认为共享住宿能让我在一个具有当地特色的环境中住宿 AI_5:我认为共享住宿能让我感受到当地的文化习俗和风土人情	So 等(2018)
安全利益 (SE)	SE_1:我认为共享住宿平台能保障用户的个人信息安全 SE_2:我认为共享住宿平台能保障用户入住期间的人身安全 SE_3:我认为入住共享住宿是有安全保障的	So 等(2018)
经济利益 (EI)	EI_1:我认为共享住宿是物有所值的 EI_2:我认为共享住宿是物美价廉的 EI_3:我认为共享住宿的价格是合理的 EI_4:我认为共享住宿会减少我的旅游花销	So 等 (2018)、 Sung 等 (2018)
个人知识 (PK)	PK_1:我熟悉共享住宿预订及入住的流程 PK_2:我对共享住宿十分了解 PK_3:我很熟悉共享住宿	Möhlmann (2015)

续表

潜变量	题项	量表参考
享乐（ENJ）	ENJ_1：我认为共享住宿是富有趣味的 ENJ_2：我认为共享住宿是令人兴奋的 ENJ_3：我认为共享住宿是让人开心的	Sung 等（2018）
感知有用性（PU）	PU_1：我认为共享住宿会给我带来好处 PU_2：我认为选择共享住宿是利大于弊的 PU_3：对我来说共享住宿是有用的	Barnes 和 Mattsson（2017）
信任（TRU）	TRU_1：我认为共享住宿平台是诚实可信的 TRU_2：我相信共享住宿平台会维护用户的利益 TRU_3：我相信共享住宿平台不会投机取巧 TRU_4：我认为共享住宿平台提供的住宿是不会让人质疑的 TRU_5：我认为共享住宿平台理解用户 TRU_6：总的来说，共享住宿是值得信赖的	Barnes 和 Mattsson（2017）、Möhlmann（2015）
消费意愿（CI）	CI_1：在未来我会选择共享住宿 CI_2：在我下次旅行中我将考虑选择共享住宿 CI_3：我想体验共享住宿	So 等（2018）

调查问卷由三部分构成，分别用以收集被调查对象的近期旅行基本情况、对共享住宿的认知及消费意愿，以及个人基本信息。初始问卷形成后，先邀请60名校内师生作为被试进行预测试，再依据预测试数据来纯化量表，剔除对 Cronbach's α 有负面贡献的题项及 Item-to-total 相关系数低的题项，并根据被试的反馈来修改初始问卷中语义模糊或不易理解的题项，最终形成正式调查问卷。正式问卷通过问卷星平台发放，并将问卷链接转发至共享住宿相关社交平台（QQ 群、微信群、微博超级话题等），邀请平台成员回答，历时3个月，最终收回问卷612份。筛选量表得分完全一致及填写时间少于2分钟的问卷后，共获得549份有效问卷，有效回收率为89.7%，有效问卷中样本的人口统计信息如表5-2所示。

表5-2 样本人口统计信息

样本特征	分类标准	人数（人）	占比（%）
性别	男	267	48.6
	女	282	51.4

续表

样本特征	分类标准	人数（人）	占比（%）
年龄	18~30 岁	368	67.0
	31~40 岁	101	18.4
	41~50 岁	62	11.3
	51~60 岁	15	2.7
	60 岁以上	3	0.6
学历	高中及以下	43	7.8
	大专	102	18.6
	本科	287	52.3
	研究生	117	21.3
职业	国家机关事业单位职员	67	12.2
	企业职工	147	26.8
	个体工商户	38	6.9
	自由职业者	39	7.1
	学生	236	43.0
	其他	22	4.0
月均收入	3000 元及以下	223	40.6
	3001~6000 元	161	29.3
	6001~9000 元	99	18.1
	9000 元以上	66	12.0
共享住宿入住经验	有	284	51.7
	无	265	48.3

从样本特征的分布来看，高学历、低收入的青年人在被调查者中占主要群体，这与《中国共享住宿发展报告》中统计的我国共享住宿用户特征相一致（国家信息中心分享经济研究中心，2019）。此外，从性别、职业及共享住宿入住经验来看，样本特征分布也较合理，说明样本具有较强的代表性。

（二）信度和效度检验

采用 SPSS 23.0 和 AMOS 23.0 软件对变量测量结果进行信度和效度检验，检验结果如表 5-3 和表 5-4 所示。首先，所有变量的 Cronbach's α 均大于 0.7，建构信度（CR）均大于 0.7，表明测量具有较高的信度。其次，本研究所使用的量表大多为国外研究多次使用的成熟量表，少部分利用卢东等（2021）的深度访谈资料开发，同时在预测试中与受调查者多次沟通，并咨询多名旅游领域专家意见后确定，因此具有较高的内容效度。最后，测量模型的验证性因子分析结果表明，模型的各拟合参数符合要求，其中：$\chi^2_{(794)}$ = 1356.699，p < 0.001；GFI = 0.899，NFI = 0.945，NNFI = 0.973，CFI = 0.976，RMSEA = 0.36；各测量题项的标准化因子载荷都大于 0.7，所有变量的平均方差抽取量（AVE）都大于 0.5，测量具有较高的聚敛效度；同时每一潜变量的 AVE 值的平方根都大于它与其他潜变量的相关系数，表明各潜变量间具有较高的判别效度。

表 5-3 测量的信度和聚敛效度

潜变量	题项	标准载荷	Cronbach's α	CR	AVE
产品服务质量（QPS）	QPS_1	0.848	0.891	0.983	0.736
	QPS_2	0.823			
	QPS_3	0.901			
社会影响（SI）	SI_1	0.768	0.898	0.902	0.755
	SI_2	0.908			
	SI_3	0.922			
安全利益（SE）	SE_1	0.846	0.921	0.922	0.798
	SE_2	0.919			
	SE_3	0.913			
享乐（ENJ）	ENJ_1	0.881	0.918	0.918	0.789
	ENJ_2	0.878			
	ENJ_3	0.905			
本真利益（AI）	AI_1	0.863	0.936	0.937	0.748
	AI_2	0.847			
	AI_3	0.853			
	AI_4	0.862			
	AI_5	0.897			
信任（TRU）	TRU_1	0.880	0.943	0.943	0.734
	TRU_2	0.875			
	TRU_3	0.831			
	TRU_4	0.849			
	TRU_5	0.823			
	TRU_6	0.879			

续表

潜变量	题项	标准载荷	Cronbach's α	CR	AVE
多样性（DIV）	DIV_1 DIV_2 DIV_3	0.914 0.853 0.811	0.893	0.895	0.740
经济利益（EI）	EI_1 EI_2 EI_3 EI_4	0.890 0.904 0.849 0.800	0.919	0.920	0.743
平台能力（PC）	PC_1 PC_2 PC_3 PC_4	0.864 0.815 0.833 0.818	0.900	0.900	0.693
感知有用性（PU）	PU_1 PU_2 PU_3	0.864 0.859 0.936	0.916	0.917	0.787
个人知识（PK）	PK_1 PK_2 PK_3	0.835 0.957 0.961	0.939	0.942	0.846
消费意愿（CI）	CI_1 CI_2 CI_3	0.916 0.921 0.884	0.932	0.933	0.823

表 5-4 测量的判别效度检验

潜变量	DIV	PC	QPS	SI	AI	PK	EI	SE	ENJ	PU	TRU	CI
DIV	0.860											
PC	0.761	0.833										
QPS	0.646	0.484	0.858									
SI	0.472	0.296	0.736	0.869								
AI	0.724	0.698	0.613	0.541	0.865							
PK	0.452	0.304	0.639	0.631	0.372	0.920						
EI	0.757	0.680	0.724	0.633	0.706	0.567	0.862					
SE	0.541	0.382	0.774	0.766	0.536	0.633	0.647	0.893				
ENJ	0.774	0.632	0.711	0.632	0.824	0.559	0.736	0.689	0.888			
PU	0.733	0.633	0.770	0.719	0.700	0.695	0.817	0.692	0.781	0.887		

续表

潜变量	DIV	PC	QPS	SI	AI	PK	EI	SE	ENJ	PU	TRU	CI
TRU	0.682	0.505	0.809	0.731	0.662	0.637	0.760	0.819	0.749	0.795	0.857	
CI	0.636	0.475	0.725	0.707	0.621	0.725	0.715	0.701	0.735	0.862	0.715	0.907

注：对角线上的数值为AVE的平方根，对角线下的数值为构念间相关系数（Φ）。

第四节 基于结构方程模型的使用行为分析

（一）假设检验与模型修正

样本数据拟合结构模型，模型拟合指标为：$\chi^2_{(816)}$ = 1472.470，p<0.001；GFI = 0.887，NFI = 0.940，NNFI = 0.969，CFI = 0.972，RMSEA = 0.39。这表明概念模型整体拟合效果较好。进一步对变量间的路径系数进行估计，结果如表5-5所示。

表5-5 结构模型路径系数估计与假设检验

变量关系	标准化路径系数估计	标准误	t	p	假设验证
H_1 多样性→享乐	0.220	0.43	5.128	***	支持
H_2 平台能力→感知有用性	0.089	0.040	2.204	*	支持
H_{3a} 产品服务质量→享乐	0.154	0.041	3.721	***	支持
H_{3b} 产品服务质量→感知有用性	0.202	0.040	5.026	***	支持
H_{3c} 产品服务质量→信任	0.265	0.051	5.228	***	支持
H_4 社会影响→信任	0.046	0.045	1.024	0.306	不支持
H_{5a} 本真利益→享乐	0.498	0.045	11.063	***	支持
H_{5b} 本真利益→感知有用性	0.171	0.041	4.135	***	支持
H_{6a} 个人知识→享乐	0.128	0.026	4.842	***	支持
H_{6b} 个人知识→感知有用性	0.244	0.026	9.253	***	支持
H_{7a} 经济利益→感知有用性	0.321	0.050	6.373	***	支持
H_{7b} 经济利益→信任	0.302	0.041	7.383	***	支持
H_8 安全利益→信任	0.366	0.047	7.737	***	支持

续表

变量关系	标准化路径系数估计	标准误	t	p	假设验证
H_9 享乐→消费意愿	0.131	0.051	2.558	*	支持
H_{10} 感知有用性→消费意愿	0.919	0.064	14.294	***	支持
H_{11} 信任→消费意愿	0.044	0.048	0.920	0.358	不支持

注：*** 表示 $p<0.001$，** 表示 $p<0.01$，* 表示 $p<0.05$。

从上述路径系数估计结果可知，"社会影响→信任"及"信任→消费意愿"的路径系数未达到显著水平，假设4和假设11未获得支持，即社会影响并不直接影响信任，且信任对消费意愿没有直接效应。其原因可能是在共享住宿情境中，社会影响并不经由信任间接影响消费意愿，而是直接作用于消费意愿。已有文献证实了社会影响的直接效应，例如 So 等（2018）、Agag（2019）的研究均表明社会影响直接影响共享住宿消费意愿。此外，信任对消费意愿也可能不存在直接效应，而是经由感知有用性产生间接影响，如李燕和朱春奎（2017）的研究提出信任正向影响公众对电子政务的感知有用性。借鉴上述研究成果，将"社会影响→信任"路径改为"社会影响→消费意愿"路径；同时增加"信任→感知有用性"路径，修正提出的理论模型，进一步进行验证。

再次进行结构模型拟合，结果显示：$\chi^2_{(815)}$ = 1469.747，$p<0.001$；GFI = 0.892，NFI = 0.941，NNFI = 0.970，CFI = 0.973，RMSEA = 0.38。相较于修正前的结构模型，修正后的模型适配度评价指标均有所改善，表明修正后结构模型的整体拟合效果更好。随后，再次对变量间的路径系数进行估计，其结果如图 5-2 所示。在修正后的模型中，除"信任→消费意愿"的路径系数仍未达到显著水平外，其他路径系数均达到显著水平。

（二）结果讨论

实证研究结果验证了共享住宿的外在拉力与内在推力影响游客共享住宿消费意愿的心理机制。首先，除社会影响外，多样性、平台能力、产品服务质量、本真利益、个人知识、经济利益和安全利益通过享乐、感知有用性和信任间接影响共享住宿消费意愿。多样性、产品服务质量、本真利益和个人知识对游客的享乐产生积极影响，其中本真利益对享乐的效应最

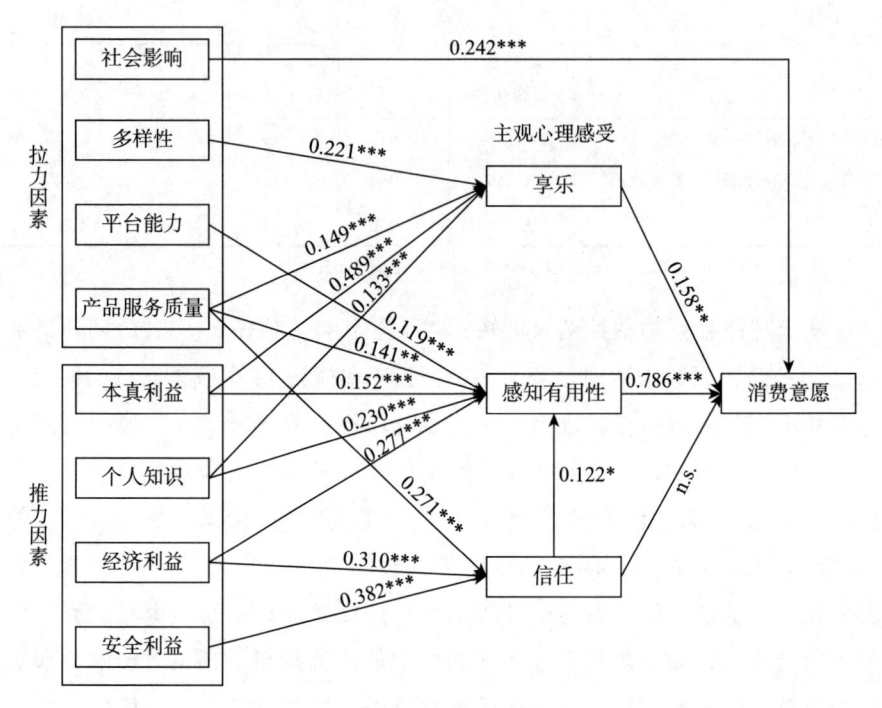

注：***表示p<0.001，**表示p<0.01，*表示p<0.05。

图5-2 修正后的共享住宿消费者使用心理机制模型

强（$\gamma=0.489$，$p<0.001$）。游客通过共享住宿融入具有当地传统特色的生活环境，领略当地人文风情，这是其在共享住宿消费过程中感觉到享乐的首要原因。平台能力、产品服务质量、本真利益、个人知识、经济利益对感知有用性产生积极的影响，其中经济利益是游客感知有用性最主要的影响因素（$\gamma=0.277$，$p<0.001$）。游客对共享住宿有用性的感知，主要源于共享住宿是否经济实惠、能否节约成本。产品服务质量、经济利益和安全利益是游客产生信任的直接因素，而信任首先建立在安全利益基础之上（$\gamma=0.382$，$p<0.001$）。因此，对于房东来说，要增强游客的享乐情感、提高产品效能感知、建立多方信任，一是要提供既有本土特色又有差异化特色的住宿产品来满足游客对产品本真性和多样性的需求；二是要增强服务能力、提高接待服务水平、优化服务流程、加强住宿产品的营销推广、注重成本控制，以提升接待服务质量，增加游客对共享住宿产品的认知，积累良好的住宿体验；三是要保障游客的人身、财务安全，注重隐私保

护，解除游客的后顾之忧。

其次，作为情感评价和判断，享乐、感知有用性直接影响共享住宿消费意愿。值得注意的是，信任对消费意愿的影响作用并不显著，但它能显著积极地影响感知有用性，并通过感知有用性影响消费意愿。因此，对共享住宿的信任并不是直接增强消费意愿，而是会强化游客对共享住宿能满足需求或带来效用的感知。该结论并未削弱信任在共享住宿消费意愿中的作用，信任增强了游客对共享住宿的感知效能，事实上感知有用性对共享住宿消费意愿有着最强的直接效应（$\beta = 0.786$，$p<0.001$）。这也表明共享经济节约成本和增加效用的主要特征（卢东等，2018）在共享住宿商业模式中得到了充分的体现，游客是否产生共享住宿消费意愿，主要取决于其对共享住宿有用性的感知，即共享住宿是否能带来效用或满足需求。此外，社会影响也是游客选择共享住宿的直接原因之一。在实践上，除了上述增强游客享乐、感知有用性和信任的策略外，还应关注社会影响的作用，房东需要通过高水平的服务质量获得游客的认可与反馈，增加在社交媒体上的正面评价和游客的推荐。

第六章 共享住宿中的消费者感知风险研究

共享住宿因其预订方便、价格实惠、彰显个性的特征，颇受消费者青睐。但也正因共享住宿缺乏质量标准、服务水平参差不齐、用户评论褒贬不一等因素，消费者在预订和入住过程中感受到较大的风险威胁。作为影响消费者选择共享住宿的关键因素，感知风险在现有的研究中却较少得到应有的关注。因此，本章以共享住宿中消费者的感知风险为研究对象，探索在共享住宿情境下，消费者不同的感知风险维度及其前因和后果。基于感知风险理论，立足线上平台、线下资源、外界环境三方视角，运用问卷调查、实验设计方法，借助 AMOS、SPSS 分析软件，通过三个步骤完成整体研究。首先，将感知风险视为多维度变量，梳理共享住宿情境中感知风险的主要维度。其次，分析不同感知风险维度的重要前因变量，构建并验证共享住宿中的感知风险模型。最后，通过实验方法进一步探究在线评论的不一致性对感知风险各维度的差异化影响。

第一节 感知风险理论

（一）感知风险的概念

在消费者行为研究领域中，感知风险的最初概念是由 Bauer（1960）从心理学中延伸出来的，他将其定义为个体在购买过程中感知到的不确定性，并因此产生不愉快感。Cox 和 Rich（1964）进一步指出感知风险是消费者主观感知到的由购买导致的不利后果的概率或者因购买失误而产生的损失水平。在此基础上，Cunningham（1967）提出感知风险的双因素模型，即风险由购买的不确定性和购买可能产生的不利后果共同构成。也就是说，感知风险是消费者的主观风险，代表消费者在购买决策过程中所感知到的不确定性以及由此可能产生的不利结果。基于上述学者的定义，结合共享住宿情景，本章将感知风险定义为：在购买决策过程中，受共享住宿产品个性化、信息不对称、市场不规范等因素影响，消费者在财务、身体、功能、社会等方面感知到的不确定性和不利后果。

在感知风险定义的基础上，学者们进一步提出感知风险的多维度理论模型，即感知风险由多个维度构成，对于不同的产品和购买情境会存在不同的风险维度。在不同的购买情境下，各维度对总体风险的解释能力也存在差异。最初，Cox 和 Rich（1964）认为财务风险、心理风险构成整体风险。而后，Kaplan 等（1974）进一步将感知风险划分为财务风险、功能风险、身体风险、心理风险、社会风险五个维度。在此基础上，Peter 和 Tarpey Sr（1975）将时间风险纳入，构成六个风险维度。Stone 和 Grønhaug（1993）认为以上六种风险维度在全部感知风险中占比约达 88.8%；国内学者张卫卫和王晓云（2010）也认为这六种风险维度的覆盖范围较广，可以很好地解释其他研究所指出的各种感知风险。基于此，本研究认为共享住宿的感知风险由财务风险、身体风险、功能风险、社会风险、心理风险、隐私风险、时间风险等多维度构成，具体各风险维度的定义见表 6-1。

表 6-1 感知风险维度的定义

风险维度	定义
财务风险	与购买价格、产品维护成本相关的潜在货币损失（Fradkin et al., 2018）
身体风险	使用某产品会对自己或他人安全产生危害的风险（Kaplan et al., 1974）
功能风险	当产品出现故障或无法按设计、宣传的方式运行时，消费者感知到的无法实现预期或无法满足服务需求的风险（Fradkin et al., 2018）
社会风险	使用某产品会被别人认为不明智或不光彩，从而降低社会地位的风险（Featherman and Pavlou, 2003）
心理风险	使用某产品会对自我情感、自我认知产生负面影响的风险（Mitchell et al., 1999）
隐私风险	个人信息泄露的风险，例如在未经了解、许可的情况下使用自己信息（Featherman and Pavlou, 2003）

续表

风险维度	定义
时间风险	购买的产品因无法实现预期而需要调整、退还的时间损失（Featherman and Pavlou, 2003）

资料来源：笔者整理。

（二）电子商务情境下的消费者感知风险

电子商务是依托互联网及其他信息技术，在虚拟环境下的经营和市场活动总称（张硕阳等，2004）。在电子商务环境下，交易主体的知觉线索被部分剥夺，消费者与商家、商品、服务的非直接接触，信息流与实际物流和价值转移过程的时空不同步，以及互联网的匿名性等，往往会增加消费者的感知风险。共享住宿的发展依赖于共享平台和移动运营商，属于电子商务范畴。因此，本节回顾梳理电子商务领域感知风险研究的相关文献，为后续准确识别共享住宿中的感知风险维度及其影响因素提供参考。

Featherman 和 Pavlou（2003）基于 Kaplan 等（1974）提出的感知风险维度模型进行实证分析，认为财务风险、隐私风险及功能风险是电子服务领域中的重要风险，并显著削弱了消费者的购买意愿。此后，Luo 等（2010）在 Featherman 和 Pavlou（2003）的研究基础上发现，消费者对网上银行的感知风险主要由财务风险、功能风险及隐私风险构成，并通过实证研究证明这三类风险显著降低了用户对创新技术的接受意愿。同样，在移动支付领域，Yang 等（2015）的实证分析指出财务风险、功能风险及隐私风险会显著降低消费者对移动支付的接受意愿。

随着我国电子商务的迅速发展，国内学者对电子商务中消费者感知风险维度的研究也在不断深入。华迎等（2013）等分析了电子商务行业中顾客的感知风险包括经济风险、功能风险、心理风险、时间风险、隐私风险、服务风险六个维度。张璇（2017）指出网络购物风险是多元化的，经济风险、性能风险、隐私风险及社会风险是消费者在网络购物时影响决策的关键风险。任俊玲等（2019）基于网络零售情境，将财务风险、功能风险、时间风险及隐私风险确定为网络零售情境下的主要风险维度，其研究结果显示财务风险、功能风险、隐私风险显著降低了消费者对网络零售的使用意愿。

总体而言，国内外学者普遍认可在电子商务情境下财务风险、功能风险、隐私风险是更具代表性的消费者感知风险维度，并且都会消极影响消费者的行为意愿。

（三）共享住宿情境下的消费者感知风险

在共享住宿中，由于服务的非标准化、交易信息的不对称性以及服务互动的多主体性和多阶段性，消费者面临比传统酒店住宿更大的风险，阻碍其接受共享住宿这一创新商业模式。基于共享住宿平台——爱彼迎的用户数据，国外学者识别了消费者在共享住宿消费中面临的主要风险维度，其中功能风险和身体风险得到普遍认同。Yi 等（2020）基于目标导向行为模型（goal-directed behavior，MGB），增加了财务风险和隐私风险；Lee（2020）在爱彼迎用户的感知利益和感知风险测量中，增加了社会风险和便利风险。可见，当前学者们对共享住宿主要风险维度的构成还存在争议。

功能风险是当产品出现故障或无法按设计、宣传的方式运行时，消费者感知到的无法实现预期或无法满足其需求的风险（Fradkin et al.，2018）。共享住宿消费者通过平台预订住宿，且住宿由陌生房东提供，在正式入住前无法判定房东的服务质量能否达到预期，因此会感知到功能的不确定性。身体风险也称为安全风险，是消费者在使用产品或接受服务中担心自己或他人身体受到伤害的风险（Kaplan et al.，1974）。与传统酒店相比，共享住宿平台和房东较少受到监管和监督（Yang et al.，2017），消费者更担心遭受潜在的威胁或伤害，因而也更可能感知到身体风险。如前所述，功能风险和身体风险作为共享住宿的主要感知风险得到学界的认可，因此本研究也将功能风险和身体风险纳入研究模型，并将其视为我国消费者面临的主要风险予以考察。

财务风险是消费者因不能获得最佳货币收益而感知到的损失（Boksberger et al.，2007）。预付、押金、订单取消政策等在消费者未能如期入住或住宿条件与描述不符时，往往会使消费者面临支付风险。近年来，有关消费者提前取消订单被扣掉全部预付房费，并且平台客服推卸责任的消息屡见报端。基于 1000 多例消费者共享住宿投诉案例的文本分析，发现经济或财务风险是我国消费者在共享住宿中提及的最主要风险。因此，本研究也将财务风险视为我国消费者共享住宿的风险维度之一。隐私风险是消费者在电子商务交易中，对个人账户、支付密码等信息泄露的担心（Featherman and Pavlou，2003；Yi et al.，2020）。虽然 Yi 等（2020）的研究将隐私风险视为共享住宿的主要风险维度，但是这种风险往往又会最终转化为财务风险和身体风险，正因如此，不论是 Lee（2020）基于爱彼迎国外用户还是基于途家国内用户的研究均未将隐私风险作为共享住宿的主要感知风险维度。

社会风险是指让消费者认为使用该产品会被他人视为不明智或不光彩，进而感到社会地位降低的风险（Featherman and Pavlou，2003）。共享经济是以工具性作为市场和社会交换的基本逻辑（Eckhardt and Bardhi，2016；卢东等，2018），消费者无法从中获得身份价值和与其他消费者关联的联结价值，因此消费者入住共享住宿会感知到社会风险的威胁。因此，社会风险也可能是我国消费者在共享住宿中感知风险的主要维度。便利风险是指在购买过程中遭遇更多的与购买相关的时间和努力的浪费，虽然 Lee（2020）把便利风险作为主要风险维度，但事实上消费者很少将这种时间和努力的不确定性作为抱怨和投诉的主要理由，因此本研究不将便利风险作为共享住宿的主要风险维度纳入风险模型考察。

综上，基于对现有文献中共享住宿感知风险维度的理论分析与推导，本章后续研究将财务风险、功能风险、身体风险和社会风险作为消费者共享住宿的主要感知风险维度，并进一步探讨消费者共享住宿购买决策的主要因素对这些风险维度的影响，以及这些风险维度对共享住宿使用意愿的效应。

（四）共享住宿情境下消费者感知风险的影响因素

为全面探究共享住宿情境下影响消费者感知风险的关键因素，本研究首先对现有文献所提及的共享住宿和电子商务情境下消费者感知风险的影响因素进行梳理（见表 6-2）。

基于扎根理论方法，卢东等（2021）定性研究了消费者在共享住宿购买决策中的主要外部因素，包括平台能力、产品服务质量、多样性和社会影响等。这些因素作消费者购买评价的主要决策点，也影响着消费者的感知风险。其中平台能力和产品服务质量反映了平台企业自身的专业能力，并且产品服务质量也体现了平台能力，而多样性则反映了平台满足消费者个性化需求的能力。因此在本研究中，将平台能力和个性化作为消费者评价共享住宿的主要内部特征，考察其对感知风险的影响。

表6-2 消费者感知风险研究

风险前因	感知风险	风险结果	主要结论	行业	参考文献
服务无形性 信息不对称 政策不确定 技术不确定	财务风险 功能风险 隐私风险	接受意愿 感知价值	各感知风险维度显著负面影响接受意愿；服务无形性、信息不对称、政策不确定、技术不确定显著正面影响各感知风险维度	移动支付	Yang等（2015）
创新性 信任	安全风险 功能风险 心理风险	感知有用性 使用意愿 态度	各感知风险维度显著负面影响感知有用性、使用意愿、态度；创新性、信任显著负面影响各感知风险维度	在线预订	Park和Tussyadiah（2017）
信息不对称 （商品交易/ 物流配送/ 资金支付）	经济风险 性能风险 隐私风险 社会风险	—	商品交易、物流配送、资金支付信息不对称差异化影响各感知风险维度	网络购物	张璇（2017）
感知真实性 网络口碑	感知风险	重购意愿 感知价值	感知风险显著负面影响重购意愿、感知价值；感知真实性、网络口碑显著负面影响感知风险	共享住宿	Liang等（2018b）
商家声誉 产品质量 物流支持 网站建设	财务风险 功能风险 隐私风险	购买意愿	各感知风险维度显著负面影响购买意愿；商家声誉、产品质量、网站建设显著负面影响各感知风险维度	网络零售	任俊玲等（2019）
创新性 熟悉度 信任	感知风险	重购意愿 满意度	感知风险显著负面影响满意度；创新性、熟悉度、信任显著负面影响感知风险	智慧旅游	Dayour等（2019）
—	社会风险 心理风险 功能风险	使用意向	社会风险、心理风险显著负面影响使用意向；功能风险显著正面影响使用意向	共享住宿	Jun（2020）
态度 主观规范 预期情绪 感知行为控制	财务风险 功能风险 隐私风险 身体风险	使用意向 期望	财务风险、隐私风险显著负面影响使用意向；态度、预期情绪、感知行为控制显著正面影响期望	共享住宿	Yi等（2020）
—	身体风险 功能风险 社会风险 便利风险	使用意向 态度	各感知风险维度显著负面影响态度；态度显著正面影响使用意向	共享住宿	Lee（2020）

资料来源：笔者整理。

除了内部特征，社会影响作为共享住宿购买决策的外部因素也影响着感知风险。社会影响是个体的态度和行为受社会环境中其他人的行为、态度或看法影响的总和（Kelman, 2006）。大量研究表明，在网络购物、新产品新技术采纳、旅游目的地选择等多种消费情境中，社会影响会对消费者的态度和行为意愿起作用。在电子商务环境中，产品的社会影响既来自社会网络中该个体消费者重要他人（如朋友、家人和意见领袖）的推荐，也来自互联网上陌生他人有关该产品的评价、反馈或讨论。依据社会网络理论，重要他人与个体消费者有着"强关系"，为其提供了情感与物质的支持和实质性的信息；而陌生他人与个体消费者的关系属于"弱关系"，为其提供新颖信息、社会资源和外部视角（Granovetter, 1983）。因此，作为社会影响的重要来源，重要他人推荐和在线评论也影响着消费者对共享住宿的购买决策和风险评估。

综上，本研究将平台能力和个性化作为共享住宿的内部特征，将重要他人推荐和在线评论作为购买决策的外部因素，进一步探讨其对感知风险维度的影响。

（五）共享住宿情境下的感知风险研究评述

学者们对共享住宿和电子商务领域的消费者感知风险研究虽然取得了一定的成果，但仍存在不足。从研究对象看，现有共享住宿情境下的感知风险研究多源于国外，以国外消费者为研究对象，其研究结论是否适用于我国共享住宿市场背景还有待考证。从感知风险构成看，不同消费情境下消费者感知风险维度的构成及其重要性存在差异，现有的研究大多未加区分，将感知风险作为单一变量，缺乏对不同风险维度的考察。从研究视角看，现有研究较少从共享住宿内部特征和外部因素的二维视角来探讨不同感知风险维度的影响因素及其对使用意愿的影响。

为弥补现有研究的不足，本研究将以国内共享住宿现有用户及潜在用户为研究对象，基于感知风险理论，立足共享住宿内部特征、外部因素的多维视角，深入探讨平台能力、个性化、在线评论、重要他人推荐对财务风险、功能风险、身体风险及社会风险四个感知风险维度的不同影响，并进一步考察各维度的感知风险如何影响消费者对共享住宿的使用意愿。

第二节　共享住宿中的消费者感知风险模型

（一）假设发展

1. 共享住宿购买决策的主要因素对风险维度的影响

（1）平台能力

企业能力是一个组织所具备的知识、技能、资源以及兑现承诺的能力（Spencer and Spencer，2008）。资源基础理论（resource-based theory，RBT）认为企业内部资源和能力决定其竞争优势和绩效（Barney，1991）。企业能力由产品质量、顾客需求导向、创新能力、研发能力、员工专业性和售后服务等构成，是消费者购买决策的线索之一。企业能力越强，消费者购买的不确定性和损失可能性越小（Lin et al.，2011），其购买意愿越强。

在共享经济中，企业能力是共享平台获取资源、整合资源、共享信息、创造与传递价值的能力（Na and Kang，2018）。共享住宿平台能力反映了其在房源聚集、资源配置和运营管理等方面的能力（卢东等，2021）。平台能力越强，网络外部性越强，消费者对共享住宿的感知有用性评价越高，越能减缓其对共享住宿预期功能的担心。在双边市场的消费者端，共享住宿通过网络平台展示房源，线上进行预订交易，线下提供住宿服务。平台是否有提供真实房源和保障交易的能力，从而避免消费者的财务损失和身体伤害尤为重要。因此，具有更高企业能力的平台可以为其所提供的房源和交易过程背书，降低消费者的感知财务风险、感知功能风险和感知身体风险。基于此，提出以下假设。

H1：平台能力降低了消费者对共享住宿的感知财务风险（a）、感知功能风险（b）和感知身体风险（c）。

（2）个性化

相对于标准化的传统酒店，共享住宿能够提供更多样化的产品与服务，满足消费者差异化的需求，如个性化的房间、私人旅游向导和定制化的旅游线路等。个性化也称为定制化，是指企业向消费者提供满足个人特定需求的产品和服务（Coelho and Henseler，2012），其核心是通过满足客户的特定需求来产生更多的用户利益（Leischnig et al., 2018; Li et al., 2019）。共享住宿的个性化是不同于传统酒店标准化生产下的一致性产品与服务，房东依据市场竞争和消费者需求，对住宿产品与服务进行定制化，以适应和满足不同消费者的独特需求。

个性化作为企业营销手段的主要逻辑在于其能够满足差异化需求，从而为消费者带来附加利益。现有的实证研究表明个性化提高了顾客满意度、顾客忠诚度与信任度（Coelho and Henseler, 2012; Leischnig et al., 2018）。但消费者并不全然认为个性化对他们有利（Hart, 1995），因为个性化所造成的产品和服务质量的不确定性可能会超过其带来的额外利益。

个性化到底是提高还是降低了感知风险，学者的观点尚未统一。早期的研究认为个性化可以有效降低消费者的感知风险。例如，Ostrom 和 Lacobucci（1995）认为个性化是高品质的标志，扮演着"质量背书人"的角色，降低了消费者对与产品质量相关的损失可能性的感知；Coelho 和 Henseler（2012）提出个性化降低了消费者感知的不确定性和风险，提升了消费者的信任度。但另一些学者则持相反意见，他们认为个性化产品或服务的质量不一致性将导致消费者感知更多的风险（Johnson et al., 2008; Keh and Sun, 2008），即由个性化带来的不确定性带来了更多的消费者焦虑和损失。Ding 和 Keh（2016）关于消费者对标准化与个性化的看法和反应的研究发现，个性化服务在有效提高消费者的感知控制、满意度的同时，也增加了消费者的感知风险。

共享住宿的个性化服务和多样化房源会促使消费者产生更高水平的感知风险。共享住宿平台上的房东均来自不同区域和群体，并且普遍没有经过专业化技能培训，这让消费者对他们是否能够提供良好的服务体验产生疑虑。同时，共享住宿的相关行业准入机制、消费者权益保障机制尚未完善和落实，其个性化特征可能会导致消费者在房间功能、服务水准、住宿安全等方面感到更多的不确定性和风险。因此，共享住宿的个性化会让消费者感到产品和服务质量的不一致性和不可靠，在功能和身体两个维度产生感知风险。由此，提出以下假设。

H2：个性化提高了消费者对共享住宿的感知功能风险（a）和感知身体风险（b）。

（3）在线评论

在线评论是指任何人都可以查看的用户在网站上发表的有关产品或服务的所有观点（Hennig-Thurau et al.，2004）。共享住宿中的在线评论则是消费者对住宿体验、主客互动的文本评价（Chen and Chang，2018）。在线评论有效减少了信息不对称，是影响消费者感知风险的重要因素。消费者做出购买决策之前通过在线评论获取可靠信息，增加了品牌知识，减少了产品怀疑（Hung and Li，2007），增强了购买结果的确定感（Sparks and Browning，2011）。因此，在线评论成为消费者寻求产品信息、减少感知风险的有效方式（Cheung et al.，2009）。现有研究发现，当负面评论数量和真实性足以影响消费者判断时，消费者会产生显著的感知风险，并削弱其购买意愿（张亚明等，2020）。在线评论数量、质量和时效也显著影响顾客信任和购买意愿（刘俊清和汤定娜，2016）。在线评论是游客选择住宿的重要参考，有助于降低感知风险（Papathanassis and Knolle，2011）。Liang等（2018a）对爱彼迎用户的研究发现，网络口碑有效降低了用户的感知风险，并建议平台及时回应在线评论。

当前我国的共享住宿平台，如途家、飞猪、去哪儿、携程等，均鼓励注册用户在入住后撰写评论，并依据评论对共享住宿进行评分，为其他用户提供参考信息，同时也致力于提高在线评论的透明度和可信度。在线评论为消费者做出购买决策提供了房屋和服务质量的有效信息，降低了购买的功能风险；有助于正确评估平台和房东的安全保障措施，降低身体风险；有助于获得他人对入住房屋的客观评价，降低社会风险。由此，提出如下假设。

H3：在线评论降低了消费者对共享住宿的感知功能风险（a）、感知身体风险（b）和感知社会风险（c）。

（4）重要他人推荐

在消费者行为领域，重要他人推荐指对个体重要的群体认为自己应该使用某种产品的程度（Venkatesh et al.，2012）。这种社会影响往往来自个人的参考群体和重要亲友，包括信息性影响（重要群体提供的产品或服务信息）和规范性影响（为保持一致性而形成的规范性压力）。重要他人推荐也影响消费者的感知风险和使用意愿。已有研究表明，亲友推荐可以有效缓解消费者的购买焦虑和不确定性（Corbitt et al.，2003），是降低消费者感知风险的重要途径。在共享住宿领域，学者们也发现朋友推荐是消费者使用爱彼迎的主要因素（Amaro et al.，2019；So et al.，2018）。消费者重视的群体提供的共享住宿信息将有效减轻其对房源品质和房东服务质量不确定性的感知，增加对入住后人身安全的信心，与参考群体保持一致的压力也减少了对身份价值和联结价值丧失的担心。由此，提出如下假设。

H4：重要他人推荐降低了消费者对共享住宿的感知功能风险（a）、感知身体风险（b）和感知社会风险（c）。

2. 感知风险对共享住宿使用意愿的影响

消费者在共享住宿中感知的财务风险、功能风险、身体风险和社会风险将削弱其共享住宿使用意愿。在电子商务情境下，感知财务风险是最主要的风险维度，最能解释总体感知风险（Boksberger et al.，2007）。Tussyadiah 和 Pesonen（2018）的研究指出不能取得最佳财务收益是阻碍消费者使用共享住宿的重要因素；Yi 等（2020）认为因担心入住共享住宿比传统酒店更昂贵、实际花费高于预算、购买了物非所值的住宿产品和服务等所产生的感知财务风险会阻碍消费者使用共享住宿。

感知功能风险是其他风险的基础（Featherman and Pavlou，2003）。在网络购物中，消费者因无法提前接触和检查产品而感知到功能风险，而感知功能风险显著负向影响在线购买行为（Doolin et al.，2005）；在移动银行业务中，感知功能风险降低了消费者的使用意愿（Luo et al.，2010）。在基于现代信息技术的共享住宿行业，因网络交易的虚拟性、住宿服务的无形性和房东的非专业性，消费者可能更担心实际住宿体验与预期不一致、平台所展示的照片或描述与现实不相符、房东服务不专业不可靠等功能风险，进而削弱其对共享住宿的使用意愿。

感知身体风险与消费者的人身安全密切相关，无疑也影响着共享住宿使用意愿。在旅游领域，感知身体风险是消费者对旅游产品或服务是否会对自己或他人产生人身危害的担忧，负向影响旅游产品的感知有用性、态度和使用意愿（Park and Tussyadiah，2017）。相对于传统酒店住宿，共享住宿的相关监管法律法规尚不健全，从业者的专业素养不一，因此消费者面临着更多安全威胁。正如 Mody 等（2017）的研究结果所示，共享住宿中的相关安全事件往往会促使游客放弃向陌生人租房的想法，这在很大程度上降低了共享住宿的使用率，增加了潜在顾客的流失。

在共享住宿情境中，感知社会风险对消费者使用意愿的影响还存在争议。一些学者认为感知社会风险会导致消费者产生"是否在家人、朋友面前尴尬或失去自尊"的担忧，并指出新冠疫情发生之后，消费者对使用共享住宿的感知社会风险明显增加（Lee and Deale，2021）。另一些学者则认为感知社会风险仅在消费者购买象征型产品时发挥较大的作用（Midgley，1983），而共享住宿并不属于该类产品，所以感知社会风险并不影响消费者使用意愿。Huang 等（2019）的实证研究发现，无论是对共享住宿用户或是非用户，感知社会风险对使用意愿的影响都不显著。但是，共享经济作为使用消费（access-based consumption），其逻辑是使用权的转移而非所有权的让渡（卢东等，2018），廉价成为共享经济的主要特征，正如消费者因为共享汽车的低廉服务价格而不愿将自己与共享汽车品牌联结一样（Bardhi and Eckhardt，2012），共享住宿在一定程度与廉价相关，也会让消费者感到社会地位降低的风险。

综上，本研究提出如下假设。

H5：感知财务风险（a）、感知功能风险（b）、感知身体风险（c）和感知社会风险（d）消极影响消费者的共享住宿使用意愿。

结合以上讨论，基于感知风险理论提出消费者共享住宿感知风险模型（见图 6-1）。

（二）研究设计

1. 变量测量与问卷设计

为了检验提出的研究假设和理论模型，本研究开展了测量量表设计与问卷编制。首先，对理论模型涉及的变量进行操作性定义，借鉴相关学者的测量量表，通过双向翻译，保证量表的内容效度，形成初始测量量表。其次，邀请多名本领域研究生反复修改和完善初始量表，并编制问卷。再次，对 111 名在校大学生进行预调查，要求其对每一题项意义是否清晰易懂提出意见。最后，根据反馈意见多次修改题项，并依据信效度分析结果

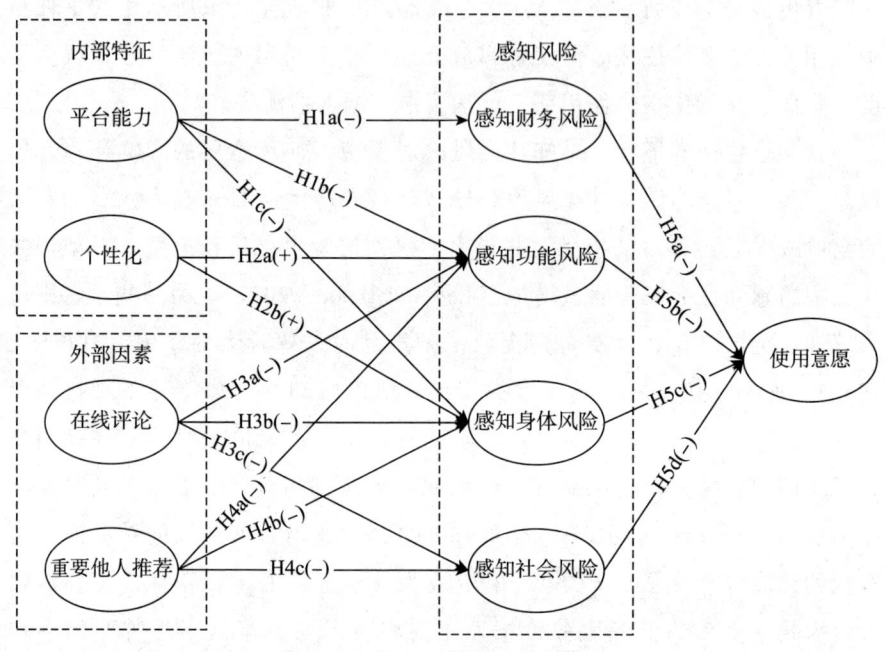

图 6-1 共享住宿感知风险模型

剔除对 Cronbach's α 有负面贡献和因子载荷低于 0.5 的题项，最终形成正式测量量表和调查问卷（见表 6-3）。

调查问卷共分为五个部分，即共享住宿概念解释说明、筛选题项、变量测量题项、旅行信息和人口统计信息。筛选题项旨在对未曾听说过共享住宿的受调查者进行剔除，以保证数据质量。变量测量题项包含理论模型涉及的 9 个变量，共 30 个测量题项，这些题项采用李克特 7 级量表进行测量，选项从"1"至"7"表示同意程度逐步加深。

表 6-3 测量量表

潜变量	操作化定义	题项	参考文献
平台能力（CAP）	共享住宿平台为了确保向消费者提供和交付良好的住宿产品和服务所具备的各项专业知识与技能	共享住宿平台能提供高质量的房源	Lin 等（2011）
		共享住宿平台提供的房源具有良好的性价比	
		共享住宿平台管理规范	
		共享住宿平台上大多数员工都能胜任他们的工作	

续表

潜变量	操作化定义	题项	参考文献
个性化（CUS）	不同于传统酒店标准化生产下的一致性产品与服务，房东所提供的住宿产品和服务在某种程度上会做出调整以满足消费者的不同需求	房东能提供满足我个人需求的住宿产品和服务 房东能提供传统酒店没有的住宿产品和服务 房东提供的住宿产品与服务是个性化的 总的来说，共享住宿能提供适合我的住宿产品和服务	Coelho 和 Henseler（2012）、Nyheim 等（2015）
在线评论（ONR）	任何人都可以查看的用户在网站上发表的关于共享住宿的所有观点	我经常浏览其他用户的评论，看看他们对房间的评价 我经常浏览其他用户的评论，以确保我在共享住宿平台上预订的房间是合适的 我选择共享住宿时通常会参考其他用户的评价	Liang 等（2018a）
重要他人推荐（IOR）	对个人重要的群体（如亲友）认为自己应该使用共享住宿的程度	我的同伴认为我应该使用共享住宿 对我很重要的人认为我应该使用共享住宿 我周围的人认为我应该使用共享住宿	So 等（2018）
财务风险（FIR）	消费者感知到的与使用共享住宿平台相关的潜在货币损失	我担心使用共享住宿会比传统酒店花费更多 我担心平台会产生恶意或不合理的收费行为 我担心我在平台上的操作失误会导致意外的金钱损失	Yang 等（2015）、Yi 等（2020）
功能风险（PER）	消费者感知到的住宿条件和服务低于自身预期或与平台宣传不符的风险	我担心共享住宿平台上的房间照片与实际不符 我担心共享住宿的住宿条件低于我的预期 我担心我对住宿的要求或投诉无法得到及时响应	Yi 等（2020）
身体风险（PHR）	消费者感知到的因使用共享住宿而对自身安全形成危害的风险	我担心使用共享住宿会增加我受到人身伤害的风险 我担心使用共享住宿会增加旅行中发生事故的风险（如门窗不牢固、消防安全隐患等） 我担心使用共享住宿会遭受入室抢劫或非法闯入 我担心使用共享住宿会受到不法侵害（如偷拍行为）	Yi 等（2020）、Lee（2020）

续表

潜变量	操作化定义	题项	参考文献
社会风险（SOR）	消费者感知到的因使用共享住宿而对自我形象形成负面影响，或降低社会地位的风险	我担心使用共享住宿，别人会觉得我贪图便宜	Yi等（2020）
		我担心使用共享住宿，别人会觉得我住不起像样的房间	
		我担心使用共享住宿，别人会觉得我做了一个不明智的选择	
使用意愿（USA）	消费者愿意使用共享住宿产品或服务的意向	如果最近有出行的机会，我会首选共享住宿	Yi等（2020）
		我打算将来更多地使用共享住宿	
		我计划未来选择像小猪、途家和爱彼迎这样的共享住宿平台	

2. 问卷发放与数据收集

正式问卷通过问卷星网站发布。为保证获得足够的样本数据，一是将问卷链接转发至共享住宿主要用户所偏好的社交网络平台（如QQ群、微信群、微博、小红书等）；二是以滚雪球抽样方式，邀请部分在校大学生和老师访问问卷网址作答，并请这些学生和老师将问卷推荐给他们的亲朋好友；三是走访成都市区三圣乡、宽窄巷子、锦里古街、人民公园等著名旅游景点，邀请外地游客访问网址填写问卷并向其赠送精美小礼品。共获得425份原始调查问卷，通过筛选题项删除不了解共享住宿的调查问卷66份，以及答案一致、作答时间低于100秒和明显胡乱作答的异常问卷38份后，最终获得有效问卷321份。其中，男性占41.13%，18~40岁占77.26%，职业主要由在校学生、企事业单位员工构成，分别占50.16%和32.40%，本科、硕士及以上者占80.69%，月收入6000元及以下的中低收入者占81.93%，拥有共享住宿入住经历者占59.19%。调查样本与《中国共享住宿发展报告》（国家信息中心分享经济研究中心，2020）显示的"我国共享住宿活跃主体为'80后'和'90后'等千禧一代""18~30岁房客占比超70%""女性参与者为主力军，房客主要是学生、上班族和自由职业者"的共享住宿消费群体结构一致，调查样本具有较强的合理性与代表性。

表 6-4 样本的描述性统计分析

样本特征	分类标准	人数（人）	占比（％）
性别	男	132	41.13
	女	189	58.87
年龄	<18 岁	20	6.23
	18~30 岁	209	65.11
	31~40 岁	39	12.15
	41~50 岁	42	13.08
	51~60 岁	10	3.12
	>60 岁	1	0.31
职业	在校学生	161	50.16
	企事业单位员工	104	32.40
	个体经营者	13	4.05
	待业者及其他	43	13.40
学历	专科以下	31	9.66
	专科	31	9.66
	本科	183	57.01
	硕士及以上	76	23.68
月收入	<4000 元	178	55.45
	4000~6000 元	85	26.48
	6001~8000 元	23	7.17
	8001~10000 元	31	9.66
	>10000 元	4	1.25
共享住宿了解与使用情况	了解并有入住经历	190	59.19
	了解但无入住经历	131	40.81
	不了解	0	0

（三）数据分析与假设验证

1. 共同方法偏差检验

数据来源相同、测试环境一致或问卷本身特征等因素会导致共同方法偏差（同源偏差）。本研究在问卷调查中使用了自陈式量表，题项由受调查者一人完成，容易带来同源偏差。因此，参考 Podsakoff 和 Organ（1986）

的建议,首先,在程序控制上减少同源偏差,即使用的测量量表均源自现有研究的成熟量表并已通过了大量实证检验;结合我国共享住宿情境翻译英文量表,尽量保持各题项语境上的区别;邀请多名研究生对量表进行反复修改和完善;通过预调查收集反馈意见,使题项更容易理解;向受调查者强调调查的匿名性,减少潜在的同源偏差。其次,采用 Harman 单因子测试检验同源偏差对调查结果的影响,通过未旋转的主成分分析获得多个因子,其中第一个主成分的方差贡献率为 27.41%,远小于临界值 40%,样本数据通过共同方差偏差检验,不存在同源偏差。

2. 信度和效度检验

采用验证性因子分析(CFA)对测量模型进行信度检验和效度检验。AMOS 23.0 输出的测量模型适配指标为:$\chi^2 = 517.548$(df = 369),$\chi^2/\text{df} = 1.403$,GFI = 0.903,AGFI = 0.878,CFI = 0.978,NFI = 0.927,TLI = 0.974,RMSEA = 0.035。这表明测量模型拟合较好。潜变量 Cronbach's α 与组合信度(CR)大于 0.8(见表 6-5),表明测量具有信度;潜变量标准因子载荷大于 0.6,平均方差抽取量(AVE)大于 0.5(见表 6-5);各潜变量 AVE 值的平方根大于它与其他潜变量的相关系数(见表 6-6),表明测量具有效度(Nunnally,1978)。

表 6-5 信度检验与效度检验

潜变量	题项	标准载荷	Cronbach's α	CR	AVE
平台能力 (CAP)	CAP1	0.749	0.831	0.832	0.554
	CAP2	0.697			
	CAP3	0.784			
	CAP4	0.745			
个性化 (CUS)	CUS1	0.747	0.866	0.870	0.627
	CUS2	0.772			
	CUS3	0.817			
	CUS4	0.828			
在线评论 (ONR)	ONR1	0.855	0.899	0.902	0.755
	ONR2	0.936			
	ONR3	0.811			

续表

潜变量	题项	标准载荷	Cronbach's α	CR	AVE
重要他人推荐（IOR）	IOR1	0.848	0.881	0.884	0.719
	IOR2	0.911			
	IOR3	0.780			
财务风险（FIR）	FIR1	0.715	0.845	0.846	0.649
	FIR2	0.869			
	FIR3	0.825			
功能风险（PER）	PER1	0.838	0.894	0.895	0.740
	PER2	0.875			
	PER3	0.868			
身体风险（PHR）	PHR1	0.850	0.927	0.928	0.762
	PHR2	0.911			
	PHR3	0.882			
	PHR4	0.847			
社会风险（SOR）	SOR1	0.900	0.929	0.931	0.818
	SOR2	0.942			
	SOR3	0.870			
使用意愿（USA）	USA1	0.862	0.918	0.920	0.793
	USA2	0.938			
	USA3	0.869			

表 6-6　判别效度检验

潜变量	USA	SOR	PHR	PER	FIR	IOR	ONR	CUS	CAP
USA	0.891								
SOR	-0.412	0.904							
PHR	-0.299	0.224	0.873						
PER	-0.348	0.121	0.671	0.860					
FIR	-0.370	0.336	0.574	0.457	0.806				
IOR	0.611	-0.264	-0.269	-0.287	-0.298	0.848			
ONR	0.125	-0.298	0.092	0.226	0.004	0.221	0.869		
CUS	0.293	-0.204	-0.024	0.036	-0.078	0.426	0.316	0.792	
CAP	0.464	-0.244	-0.186	-0.227	-0.191	0.596	0.257	0.623	0.744

注：对角线上的数值为 AVE 的平方根，对角线下的数值为潜变量间的相关系数。

3. 模型修正与假设检验

拟合的理论模型适配指标为：$\chi^2 = 725.517$（df=383），$\chi^2/df = 1.894$，GFI=0.870，AGFI=0.842，CFI=0.948，NFI=0.897，TLI=0.941，RMSEA=0.053。这表明结构模型拟合较好，理论模型设定可行，结构模型的路径系数如表6-7所示。

表6-7 结构模型路径系数估计

变量关系	标准化路径系数估计	t	p	显著性
平台能力→感知财务风险	-0.243	-3.644	***	显著
平台能力→感知功能风险	-0.318	-3.224	**	显著
平台能力→感知身体风险	-0.188	-1.893	>0.05	不显著
个性化→感知功能风险	0.254	3.075	**	显著
个性化→感知身体风险	0.158	1.878	>0.05	不显著
在线评论→感知功能风险	0.282	4.628	***	显著
在线评论→感知身体风险	0.143	2.307	*	显著
在线评论→感知社会风险	-0.249	-4.261	***	显著
重要他人推荐→感知功能风险	-0.282	-3.643	***	显著
重要他人推荐→感知身体风险	-0.257	-3.243	**	显著
重要他人推荐→感知社会风险	-0.231	-3.931	***	显著
感知财务风险→使用意愿	-0.171	-3.022	**	显著
感知功能风险→使用意愿	-0.296	-3.726	***	显著
感知身体风险→使用意愿	0.046	0.598	>0.05	不显著
感知社会风险→使用意愿	-0.356	-6.564	***	显著

注：* 表示 p<0.05；** 表示 p<0.01；*** 表示 p<0.001。

由上述路径系数的估计结果可知，作为共享住宿中较为重要的风险维度，感知身体风险对使用意愿的直接效应未达到显著水平。由于身体风险主要指因住宿安全未达标而导致的人身伤害，最终会表现为住宿条件与实际或预期的不符，有理由认为身体风险或将进一步提高消费者对功能风险的感知，通过功能风险抑制消费者对共享住宿的使用意愿。因此，增加路径"感知身体风险→感知功能风险"，以修正结构模型。再次对结构模型进行拟合，结果显示：$\chi^2 = 645.420$（df=382），$\chi^2/df = 1.690$，GFI=0.884，AGFI=0.858，CFI=0.960，NFI=0.908，TLI=0.955，RMSEA=0.046。修正模型与原始模型相比，卡方检验结果显著（$\Delta\chi^2/\Delta df=80.097$，$p<0.001$），同时其他适配指标也得到不同程度的提升，表明修正模型更好。再次估计变量间的路径系数，结果如表6-8所示。平台能力显著降低了消费者对共享住宿的感知财务风险（$\beta=-0.225$，$t=-3.389$，$p<0.001$）、感知功能风险（$\beta=-0.209$，$t=-2.529$，$p<0.05$）和感知身体风险（$\beta=-0.210$，$t=-2.231$，$p<0.05$），H1得到支持；个性化显著提高了消费者的感知功能风险（$\beta=0.163$，$t=2.362$，$p<0.05$），但对感知身体风险的影响不显著，支持H2a，不支持H2b；在线评论提高了感知功能风险（$\beta=0.202$，$t=3.949$，$p<0.001$）和感知身体风险（$\beta=0.115$，$t=2.087$，$p<0.05$），但降低了感知社会风险（$\beta=-0.252$，$t=-4.304$，$p<0.001$），H3c得到验证，H3a和H3b没得到实证支持且结论相反；重要他人推荐降低了感知功能风险（$\beta=-0.135$，$t=-2.101$，$p<0.05$）、感知身体风险（$\beta=-0.132$，$t=-1.985$，$p<0.05$）和感知社会风险（$\beta=-0.226$，$t=-3.847$，$p<0.001$），H4得到验证；感知财务风险（$\beta=-0.176$，$t=-2.502$，$p<0.05$）、感知功能风险（$\beta=-0.298$，$t=-3.831$，$p<0.001$）和感知社会风险（$\beta=-0.354$，$t=-6.593$，$p<0.001$）降低了消费者对共享住宿的使用意愿。感知身体风险通过感知功能风险间接影响使用意愿，感知身体风险提高了感知功能风险（$\beta=0.467$，$t=10.620$，$p<0.001$）。H5a、H5b和H5d得到支持，但H5c未被验证。最终的修正模型见图6-2。

表6-8 修正后的结构模型路径系数估计

变量关系	标准化路径系数估计	t	p	显著性
平台能力→感知财务风险	-0.225	-3.389	***	显著
平台能力→感知功能风险	-0.209	-2.529	*	显著
平台能力→感知身体风险	-0.210	-2.231	*	显著
个性化→感知功能风险	0.163	2.362	*	显著
个性化→感知身体风险	0.101	1.349	>0.05	不显著
在线评论→感知功能风险	0.202	3.949	***	显著
在线评论→感知身体风险	0.115	2.087	*	显著
在线评论→感知社会风险	-0.252	-4.304	***	显著
重要他人推荐→感知功能风险	-0.135	-2.101	*	显著

续表

变量关系	标准化路径系数估计	t	p	显著性
重要他人推荐→感知身体风险	-0.132	-1.985	*	显著
重要他人推荐→感知社会风险	-0.226	-3.847	***	显著
感知财务风险→使用意愿	-0.176	-2.502	*	显著
感知功能风险→使用意愿	-0.298	-3.831	***	显著
感知身体风险→使用意愿	0.071	0.813	>0.05	不显著
感知社会风险→使用意愿	-0.354	-6.593	***	显著
感知身体风险→感知功能风险	0.467	10.620	***	显著

注：* 表示 p<0.05；** 表示 p<0.01；*** 表示 p<0.001。

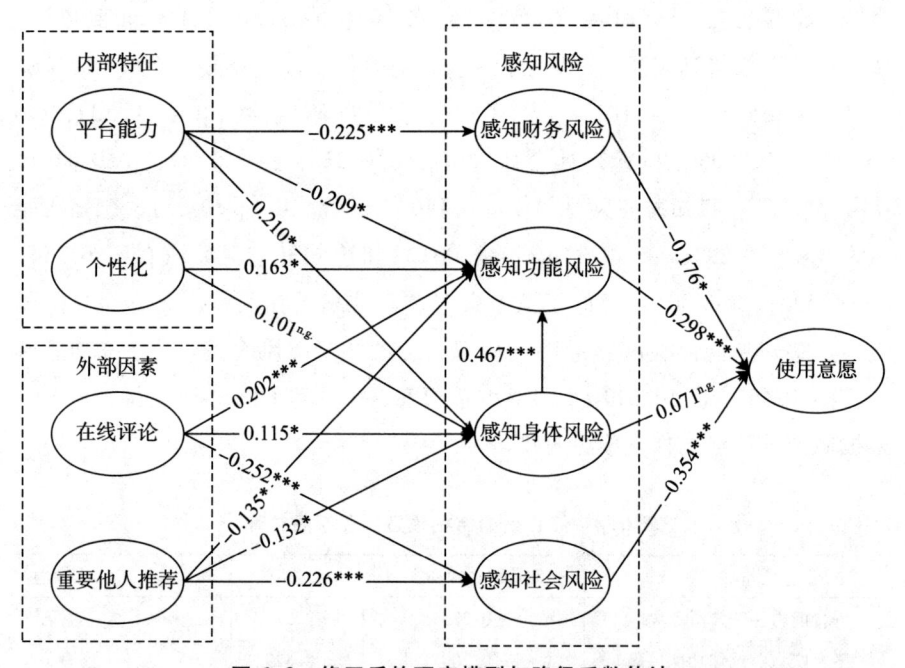

图 6-2 修正后的研究模型与路径系数估计

（四）结论与讨论

实证研究结果表明，消费者在共享住宿中主要感知到财务、功能、身体和社会风险四个风险维度，而平台能力、个性化、在线评论和重要他人推荐对不同感知风险维度具有不同的提升和抑制效应。不同维度的风险对共享住宿的使用意愿存在不同效应，感知财务风险、感知功能风险和感知社会风险负向影响使用意愿，且感知社会风险的影响效应最强，感知身体风险并不直接作用于使用意愿，而是通过提高感知功能风险进而消极影响共享住宿使用意愿。

研究结果证实，平台能力可以有效降低消费者对共享住宿的感知财务风险、感知功能风险与感知身体风险。共享住宿平台的企业能力意味着更大的房源规模、更专业的交易流程、更严格的房东准入标准、更全面的房源质量保障，有助于保证服务结果的一致性、减少服务失败的发生。因此，消费者在房屋预订过程中感知到的损失可能性、服务质量不确定性和安全风险更小。

与 Keh 和 Sun（2008）、Johnson 等（2008）的研究结论一致，个性化提高了消费者的感知功能风险。当前有关共享住宿的行业准入机制、消费者权益保障机制尚未完善与落实，个性化房屋所带来的产品和服务质量的不确定性反而会增加消费者对房屋设施质量和服务规范的疑虑。但个性化对感知身体风险的影响并不显著，其原因在于：一方面，我国社会安全总体水平较高，即使面对陌生房东提供的房间，也并不会感到较高的安全风险；另一方面，房屋个性化是在满足安全保障基础上的差异化和特色化，消费者对安全的感知并不会因个性化而弱化。

研究结果也证实了重要他人推荐降低了消费者对共享住宿的感知功能风险、感知身体风险和感知社会风险。共享住宿商业模式扩散的初期，意见领袖的示范和熟人群体的推荐有助于减少消费者初次购买的焦虑，降低其感知功能风险和感知身体风险。而作为共享住宿的主要使用群体，"千禧一代"在消费行为上更注重同辈的看法，也更愿意在消费行为上保持一致，从而获得群体内的认同，以此降低社会风险。

实证结果发现，在线评论虽然能有效降低感知社会风险，却也显著提高了感知功能风险和感知身体风险，这与最初的假设和 Liang 等（2018a）的研究结论所指出的在线评论负向影响总体感知风险相悖。其原因有二：一是 Liang 等（2018a）的研究将感知风险视为单维概念，从总体上探讨在线评论的影响，忽略了在不同感知风险维度上，在线评论可能有不同的作用；二是在线评论包含量（即评论数）、极性（即正面评论或负面评论）、不一致性（评论之间的差异性）三个属性对不同感知风险维度会产生不同影响。具体而言，消费者对产品垂直属性（如住宿设施质量）的偏好相同，当产品垂直属性的评论不一致性高时，消费者会感知到更高的不确定性（黄敏学等，2017）。感知功能风险和感知身体风险是与产品垂直属性相关的风险，因此此类评论的不一致性反而提高了感知功能风险和感知身体风险。而消费者对产品水平属性（如住宿风格）的偏好存在个体差异，当对产品水平属性的评论不一致性高时，消费者感知的独特性越高，感知社会风险越低。

感知财务风险、感知功能风险和感知社会风险显著减弱了消费者使用意愿，其中感知社会风险（β=−0.354）的效应最强，感知功能风险（β=−0.298）次之，而感知财务风险（β=−0.176）的影响最弱。共享住宿往往会被视为廉价低端的住宿，影响消费者的社交圈子和个人形象，特别是我国的社会价值观以集体主义为主导，个人更重视他人和群体的看法，更注重人情面子，感知社会风险成为阻碍消费者选择共享住宿的最主要原因。与 Yi 等（2020）的研究结论一致，在共享住宿消费情境中，感知身体风险对消费者使用意愿的影响不显著，但感知身体风险通过转化为感知功能风险间接影响消费者使用意愿。在共享住宿中，感知身体风险源于对入住安全的担心，而这些安全原因事实上是房间未达到应有标准的功能缺陷，因此感知身体风险提高了感知功能风险。

第三节 在线评论对感知风险影响的实验研究

上一节构建了消费者共享住宿感知风险模型，其研究结果表明在线评论对不同维度风险存在不同的影响（即在线评论显著降低了感知社会风险，却显著提高了感知功能风险和感知身体风险）。本节将从在线评论的不一致性和共享住宿的产品属性两个方面来进一步讨论。

（一）评论不一致性对感知风险的差异化影响

在线评论指人人皆可查看的用户在网站上发表的关于共享住宿的所有观点。评论不一致性作为在线评论的重要维度，表示用户对产品评价未达成共识的程度（Chang et al.，2014）。随着 Web 2.0 信息技术的成熟，互联网用户生成内容爆炸式增长，在线评论成为消费者获取产品信息的可靠渠道。当同一产品或品牌出现不同评价时，消费者对产品或品牌会感知到不同程度的风险。一些学者认为，产品评论不一致性越高，消费者感知风险越高。例如，Tang 等（2014）认为评论不一致性向消费者传递了潜在的产品质量风险和购买风险；黄敏学等（2017）发现智能手机的评论不一致性会提高消费者对智能手机的感知风险。但另一些学者却持相反的观点，他们认为产品评论不一致性越高，消费者感知的风险越低，购买意愿越强。例如，Sun（2011）认为评论不一致性越高，越代表此产品是种利基产品，消费者会因为利基产品表现出的独特利益而产生更强的购买意愿。学者们对产品评论不一致性如何影响感知风险有对立的观点，很大可能是因为这些研究将感知风险视为单一维度的概念。深入分析产品评论不一致性对不同维度风险的差异化影响，或许能解释现有研究的矛盾之处。

在共享住宿消费情境中，当消费者进行线上预订时，一方面，某些与房源质量（如卫生条件、安全设施）相关的不一致评论会让消费者难以正确评估房源的好坏，放大不确定性，由此提高与房源质量紧密相关的感知功能风险和感知身体风险；另一方面，某些与房源特色（如装修风格、娱乐项目）相关的不一致评论会激发消费者对这些房源独特性的感知，并通过选择这些独具特色的房源来满足自身彰显形象、提升社会声誉的需求，从而起到降低感知社会风险的作用。Cheema 和 Kaikati（2010）发现部分消费者为了与常人有所区别，往往更偏好具有独特性的产品，因为流于大众的产品会使他们认为自己的个性被弱化，感知更高水平的社会风险。此外，独特性需求理论也认为，即使个体具有遵守大众化社会规范以避免冲突的需求，也有寻求差异和展现个性的愿望（Snyder and Fromkin，1977），他们并不愿意与别人形成高度的相似性。因此，消费者通常会选择在房源特色方面具有差异化评价的共享住宿产品来彰显其身份地位，从而降低感知社会风险。

综上，为进一步解释在线评论对不同维度感知风险的不同影响，从评论不一致性的视角，提出以下假设。

H1：共享住宿产品的评论不一致性对消费者的不同感知风险维度存在差异化影响。

H1a：共享住宿产品评论不一致性越高，消费者的感知功能风险水平越高。

H1b：共享住宿产品评论不一致性越高，消费者的感知身体风险水平越高。

H1c：共享住宿产品评论不一致性越高，消费者的感知社会风险水平越低。

（二）共享住宿产品属性对评论不一致性与感知风险关系的调节效应

产品由一系列属性组成（Kim and Chhajed，2002），在线评论一般会涉及消费者对各种产品属性的评价。根据消费者对产品属性的偏好标准一致与否，学者们将产品属性划分为垂直属性（偏好标准一致）和水平属性（偏好标准不一致）（Sun，2011；Wattal et al.，2009）。对不同属性评论的不一致性往往会对消费者的感知风险水平及其行为意愿产生不同影响。例如，黄敏学等（2017）认为当与垂直属性相关的评论不一致性越高时，消费者的感知风险水平越高，并由此弱化了购买意愿；而当与水平属性相关的评论不一致性越高时，往往会由于激发了消费者的独特性感知，反而越能增强消费者的购买意愿。张巍等（2019）在对网络商品四种不同属性（质量、包装、物流配送、价格）的评论研究中，通过眼动实验证实不同属性评论的不一致性会对消费者的感知风险产生差异化影响。

就共享住宿而言，垂直属性是指消费者存在统一偏好标准的共享住宿产品属性，如共享住宿房源的卫生条件、安全设施等，也被称为质量属性。共享住宿产品垂直属性的评论不一致，将使消费者在诸如"品质"与"安全"这种有着统一偏好标准的产品特质层面产生更多的不确定感，即感知到更高水平的与共享住宿产品质量直接相关的功能风险和身体风险。

然而，在产品的水平属性上消费者并没有统一的偏好，他们往往会因个人偏好和感知差异而产生不同的评判标准。水平属性也称为匹配属性，在共享住宿情境中是指房源在装修风格、娱乐项目等方面能够体现个性化特征并为不同消费者所偏好的产品属性。共享住宿产品水平属性的评论不一致通常不会直接影响消费者对房源质量、住宿功能的判断，因而并不会影响感知功能风险和感知身体风险，但会通过增加时间投入成本、独特性感知来降低感知社会风险：一方面，消费者会思考水平属性评论不一致的具体原因，从而增加投入时间、提高关注度，并逐步构建自己与共享住宿产品之间的紧密联系，加强自我形象与共享住宿产品之间的联结，最终降低了感知社会风险；另一方面，水平属性评论的不一致往往会由于没有统一评判标准，从而激发消费者对这些共享住宿产品的独特性感知。已有研究认为，"避免与他人雷同"是人们用以维护和改善自身"面子"的重要途径（王长征和崔楠，2011），所以消费者通过选择独特性较高的共享住宿产品以满足塑造自我形象的需求，此时的评论不一致性便起到了降低感知社会风险的作用。

综上，从共享住宿产品属性（垂直属性和水平属性）出发，提出以下假设。

H2：共享住宿产品属性调节评论不一致性对消费者不同感知风险维度的影响。

H2a：与共享住宿产品垂直属性相关的评论不一致性越高，越能激发消费者对功能风险的感知。

H2b：与共享住宿产品垂直属性相关的评论不一致性越高，越能激发消费者对身体风险的感知。

H2c：与共享住宿产品水平属性相关的评论不一致性越高，越能抑制消费者对社会风险的感知。

由此，基于上一节的研究，提出评论不一致性对不同感知风险维度存在不同影响，并且这种影响受共享住宿产品属性的调节（见图6-3）。

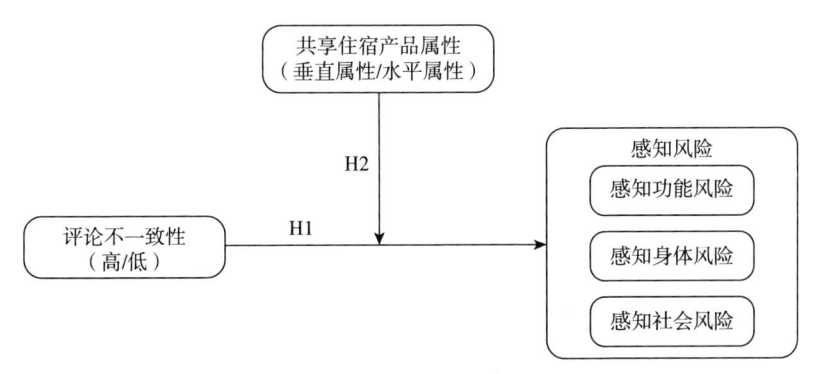

图6-3 在线评论的不一致性对感知风险的影响受产品属性的调节

（三）实验设计

1. 前测实验一

前测实验一的目的在于确定正式实验所需的具体共享住宿产品属性（即垂直属性和水平属性），包括三个步骤。首先，依据现有研究中与共享住宿产品评论相关的定性分析提取出消费者选择共享住宿所关注的产品属性（见表6-9）。通过对现有文献的梳理，初步确定卫生条件、安全设施、地理位置、服务质量、主客互动、装修风格、文化风情和娱乐项目为消费者在选择共享住宿产品时更为看重的8个属性。

表6-9 共享住宿产品关键属性

对象	关键属性提取	参考文献
途家爱彼迎	周边、主客互动、交通、设施保障、满意度、舒适性、卫生条件、性价比、服务态度、服务项目、装修风格、室内环境、家庭硬件	蒋乾等（2022）
小猪	设施卫生、交通便利、房间硬件、交互、总体感觉和床上用品	池毛毛等（2021）
携程	设施要素、客房寝具、硬件总体评价、设备要素、服务态度、服务项目、服务质量、文化风情、娱乐设施与项目、卫生舒适、位置、价格	房孟春和曲颖（2018）
爱彼迎	价格实惠性、环境优越性、服务友好性、设施舒适性、住宿保障性、类家性、互动性、原真性	卢长宝和林嗣杰（2018）
爱彼迎	位置、设施、房东服务、专业技能、主客互动	Cheng和Jin（2019）
爱彼迎	服务质量（即时沟通、需求响应、入住流程）、设施安全、地理位置、主客互动、居住环境	Tussyadiah和Zach（2017）

资料来源：笔者整理。

其次，邀请3名硕士研究生和1名博士研究生依据垂直属性和水平属性的定义对以上8个属性进行分类，确定出垂直属性包含卫生条件、安全设施、地理位置和服务质量，水平属性包含主客互动、装修风格、文化风情和娱乐项目。

最后，设计共享住宿产品垂直属性和水平属性的重要程度排序问卷（各个属性随机排序），随机邀请了58名被试来选择其预订共享住宿房源时更看重的垂直属性和水平属性。根据被选频次最终确定出垂直属性的代表为卫生条件（$N=51$）和安全设施（$N=49$），水平属性的代表为装修风格（$N=55$）和娱乐项目（$N=49$）。

2. 前测实验二

前测实验二旨在对最终确定的 4 个共享住宿产品属性是否属于垂直属性或水平属性以及 4 个共享住宿产品属性对应的评论不一致性高低程度进行检验。其中，垂直属性、水平属性检验的具体操作步骤如下。第一，使用语义差别量表测量产品属性类别，数字从"1"到"7"表示人们在选择共享住宿产品时，对某属性偏好标准的一致程度从低到高的变化。分值越高，越代表被试认为该属性为垂直属性；分值越低，越代表被试认为该属性为水平属性。随后，随机邀请 46 名被试，对以上 4 个属性在被试心目中是否属于垂直属性或水平属性进行判断。第二，使用李克特 7 级量表测量评论不一致性的高低，数字从"1"到"7"分别表示"完全反对""反对""有些反对""中立""有些同意""同意""完全同意"。分值越高，代表被试认为评论不一致性越高；分值越低，代表被试认为评论不一致性越低。随后，随机邀请 46 名被试，对以上共享住宿产品属性评论的感知不一致性进行判断。

前测结果显示，面对评论不一致性高的评分分布图和具体评论，被试感知到了更高的评论不一致性（$M_{不一致性高}=4.67$），而且更认可"大家对这个共享住宿产品评价不同"的观点；面对评论不一致性低的评分分布图和具体评论，被试感知到了更低的评论不一致性（即 $M_{不一致性低}=2.07$），也更不同意"大家对这个共享住宿产品评价不同"的观点。对于垂直属性，被试认为不同个体对这些属性的偏好标准更为统一（即 $M_{卫生条件}=5.14$；$M_{安全设施}=5.00$）；对于水平属性，被试认为不同个体对这些属性的看法通常没有统一标准（即 $M_{装修风格}=2.80$；$M_{娱乐项目}=3.18$）。前测实验对共享住宿产品垂直属性、水平属性和评论不一致性高低的检验成功，可以进行正式实验。

3. 正式实验

正式实验采用 2（评论不一致性高 vs. 评论不一致性低）×2（共享住宿产品垂直属性 vs. 共享住宿产品水平属性）的组间设计，验证 H1 和 H2。正式实验步骤如下。

首先，进行实验情境操控设计。依据实验目的，设计垂直属性评论不一致性高组、垂直属性评论不一致性低组、水平属性评论不一致性高组和水平属性评论不一致性低组共四组实验材料。在控制了地理位置、出游地点、出游同伴、评论时间和评论渠道等干扰因素的基础上，仅对每组被试展示两幅评分分布图（由前测实验确定的"卫生条件、安全设施"和"装修风格、娱乐项目"）与四条真实评论内容。同时，研究参考黄敏学等（2017）的实验操控方法：针对评分分布图，将各组评分都控制在一个中位偏高的分值，即 3.8 分（满分 5 分）；针对评论内容，先从途家网选择一条正向评论，再根据实验需求，按照评分分布，尽可能排除语言表述、情感倾向等其他因素的影响，设计评论内容。最后形成四组实验材料。如图所示，图 6-4 为垂直属性评论不一致性高组的实验材料，图 6-5 为垂直

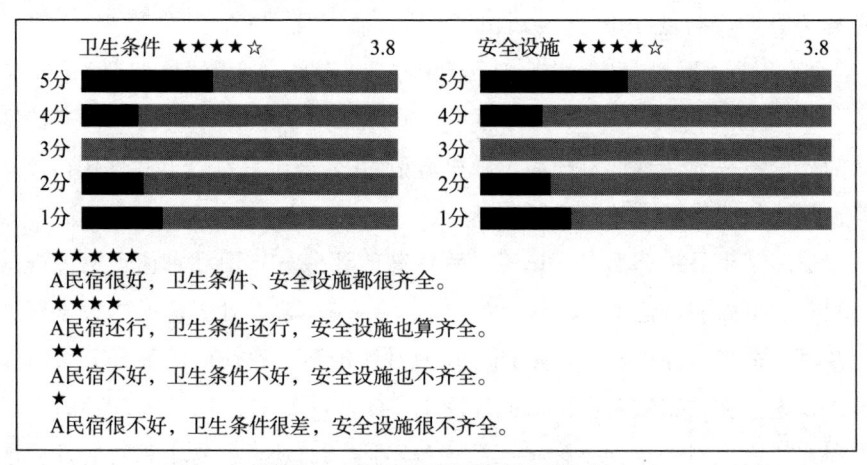

| 卫生条件 ★★★★☆ | 3.8 | 安全设施 ★★★★☆ | 3.8 |

5分
4分
3分
2分
1分

★★★★★
A民宿很好，卫生条件、安全设施都很齐全。
★★★★
A民宿还行，卫生条件还行，安全设施也算齐全。
★★
A民宿不好，卫生条件不好，安全设施也不齐全。
★
A民宿很不好，卫生条件很差，安全设施很不齐全。

图 6-4　高垂直属性评论评分分布

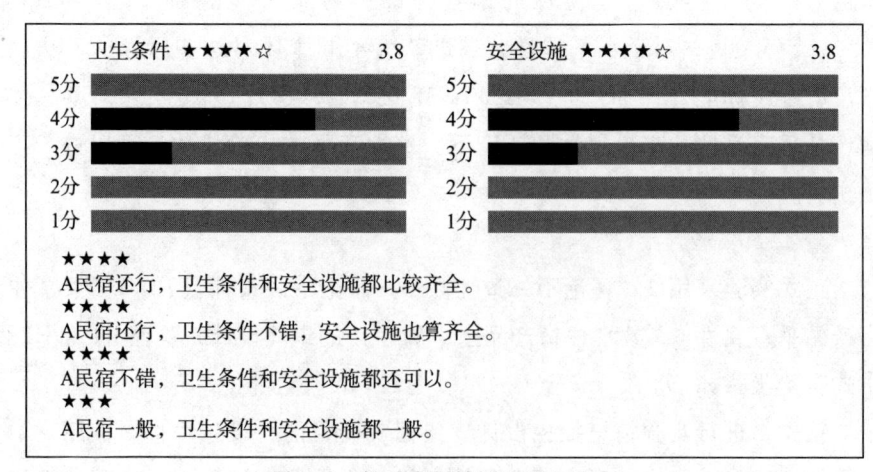

| 卫生条件 ★★★★☆ | 3.8 | 安全设施 ★★★★☆ | 3.8 |

5分
4分
3分
2分
1分

★★★★
A民宿还行，卫生条件和安全设施都比较齐全。
★★★★
A民宿还行，卫生条件不错，安全设施也算齐全。
★★★★
A民宿不错，卫生条件和安全设施都还可以。
★★★
A民宿一般，卫生条件和安全设施都一般。

图 6-5　低垂直属性评论评分分布

属性评论不一致性低组的实验材料，图 6-6 为水平属性评论不一致性高组的实验材料，图 6-7 为水平属性评论不一致性低组的实验材料。

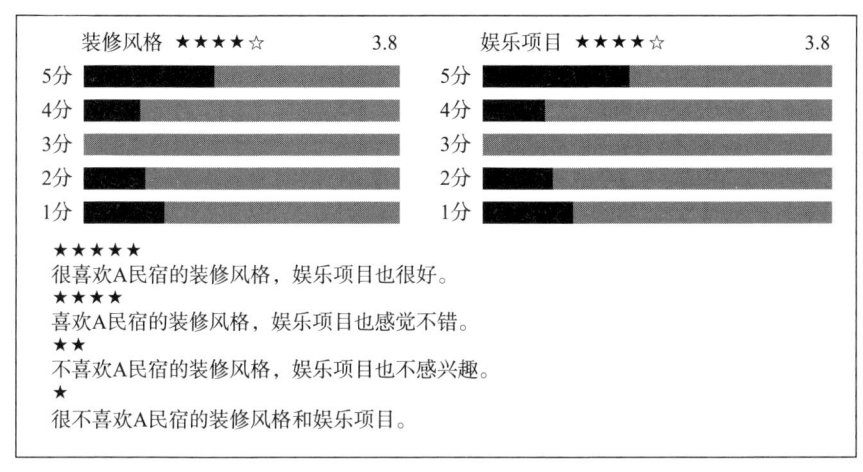

```
装修风格 ★★★★☆    3.8        娱乐项目 ★★★★☆    3.8
5分 ██████                      5分 ██████
4分 ██                          4分
3分                             3分
2分 ██                          2分
1分 ██                          1分 ██
★★★★★
很喜欢A民宿的装修风格，娱乐项目也很好。
★★★★
喜欢A民宿的装修风格，娱乐项目也感觉不错。
★★
不喜欢A民宿的装修风格，娱乐项目也不感兴趣。
★
很不喜欢A民宿的装修风格和娱乐项目。
```

图 6-6　高水平属性评论评分分布

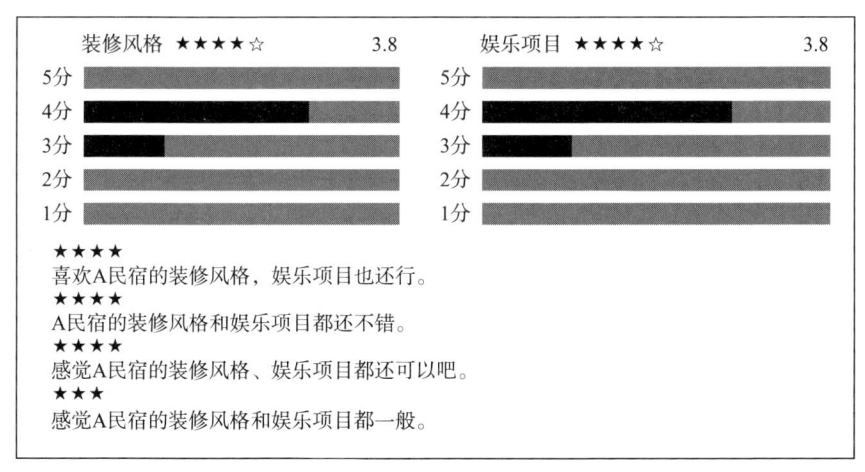

```
装修风格 ★★★★☆    3.8        娱乐项目 ★★★★☆    3.8
5分                             5分
4分 ████████                    4分 ████████
3分 ██                          3分
2分                             2分
1分                             1分
★★★★
喜欢A民宿的装修风格，娱乐项目也还行。
★★★★
A民宿的装修风格和娱乐项目都还不错。
★★★★
感觉A民宿的装修风格、娱乐项目都还可以吧。
★★★
感觉A民宿的装修风格和娱乐项目都一般。
```

图 6-7　低水平属性评论评分分布

其次，形成正式实验材料。正式材料主要由四部分构成。第一部分是导语，告知被试研究目的并请其仔细阅读实验情景；第二部分是设计的实验情景，包含各种情景所对应的评分分布图、具体评论，并对情景中涉及的产品属性进行说明。第三部分是正式问项，延续使用上一节中与在线评论相关的三种风险维度及其测量题项，先是对消费者的感知功能风险、感知身体风险和感知社会风险水平进行测量，然后对感知评论不一致性的高低程度进行判断。需要说明的是，本次实验为了减少共同方法偏差，并未按照变量间的因果关系顺序来测量，而且还将评论不一致性的测量放在感知风险之后。第四部分则是对被试的年龄、性别、学历等基本情况进行调查。

最后，正式实验的数据收集借助专业问卷调查平台 Credamo 完成。首先，利用平台的流程控制功能，将四组调查问卷随机发放给 238 名被试，并在被试填写完问卷之后给予相应报酬。随后，拒绝和剔除答案一致、作答时间低于 100 秒以及明显错答、乱答的 36 份问卷后，共收获有效实验数据 202 份。四组实验有效被试数如表 6-10 所示。

表 6-10 组间因子设计实验各组有效被试数

分组	有效被试数（人）
垂直属性评论不一致性高组	50
垂直属性评论不一致性低组	51
水平属性评论不一致性高组	50
水平属性评论不一致性低组	51

（四）数据分析

1. 样本的描述性统计分析

202 位有效被试的基本信息如下。①性别：男性占比 44.06%，女性占比 55.94%，分布合理；②年龄：18～30 岁占比 69.80%，呈年轻化特征；③学历：本科、硕士及以上者占比 89.61%，教育水平整体较高；④职业：主要由在校学生、企事业单位员工构成，分别占比 38.12% 和 47.52%（见表 6-11）。被试的人口统计信息特征分布与《中国共享住宿发展报告》提出的"我国共享住宿活跃主体为'80 后'和'90 后'等千禧一代""18～30 岁房客占比超 70%"的观点一致。

表 6-11 样本的描述性统计分析

样本特征	分类标准	人数（人）	占比（%）
性别	男	89	44.06
	女	113	55.94

续表

样本特征	分类标准	人数（人）	占比（%）
年龄	18~25 岁	86	42.57
	26~30 岁	55	27.23
	31~40 岁	43	21.29
	41~50 岁	11	5.45
	51~60 岁	6	2.97
	>60 岁	1	0.50
学历	高中及以下	4	1.98
	专科	17	8.42
	本科	138	68.32
	硕士及以上	43	21.29
职业	在校学生	77	38.12
	个体经营者	5	2.48
	企事业单位员工	96	47.52
	政府职员	12	5.94
	自由职业者	12	5.94

2. 信度和效度检验

信度和效度是对样本数据可靠性、有效性的评估。本研究使用 SPSS 23.0 软件对样本数据进行信度与效度检验。关于信度检验，采用 Cronbach's α 来验证各变量的可靠性，分别对感知功能风险、感知身体风险和感知社会风险进行可靠性分析。如表 6-12 所示，各感知风险变量所对应的 Cronbach's α 均大于 0.7（高信度的最低标准），说明测量信度很好。关于效度检验，采用因子分析来验证测量的效度，对感知功能风险、感知身体风险和感知社会风险一同进行主成分分析。结果显示，Bartlett 球形检验的 KMO 值为 0.839，大于 0.7（$p<0.001$），并且各感知风险变量所对应题项的因子载荷量均大于 0.7，说明测量效度较好。由此，本研究中测量量表的信度和效度再次得到验证，可进行下一步检验。

表 6-12 信度和效度检验结果

变量	题项	因子载荷量	Cronbach's α
感知功能风险（PER）	PER1	0.871	0.878
	PER2	0.797	
	PER3	0.809	
感知身体风险（PHR）	PHR1	0.887	0.914
	PHR2	0.877	
	PHR3	0.883	
	PHR4	0.907	
感知社会风险（SOR）	SOR1	0.894	0.916
	SOR2	0.859	
	SOR3	0.886	

3. 自变量操控检验

进行假设检验之前，需要先对自变量操控的成功与否进行检验。本研究使用单因素方差分析来对评论不一致性进行操控检验，即检验被试在评论不一致性高、评论不一致性低两个维度上的得分是否存在显著差异。检验结果显示，两组被试对评论不一致性感知的得分均值具有显著差异，即评论不一致性高组明显比评论不一致性低组感知到了更高的评论不一致性（$M_{不一致性高}=5.85>M_{不一致性低}=2.34$，$p<0.001$）。因此，实验对评论不一致性的操控成功，可以进行下一步的假设检验。需要说明的是，此处不再对共享住宿产品属性进行检验，原因有三点：①前测实验已经邀请多名研究生依据标准定义对产品属性进行了分类；②前测实验已经通过问卷调查法对卫生条件、安全设施是否属于垂直属性，装修风格、娱乐项目是否属于水平属性进行了检验，并且检验结果与分类一致；③参考黄敏学等（2017）的实验方法，即仅对评论不一致性进行操控的方法，以避免过多题项检验造成对实验的干扰。

4. 假设检验

首先，采用回归分析和单因素方差分析来验证 H1。回归分析的结果如表 6-13 所示，评论不一致性对感知功能风险（H1a，$\beta_1=0.31$，$p<0.001$）和感知身体风险（H1b，$\beta_2=0.21$，$p<0.01$）具有显著的正向影响；对感

知社会风险（H1c，$\beta_3 = -0.18$，$p<0.01$）具有显著的负向影响。可见，评论不一致性越高，越可能激发消费者的感知功能风险和感知身体风险，同时越可能抑制消费者的感知社会风险，即主效应显著。

其次，使用单因素方差分析分别检验评论不一致性的两种水平对不同感知风险维度的影响是否存在显著差异。如表6-14所示，评论不一致性的两种水平对消费者感知功能风险、感知身体风险和感知社会风险的影响具有显著差异（感知功能风险：$M_{不一致性高} = 5.31 > M_{不一致性低} = 4.70$，$F = 20.28$，$p<0.001$；感知身体风险：$M_{不一致性高} = 4.06 > M_{不一致性低} = 3.47$，$F = 11.47$，$p<0.001$；感知社会风险：$M_{不一致性高} = 2.54 < M_{不一致性低} = 2.87$，$F = 4.19$，$p<0.05$）。综上所述，H1a、H1b、H1c成立。

表6-13 评论不一致性对各感知风险维度的影响检验

假设	标准化系数	t	p	显著性
H1a：评论不一致性→感知功能风险	0.31	4.57	p<0.001	显著
H1b：评论不一致性→感知身体风险	0.21	3.02	p<0.01	显著
H1c：评论不一致性→感知社会风险	-0.18	-2.61	p<0.01	显著

表6-14 两种评论不一致性水平下各感知风险维度的差异性检验

因变量	评论不一致性	均值	标准偏差	F	p
感知功能风险	高	5.31	0.82	20.28	p<0.001
	低	4.70	1.10		
感知身体风险	高	4.06	1.34	11.47	p<0.001
	低	3.47	1.16		
感知社会风险	高	2.54	1.09	4.19	p<0.05
	低	2.87	1.19		

最后，检验共享住宿产品属性对评论不一致性与感知风险关系的调节效应。参考温忠麟等（2005）的交互效应检验方法，将评论不一致性高组设置为1（将评论不一致性低组设置为0），将共享住宿产品水平属性组设置为1（将共享住宿产品垂直属性组设置为0），进行双因素方差分析。检验结果表明，评论不一致性对感知功能风险、感知身体风险和感知社会风险具有显著影响，并且共享住宿产品属性会调节评论不一致性对不同感知

风险维度的影响,即评论不一致性和共享住宿产品属性对不同感知风险维度具有显著的交互效应。

对消费者感知功能风险而言,评论不一致性越高,其感知功能风险越高($F=20.97$,$p<0.001$),并且评论不一致性和产品属性对感知功能风险存在显著的交互效应($F=8.25$,$p<0.01$),二者的具体交互作用如表6-15和图6-8所示。共享住宿产品垂直属性评论不一致性越高,消费者感知功能风险越高($M_{不一致性高}=5.56>M_{不一致性低}=4.56$);共享住宿产品水平属性评论不一致性越高,消费者感知功能风险也越高($M_{不一致性高}=5.07>M_{不一致性低}=4.84$);相比于共享住宿产品水平功能属性,当消费者面临共享住宿产品垂直属性相关的评论不一致性时,其感知功能风险更高($M_{垂直属性评论不一致性高}=5.56>M_{水平属性评论不一致性高}=5.07$)。

表6-15 评论不一致性与共享住宿产品属性对感知功能风险的影响

来源	Ⅲ类平方和	df	MS	F
修正的模型	27.34	3	9.11	9.93***
截距	5059.01	1	5059.01	5514.00***
评论不一致性	19.24	1	19.24	20.97***
产品属性	0.57	1	0.57	0.62
评论不一致性×产品属性	7.57	1	7.57	8.25**
误差	181.66	198	0.92	
总计	5262.33	202		
校正的总计	208.99	201		

注:* 表示 $p<0.05$;** 表示 $p<0.01$;*** 表示 $p<0.001$。

对消费者感知身体风险而言,评论不一致性越高,其感知身体风险越高($F=12.64$,$p<0.001$),并且评论不一致性和属性评论对感知身体风险存在显著的交互效应($F=11.61$,$p<0.001$),二者的具体交互作用如表6-16和图6-8所示。共享住宿产品垂直属性评论不一致越高,消费者感知身体风险越高($M_{不一致性高}=4.62>M_{不一致性低}=3.47$);同样,共享住宿产品水平属性评论不一致性越高,消费者感知身体风险越高($M_{不一致性高}=3.51>M_{不一致性低}=3.48$);相比于共享住宿产品水平属性,当消费者面对共享住宿产品垂直属性相关的评论不一致性时,其感知身体风险更高($M_{垂直属性评论不一致性高}=4.62>M_{水平属性评论不一致性高}=3.51$)。

表6-16 评论不一致性与共享住宿产品属性对感知身体风险的影响

来源	Ⅲ类平方和	df	MS	F
修正的模型	48.63	3	16.21	11.68***
截距	2867.33	1	2867.33	2065.80***
评论不一致性	17.55	1	17.55	12.64***
产品属性	15.28	1	15.28	11.01***
评论不一致性×产品属性	16.11	1	16.11	11.61***
误差	274.82	198	1.39	
总计	3186.63	202		
校正的总计	323.46	201		

注:* 表示 $p<0.05$;** 表示 $p<0.01$;*** 表示 $p<0.001$。

对消费者感知社会风险而言,评论不一致性越高,其感知社会风险越低($F=4.47$,$p<0.05$),并且评论不一致性和属性评论对感知社会风险存在显著的交互效应($F=15.21$,$p<0.001$),二者的具体交互作用如表6-17和图6-8所示。共享住宿产品垂直属性评论不一致性越高,消费者感知社会风险越高($M_{不一致性高}=2.85>M_{不一致性低}=2.57$);共享住宿产品水平属性评论不一致性越高,消费者感知社会风险越低($M_{不一致性高}=2.23<M_{不一致性低}=3.17$);共享住宿产品水平属性评论不一致性对消费者感知社会风险的抑制效应,明显强于共享住宿产品垂直属性评论不一致性对消费者感知社会风险的增强效应。

表6-17 评论不一致性与共享住宿产品属性对感知社会风险的影响

来源	Ⅲ类平方和	df	MS	F
修正的模型	24.10	3	8.03	6.56***
截距	1477.50	1	1477.50	1206.51***
评论不一致性	5.48	1	5.48	4.47*
产品属性	0.02	1	0.02	0.01
评论不一致性×产品属性	18.62	1	18.62	15.21***

续表

来源	III类平方和	df	MS	F
误差	242.47	198	1.23	
总计	1746.00	202		
校正的总计	266.57	201		

注：* 表示 $p<0.05$；** 表示 $p<0.01$；*** 表示 $p<0.001$。

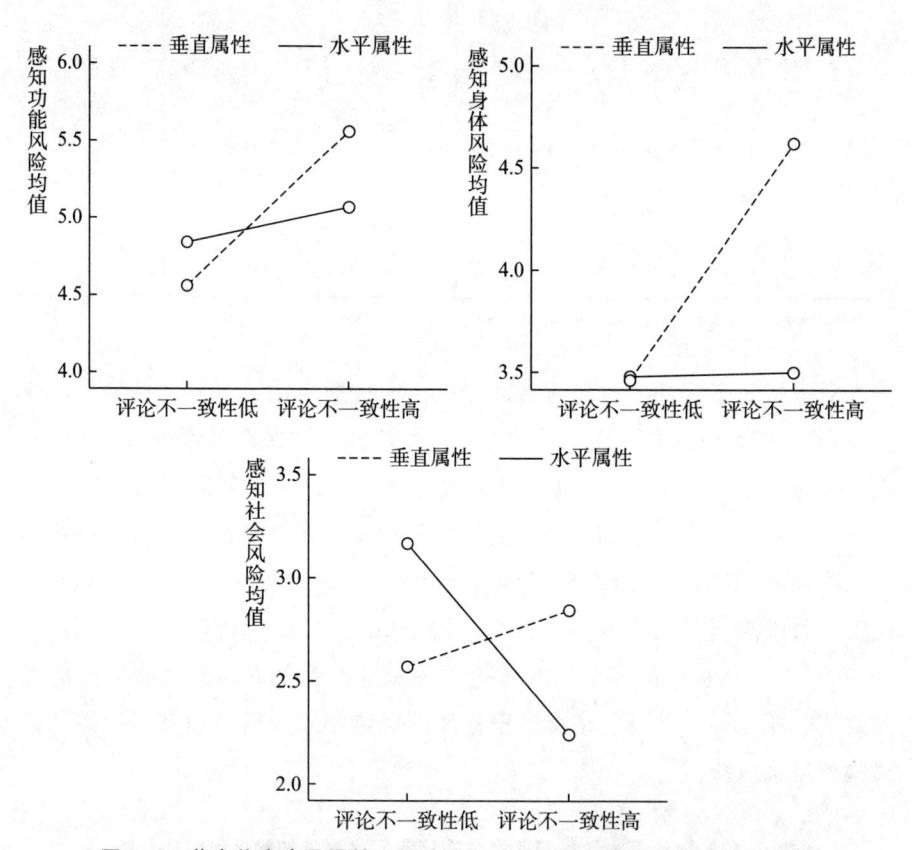

图 6-8 共享住宿产品属性和评论不一致性对不同风险维度的交互影响

总之，当与共享住宿产品垂直属性相关的评论不一致性越高时，消费者感知功能风险和身体风险水平越高；当与共享住宿产品水平属性相关的评论不一致性越高时，消费者感知社会风险水平越低；共享住宿产品属性调节评论不一致性对消费者不同感知风险维度的影响（见表6-18），H2a、H2b、H2c 成立。

表 6-18　共享住宿产品属性和评论不一致性对不同风险维度的交互效应

因变量	垂直属性		水平属性		交互效应	
	评论不一致性高（N=50）	评论不一致性低（N=51）	评论不一致性高（N=50）	评论不一致性低（N=51）	F	p
	均值	均值	均值	均值	A×B	A×B
感知功能风险	5.56	4.56	5.07	4.84	8.25	**
感知身体风险	4.62	3.47	3.51	3.48	11.61	***
感知社会风险	2.85	2.57	2.23	3.17	15.21	***

注：* 表示 $p<0.05$；** 表示 $p<0.01$；*** 表示 $p<0.001$。

（五）结果讨论

基于上一节的研究结论，本节通过实验研究进一步证实：评论不一致性对消费者不同感知风险维度产生差异化影响，并且共享住宿产品属性会调节评论不一致性对不同风险维度的影响，即评论不一致性和共享住宿产品属性对不同风险维度具有显著的交互效应。

首先，评论不一致性会对消费者不同维度的感知风险产生不同的影响。一方面，共享住宿产品评论不一致性会激发消费者对功能风险（$\beta_1=0.31$，$p<0.001$）和身体风险的感知（$\beta_2=0.21$，$p<0.01$）。根据本研究对感知功能风险与感知身体风险的操作性定义，这两种风险维度与房源设施质量属性、住宿安全属性相关，消费者对这些属性通常有比较统一的标准和约定俗成的评判思维，如果其他消费者对房源质量、住宿安全等给出了不一致性较高的评价，那么消费者会感知到更高水平的功能风险和身体风险。另一方面，共享住宿产品评论不一致性会抑制消费者对社会风险的感知（$\beta_3=-0.18$，$p<0.01$）。与消费者感知功能风险和身体风险相比，感知社会风险与房源质量和住宿安全的直接关联性较弱，却与选择该住宿是否改善或损坏自身形象密切相关。如果其他消费者给出不一致性较高的评价，消费者在感知到更高功能风险和身体风险的同时，也会在房源特色或风格的层面去思考评论为何不一致。思考时间越长，越易提升关注度和感知独特性，而保持独特和避免雷同作为消费者维护"面子"的途径，降低了其对社会风险的感知。

其次，共享住宿产品属性对在线评论不一致性与感知风险的关系具有调节作用，即评论不一致性和共享住宿产品属性对不同感知风险维度具有显著的交互效应（感知功能风险：$F = 8.25$，$p<0.01$；感知身体风险：$F = 11.61$，$p<0.001$；感知社会风险：$F = 15.21$，$p<0.001$）。一方面，与共享住宿产品垂直属性相关的评论不一致性越高，越能激发消费者对功能风险和身体风险的感知。这是因为垂直属性与共享住宿产品质量和安全等因素紧密相关，并且不同消费者对此往往具有统一偏好标准，当此类评论存在不一致性时，消费者便难以从产品服务质量层面清晰判别该共享住宿的好坏，消费者个体对共享住宿产品服务的现有认知体系也会受到威胁，因而会产生较高的失调感和不确定感，并最终感知到更高水平的功能风险和身体风险。另一方面，与共享住宿产品水平属性相关的评论不一致性越高，越能抑制消费者对社会风险的感知。这是因为水平属性常与共享住宿产品特色相关，并且不同消费者对其偏好也不同。当此类评论的不一致性较高时，消费者通常会进一步探索到底是怎样的个性化特征让其他消费者做出了不同的评价。随着探索时间的增加，消费者与共享住宿产品之间的联结将更加紧密，并且消费者会通过选择更具独特性的共享住宿产品来满足自身形象塑造的需求，所以此时的评论不一致性往往能有效降低消费者对社会风险的感知。此外，虽然垂直属性的评论不一致性在一定程度上增加了消费者对社会风险的感知，但其增加效应弱于水平属性评论不一致性对感知社会风险的抑制效应，因此共享住宿产品评论不一致性对感知社会风险的整体影响表现为负向消极的影响。

综上，在线评论不一致性的高、低两个水平和共享住宿产品的垂直、水平两类属性对感知功能风险、感知身体风险和感知社会风险有不同的效应，也正是评论不一致性和产品属性之间的交互效应，合理解释了上一节研究中关于在线评论如何影响感知风险的假设推导与实证结果不一致的原因。

第七章　共享住宿中的消费者心理所有权研究

第六章讨论了共享住宿中的消费者感知风险，本章将视角转向消费者在共享住宿消费中形成的与目标物的情感联系之一——消费者对共享住宿的心理所有权（psychological ownership）。心理所有权是一种个体感觉目标或目标的一部分是"他们的"这样一种心理状态。协同消费的典型特征之一是基于使用权的分享，通过提供临时的使用权替代了对某一物体的永久所有权，这种非所有权的临时占有阻碍了消费者与目标物的情感联系。在共享住宿中这种不以拥有为目的的临时占有，往往会导致消费者在共享住宿消费中产生浪费、破坏、偷盗等不道德行为（Bardhi and Eckhardt，2012；卢东等，2016）。但是，当消费者对共享住宿产生心理所有权后会产生保护及责任行为，恰恰为避免共享住宿消费中的不道德行为提供了方法和途径。

本章聚焦共享住宿中的消费者心理所有权，首先以心理所有权理论为基础，分析心理所有权的产生路径与结果，结合共享住宿特征，提出适应于共享住宿情境下的心理所有权影响因素及效应模型，建立了消费者共享住宿心理所有权理论模型，即自主权、自我一致性、服务互动促使心理所有权的产生，心理所有权导致再惠顾意愿和顾客公民行为，采用问卷调查的方式收集数据并对理论模型进行验证分析。最后通过网络爬虫技术爬取途家民宿平台六个城市60家民宿的评论内容，采用无监督学习——K-means算法对预处理后的评论文本进行聚类，获得共享住宿心理所有权的具体建构措施。

第一节 心理所有权理论

(一) 心理所有权的概念内涵

Pierce 等 (2001) 将所有权的心理体验定义为心理所有权。心理所有权作为一种心理意识，是一个个体感觉目标或者目标的一部分是"自己的"（即"它是我的"）这样一种状态，包含情感和认知两种成分，其核心是对目标的拥有感，反映个体与目标紧密相连的一种关系 (Pierce et al., 2003)。

心理所有权研究最早出现在组织员工所有权模型中，即员工所有权包含正式所有权与心理所有权，正式所有权通过心理所有权影响其对组织的态度或行为 (Pierce et al., 1991)，自此，心理所有权成为探究员工态度及行为形成机制的一个重要内在变量。理解心理所有权这一概念的起点便是确定它的目标 (Avey et al., 2009)。随着心理所有权的研究日益丰富，除了组织以外，学者们又将目标拓展到餐厅 (Asatryan and Oh, 2008)、产品及品牌、旅游目的地 (Kumar and Nayak, 2019; Zhang and Xu, 2019)，甚至是无形的创意及知识、虚拟社区等。当人们对目标产生了心理所有权之后，便在他们自己与目标之间产生了联系。

(二) 心理所有权的动机与路径

心理所有权动机回答了"为什么会产生心理所有权"。效能感、自我认同和空间感作为心理所有权的动机，刺激了心理所有权的产生。其中，效能感是关于自我能力的信念 (寇燕等, 2018)。所有权感与个体效能的需求密不可分，控制自我行为的自由会导致自我效能感，也会促使产生对特定任务及过程的心理所有权 (Avey et al., 2009)。由于对客体的拥有使得个体能随心所欲地对其施加影响和控制，因此，拥有这一行为也是效能动机的表现形式之一 (Pierce et al., 2003)。自我认同是指个体对自我一致性和连续性的感知，包括自我形象的各个方面 (寇燕等, 2018)。所有物往往是个体的象征性表达，甚至成为延伸自我的一部分，帮助个体自我定义，向他人展示自我，以及在长时间里保持自我的连续性，因此所有物、自我认同、个体之间存在紧密的联系（Pierce et al.，2003）。空间感是人类的基本需求之一。人们的日常活动均围绕某一固定空间展开，以此来获取安全感（寇燕等，2018）。家便是这种空间感需求的最基本表现，它是个人领土的核心，是人们构建自我生活的首选空间和固定参考点。抽象来说，在众多所有物中，人们会找到一个"自己的"、熟悉的、安全的特定空间，所以，心理所有权的动机在于拥有一个"家"，一个属于自己的空间（Pierce et al.，2003）。

心理所有权的产生路径回答了"如何产生心理所有权"。在心理所有权动机基础上，学者们指出控制目标、亲密了解目标、自我投入目标是促进心理所有权产生的三条路径。首先，当个体控制、操纵或是影响物体时，个体更能感知到这个物体是自我的一部分，而不是单纯的毫无意义的物体。其次，个体掌握目标物的相关信息越多，对目标物了解得越全面彻底，便越会在自我与目标物之间构建更加紧密的联系。最后，个体对目标投入时间、精力、资源，甚至是价值观和自我信念，会让个体认为目标是"自己的"，其中，个体对目标自我投入最明显且有力的方式便是创造它（Franke et al.，2010）。

（三）心理所有权的效应

当心理所有权产生后，个体与目标或目标相关客体会产生紧密联系，从而带来态度及行为结果。在组织领域的研究中，当个体对组织产生心理所有权后，心理所有权的影响效应根据对象的不同可划分为对工作的影响和对所在组织的影响。在市场营销领域，Jussila等（2015）将心理所有权的结果概括为动机结果、态度结果、行为结果。其中，动机结果包括效能感、自我认同和空间感，态度结果包括满意度、支付意愿、责任感等，行为结果包括顾客公民行为和顾客忠诚行为等。

（四）组织与营销领域的心理所有权

在组织及营销领域，心理所有权成为解释物我关系心理机制的重要中介变量，它对个体态度以及行为意向存在积极影响。学者们基于心理所有权的动机及产生路径对心理所有权的影响因素进行了广泛探讨，也分析了心理所有权对态度及行为的影响效应。

1. 心理所有权的影响因素

（1）基于控制目标的影响因素

实际控制和感知控制都有助于心理所有权的产生。触摸是实际控制的重要方式，作为物理上的控制，仅仅通过触摸物品，人们就会产生心理所有权（Lessard-Bonaventure and Chebat, 2015; Peck and Shu, 2009），即使这种触摸是意象上的，也会产生与实际触摸相同的效果（Peck et al., 2013）。Brasel 和 Gips（2014）通过实验研究发现了对于不同类型的产品，消费者在选购时所产生的心理所有权水平不同。相对于鼠标，触摸屏一组中的被试具有更高的心理所有权。控制不限于实体物品，对虚拟世界的感知同样也会产生心理所有权（Lee and Chen, 2014），只是感知控制所产生的心理所有权要弱于实际控制所产生的心理所有权，如 Atasoy 和 Morewedge（2018）的实验研究发现，相较于虚拟的数字产品，人们对实体产品能够感知到更多的控制感，进而会产生更高的心理所有权。

（2）基于亲密了解目标的影响因素

社会互动、持续时间以及试用等有助于强化对目标客体的理解和关系建立，从而促进心理所有权的产生。在线品牌社群的类社会互动提高了成员对社群的心理所有权。类社会互动指品牌社群中的成员通过浏览品牌账号，实时了解更新的品牌介绍、品牌理念、品牌活动等各类信息。在类社会互动中，这种品牌信息的单向流动使社群成员更加了解和熟悉品牌。贺爱忠和易婧莹（2019）的研究证实这种类社会互动对于社群成员形成该品牌的心理所有权有着重要的促进作用。此外，社群成员在社群中的持续时间可以反映其对社群的熟悉了解程度，成员的持续时间越长，对社群的了解程度越深，其对社群的心理所有权也就越高（Lee and Suh, 2015）。新产品试用是企业在推广新产品时常用的线下营销手段，通过试用，让消费者在视觉、嗅觉和触觉方面感知新产品，获取新产品信息，增强对新产品的熟悉和了解，从而对新产品产生心理所有权。刘建新和范秀成（2020）的研究就证实了新产品试用促进了心理所有权的产生，进而更容易导致消费者冲动购买。

(3) 基于自我投入目标的影响因素

围绕自我投入目标这一路径的影响因素主要包括参与目标或与目标相关的活动。在组织中,员工参与决策制定会对组织产生心理所有权。在营销领域,消费者参与产品设计、产品生产均会产生心理所有权,消费者参与技术设计会认为这是"自己的"技术（Kirk et al., 2015）,参与产品命名活动会认为这是"自己的"品牌（Stoner et al., 2018）,著名的"宜家效应"也是类似的道理。除实体产品外,参与虚拟社区的社会责任活动同样也会对社区产生心理所有权（樊帅等,2017）。

2. 心理所有权的影响效应

当个体对目标产生心理所有权后,就会产生"它是我的"这样一种思想意识。无论这种所有权是真实的还是虚拟的,个体都会努力保护和捍卫（Van Dyne and Pierce, 2004）。现有文献对心理所有权如何影响个体态度及行为进行了大量研究。

(1) 心理所有权对个体态度产生影响

在产品购买决策研究中,对稀缺性产品的心理所有权会降低购买行为的预期后悔、产生购买意愿（刘建新和李东进,2017）；而对价值共创类产品的心理所有权会提高顾客对产品的估值（刘建新和李东进,2017）、产生心理依附（刘建新等,2018）。在国别产品消费研究中,当消费者对国家具有心理所有权时,相较于民族中心主义消费者,其会对国内产品质量的评价更高,而且表现出更强的支付意愿（Gineikiene et al., 2017）。在旅游目的地研究中,目的地心理所有权会使游客产生对旅游地的依恋,这种依恋包含对旅游地的认同与依赖（Zhang and Xu, 2019）,还会导致游客产生重游意愿以及推荐意愿（Kumar and Nayak, 2019）。

(2) 心理所有权对个体行为产生影响

当对组织产生心理所有权时,员工会表现出一系列积极的工作行为（Van Dyne and Pierce, 2004）,如创新行为、建言行为（李燕萍等,2018）；当对线上平台产生心理所有权时,消费者会表现出价值共创互动行为（求助、反馈、人际互动、倡导）（贺爱忠和易婧莹,2019）、对平台的公民行为（Kumar and Nayak, 2019；孟韬和何畅,2019）等。例如,房东在对爱彼迎平台产生心理所有权后会对爱彼迎及其他房东产生更加积极的公民行为,包括会向爱彼迎提供改善平台的建议和自愿帮助解决其他房东工作上的问题等。但心理所有权也并不总是产生积极影响,当个体对目标产生过高的心理所有权时,他可能不愿与别人分享目标客体的所有权,范钧和林东圣(2020)的研究就证实知识心理所有权不利于企业与顾客的知识共创行为。

(五) 共享住宿心理所有权

1. 共享住宿心理所有权的定义

获取一个属于自己的私有空间是产生心理所有权的重要动机,家便是这种空间需求的最基本表现。消费者外出旅居的过程也是远离熟悉的家的过程,此时旅途中的共享住宿成为构筑日常生活的重要空间,消费者与这个空间的人或物发生互动的过程,会促使所入住的共享住宿成为他们"远方的家"。共享住宿区别于传统酒店的重要特征在于能为住客提供真实生活的体验:房东热情真切的服务、能做饭的厨房甚至是房东家里养着的宠物等都会让人有"在自己的家"的感觉(Wang and Hung,2015)。现有文献指出,"家"的利益是消费者选择共享住宿的动机之一。共享住宿提供的"家"的利益为消费者将共享住宿视为"我的家"奠定了客观基础。基于学术研究的论证和商业实践的观察,可以推断共享住宿中的消费者会产生心理所有权。目前,关于共享住宿心理所有权的研究尚不多见,孟韬和何畅(2019)基于社会交换理论,以心理所有权为中介变量,探讨共享住宿中游客与房东的多重互动对游客公民行为倾向的影响,其中多重互动包含网络互动与服务互动。但本章对共享住宿心理所有权的研究更关注线下的住客体验和互动,因此,根据心理所有权理论,结合共享住宿的商业实践,将共享住宿心理所有权定义为顾客将入住的共享住宿视为"自己的"这样一种心理状态,强调自己与共享住宿产生的紧密联系,将其视为自己在远方的"家"。

2. 共享住宿心理所有权的产生路径

消费者入住共享住宿过程中产生或获得的愉悦感、本真体验和社交体验是共享住宿区别于传统住宿的重要消费体验。共享住宿中带来的愉悦感是影响顾客满意的最重要因素（Tussyadiah，2016），在入住过程中，住客与房东及当地居民的互动，会带来本真的旅游体验，而且与他人直接的互动最终会建立起超越经济交换的社会关系（Kim et al.，2015）。基于心理所有权理论中控制目标、亲密了解目标和自我投入目标的三条产生路径，结合共享住宿的特点，本章从自主权、自我一致性和服务互动出发探讨消费者共享住宿心理所有权的产生路径。

（1）自主权

自主权与控制目标紧密相关。自主权具体指按照自己的想法去选择或行动的自由，即人们可以随意决定自己行为的程度（Deci and Ryan，2000）。自主权有利于提高个体的控制感，在高自主权情境下，个体可以感知到对情境的强烈控制，可以自己决定是否参与某些活动（Lunardo and Ponsignon，2020）。在旅游研究领域，Smith（1994）认为如果游客未被允许自主选择活动，那么他们将很难完全放松或是全身心参与娱乐活动。Li 等（2018）认为当游客拥有选择游览景点的自由和感知到对活动的控制时，才会产生更高质量的旅游体验。共享住宿的自主权是指允许住客自由行动的程度，表现为是否可以在共享住宿中做饭、举办聚会、随意进出任何区域等。相对于传统酒店，共享住宿具有非标准化的特征，这意味着共享住宿能赋予住客更大的自主权空间，住客可以在共享住宿中获得更大的活动自由，增强了其对共享住宿的控制感。

（2）自我一致性

自我一致性与亲密了解目标相关，个体感知自我一致性的过程也是个体了解熟悉目标的过程。自我一致性的核心是自我概念，自我概念是指个体如何看待自己，而自我一致性是目标（产品、品牌形象、旅游目的地等）与自我契合的程度（Sirgy and Su，2000）。消费者往往会选择符合自我概念的产品或品牌，从而实现产品或品牌与自我的一致。在共享住宿中，自我一致性指消费者对其所选择的共享住宿符合自我程度的认知和判断，它反映了消费者是"如何看待自己的"。

共享住宿消费是基于共享平台完成的在线交易。作为一种体验式消费产品，消费者在交易前无法准确评估产品或服务质量，其消费决策更多依赖主观判断。在共享住宿消费前的预决策阶段，消费者会主动收集信息，如房间照片、评论内容、地理位置等（徐峰等，2021）。当共享住宿的基础配套设施无较大差异时，消费者往往更倾向于选择符合自己风格的房间。根据社会认同理论，消费者在感知到相似性后会降低不确定性，增加信任（Bae et al.，2017）。在做出消费决策后，消费者又会通过关注所选择共享住宿的积极特征和备选方案的消极特征来降低失调感，进一步加强自我与共享住宿的一致性（Ye and Gawronski，2016）。因此，整个共享住宿消费决策的过程，是消费者认识、了解进而熟悉所选择的共享住宿的过程，也是消费者感知自我一致性的过程。

（3）服务互动

服务互动与自我投入目标相关，互动的过程会不可避免地投入时间、精力、情感等。消费者在服务场景的物理空间与产品、环境、服务人员及其他消费者的互动称为服务互动。服务互动包括三个层面：①消费者与有形或无形物体的互动，如灯光、音乐、内外部设施等；②消费者与服务人员的互动，包括提供服务的过程；③消费者与其他消费者的互动，主要表现为消费者是否会被服务场所中其他消费者的表现、行为、感知等影响（Wu and Liang，2009）。在共享住宿中，住客与所入住房间的互动称为产品互动，包含共享住宿外部环境、内部设施设备等。住客与房东的互动称为主客互动，包括双方聊天、房东提供服务以满足消费者需求等。住客之间的互动称为客客互动，由于房源类型不同，住客之间的互动程度也存在差异。现有研究数据显示，仅有10.45%的住客会倾向于选择与其他住客共享空间（Xie et al.，2020），因此本研究暂不探讨客客互动的情况。

与传统酒店相比，共享住宿中的服务互动更容易促使消费者产生心理所有权。因为共享住宿的服务互动所带来的体验不仅是游客旅游体验的重要组成部分，也越来越成为游客出行的目的（张圆刚等，2019）。此外，共享住宿服务互动的品质更高，频次更多。共享住宿提供了比标准酒店更齐全的家电设施，也为住客提供了与房东深入交流的机会，因此住客在入住过程中更容易获得更高频次的产品互动和主客互动（陈虎等，2020）。同时，共享住宿服务互动需要消费者更多的自我投入。住客在共享住宿入住过程中需投入时间、精力，同时这一过程也是他们走出日常工作生活，寻求"诗意地栖居"的过程（邓勇勇，2019）。在共享住宿的服务互动中，消费者将更为深刻地沉浸于旅游目的地的生活，并通过本真体验，成为逃离日常生活的"另一个我"。

3. 共享住宿心理所有权的影响效应

（1）再惠顾意愿

再惠顾意愿是消费者对共享住宿产生心理所有权后的重要结果。再惠顾意愿是指消费者重复一项活动的可能性（Meng and Cui, 2020）。在旅游管理研究中，再惠顾意愿指游客再次购买旅游服务或再次前往目的地旅游的意愿，受旅游动机和目的地形象（Pratminingsih et al., 2014）、创意体验与记忆（Hung et al., 2019）等因素的影响。心理所有权强调个体与目标在情感上的联系，当消费者对所入住的共享住宿产生心理所有权后，会形成这是"我的家"的认知，所以在旅行结束后，很可能会产生再惠顾意愿。

（2）顾客公民行为

在消费者行为研究中，学者们借鉴组织行为学中的组织公民行为概念，将顾客公民行为定义为顾客在消费过程中产生的角色外的自愿行为，是一种自发的利于企业发展的行为（尹元元和张灿，2020），包括向他人推荐产品、向公司反馈意见、帮助其他顾客等（孙乃娟和郭国庆，2016）。现有研究发现，只要产生心理所有权，就有助于产生利他的顾客公民行为，即使消费者对产品没有实际的所有权。因此，在共享住宿消费中，消费者的共享住宿心理所有权可能也会导致向他人推荐房源、帮助其他房客、支持房东工作等顾客公民行为。

（六）心理所有权研究评述

通过回顾整理心理所有权相关理论发现，现有心理所有权的研究集中在组织行为和产品营销领域，对基于使用的协同消费中的消费者心理所有权还缺乏全面系统的探讨，特别是对共享住宿这一特定场景中住客的心理所有权产生机制和影响效应还未完全探明。鉴于现有研究的不足，本章将深入研究共享住宿心理所有权的产生机制与影响效应，构建共享住宿中的消费者心理所有权模型，通过大规模问卷调查验证模型，并运用评论挖掘技术提出共享住宿心理所有权的构建策略和措施。

第二节 共享住宿中消费者心理所有权的产生与影响

本节将构建和验证消费者共享住宿心理所有权模型，通过大规模问卷调查获取数据，运用结构方程模型验证理论模型，系统考察共享住宿心理所有权的产生机制和影响效应，从心理所有权产生的控制目标、亲密了解目标和自我投入目标三种途径，考察自主权、自我一致性和服务互动对共享住宿心理所有权的影响，并从消费者再惠顾意愿和顾客公民行为两个角度，分析共享住宿心理所有权的效应。

（一）假设发展与模型构建

1. 共享住宿心理所有权的影响因素

心理所有权理论认为心理所有权通过控制目标、亲密了解目标和自我投入目标三种途径产生，因此本研究认为与控制目标相关的自主权、与亲密了解目标相关的自我一致性和与自我投入目标相关的服务互动构成了影响共享住宿心理所有权的主要因素。

（1）自主权对心理所有权的影响

消费者在自主需要被满足的过程中会感受到对外部的控制，这种控制感促使其心理所有权的产生。在组织行为研究中，工作的自主性越强，员工获得的控制感越强，越能产生心理所有权（Pierce et al., 2001）。在品牌营销研究中，如果消费者感知到品牌满足的自主需求越多，其对品牌的心理联结越强（Thomson, 2006）。在在线社区研究中，在线社区的匿名性赋予社区成员更强的自主权，他们可以自由地分享兴趣或观点，从而更有利于心理所有权的产生（Lee and Suh, 2015）。在旅游研究中，获得自主权的游客会根据个人偏好自由选择旅游目的地及相关活动项目，并在目的地中获得更强的沉浸感（Lunardo and Ponsignon, 2020）。在共享住宿中，住客若被给予较强的自主权，如满足住客在房间做饭、聚会甚至携宠入住等个性化需求，以及允许住客自由出入共享住宿各区域，自由使用共享住宿内的各种设施设备，那么他们可能会感知到对陌生环境有更多的控制，获得像在自己家里一样的自由，进而对该共享住宿产生心理所有权。由此，提出以下假设。

H1：在共享住宿中，自主权对心理所有权有正向的影响。

（2）自我一致性对心理所有权的影响

心理所有权反映的是个体与目标之间的一种联结，目标客体可以成为延伸自我的一部分（Pierce et al.，2003），因此，目标与个体之间的一致性也会影响心理所有权的产生。Su 等（2015）的研究表明，酒店品牌与顾客的自我一致性会影响品牌与顾客的关系，自我一致性越强，两者的关系越紧密。Li 等（2020）发现，游客与旅游目的地自我形象的一致性能促使目的地心理所有权的形成，从而使游客产生旅游目的地环境保护行为。就共享住宿而言，消费者常倾向于选择契合自我认知、符合自我形象的共享住宿平台和共享住宿品牌。在入住前，消费者会仔细浏览平台上的房间照片、评论，甚至品牌故事，以增加对共享住宿的认知；在入住后，消费者具体感受到共享住宿的各项细节，如布局、氛围、风格等。总之，消费者会通过对共享住宿的深度了解，来增强自己与共享住宿的自我一致性认知。共享住宿与住客的自我一致性越高，共享住宿越符合住客对"家"或"理想的家"的想象，住客越容易产生心理所有权。由此，提出以下假设。

H2：在共享住宿中，自我一致性对心理所有权有正向的影响。

（3）服务互动对心理所有权的影响

消费者与共享住宿产品及房东的互动，增加了他们的自我投入。相较于传统标准化酒店，共享住宿的个性化、本地化、家庭化等特征更利于开展服务互动。陈虎等（2020）指出，住客与房东之间以及住客内部之间的多种互动形式构建了共享住宿服务互动的多重属性。陈瑶等（2019）对携程、爱彼迎两家平台上的游记进行内容分析，发现以"房东""房子""房间"为中心的节点拥有的关系数量较多，这些核心节点说明游客在共享住宿中的互动以主客互动和产品互动为主。因此，本研究认为共享住宿服务互动主要表现为住客与共享住宿之间的产品互动、住客与房东之间的主客互动。在共享住宿使用过程中，住客可以和房东交流分享彼此的经历、理念、喜好等，从而感受到在都市日常工具性社交中无法获得的共通情感（张海洲，2020）。住客通过探索外部环境、参与活动、交流故事，不断融入当地，感受到感官、功能、社会、自然及文化的刺激（Meng and Cui, 2020），进而与共享住宿产生紧密的联系。此外，共享住宿中的一桌一椅都可能会让消费者认为与"自己家一样"（Asatryan and Oh, 2008），从而产生强烈的归属感。基于以上分析，本研究提出以下假设。

H3：在共享住宿中，服务互动对心理所有权有正向的影响。

H3a：主客互动对心理所有权有正向的影响。

H3b：产品互动对心理所有权有正向的影响。

2. 共享住宿心理所有权的效应

现有心理所有权的研究指出，对产品、品牌或组织产生心理所有权将积极影响消费者的购买意愿、品牌认同、组织认同以及组织公民行为等。在共享住宿情境中，本节进一步考察共享住宿心理所有权对消费者再惠顾意愿以及顾客公民行为的影响。

（1）共享住宿心理所有权对再惠顾意愿的影响

产品营销领域的消费者心理所有权研究指出，消费者对产品产生心理所有权后会产生一系列积极的行为倾向，如购买意愿、加价支付意愿（刘建新等，2020）、口碑推荐意愿（刘建新等，2020）等。服务营销领域的相关研究也发现心理所有权的积极效应，如对餐厅的心理所有权会让顾客对餐厅抱有长期积极的态度并产生重购意愿（Asatryan and Oh, 2008）。旅游管理领域的心理所有权研究也有类似结论，如对旅游目的地的心理所有权积极影响游客的重游意愿和推荐意愿（Kumar and Nayak, 2019）。心理所有权已成为解释个体行为意愿的内在机制变量，对行为意愿具有预测性，因此，可以推断当消费者对共享住宿产生心理所有权后，会对已入住的共享住宿产生再惠顾意愿。基于以上分析，提出以下假设。

H4：在共享住宿中，心理所有权对再惠顾意愿有正向的影响。

（2）共享住宿心理所有权与顾客公民行为的关系

在早期的组织行为研究中，员工对组织的心理所有权会促使员工产生主动维持和谐工作关系、提出组织变革建议等组织公民行为。而后，由组织公民行为引申的顾客公民行为成为营销研究领域一个重要的行为结果变量，它与心理所有权的关系也在大量实证研究中得到证实。例如，社区成员对虚拟社区的心理所有权会导致顾客公民行为；参与众包项目的个体对众包平台产生心理所有权后会产生顾客公民行为（Yuksel et al.，2019）；房东对爱彼迎平台产生心理所有权后会同时对平台和其他房东产生公民行为（Lee et al.，2019）。就共享住宿而言，当消费者对共享住宿产生心理所有权后，不仅会在认知上将共享住宿视为"延伸的自我"，还会在情感上对共享住宿产生情感依恋，进而会竭力维护共享住宿的利益，对"我的"共享住宿产生强烈的推荐和保护行为。因此，提出以下假设。

H5：在共享住宿中，心理所有权对顾客公民行为有正向的影响。

3. 心理所有权的中介作用

心理所有权作为一个重要的心理变量，已成为探究消费者态度及行为内在机制的重要桥梁。依据心理所有权产生的三条主要路径（控制目标、亲密了解目标、自我投入目标），在共享住宿中，影响控制目标的自主权能让住客清楚感知对共享住宿环境的控制，且控制感越强，住客就越能感受到"如家里一样的自由"；影响亲密了解目标的自我一致性能让住客在整个消费决策过程中不断加深对共享住宿的理解，如果共享住宿符合住客的认知判断，与住客自我形象一致，则容易激发"它属于我"的占有欲；影响自我投入目标的服务互动是构成共享住宿体验必要的环节，在主客互动和产品互动中，住客全身心地投入自我以实现对"诗与远方"的追求，形成"这是我理想的家""这是我理想的生活方式"的心理所有权。

当消费者对共享住宿产生心理所有权后，会引发积极的态度及行为。消费者与共享住宿之间的心理联结，让共享住宿成为"我旅游地的家"（陈瑶等，2019），消费者会主动爱护房屋的一砖一瓦、主动分享住宿体验；当故地重游时，就会有回"自己家"的打算，甚至是为了回"自己家"而故地重游。所以，本研究认为心理所有权是消费者在共享住宿消费中的心理过程变量，自主权、自我一致性、服务互动通过心理所有权的中介效应对再惠顾意愿及顾客公民行为产生影响。由此，提出以下假设。

H6：心理所有权对自主权对再惠顾意愿的正向影响发挥中介效应。

H7：心理所有权对自我一致性对再惠顾意愿的正向影响发挥中介效应。

H8：心理所有权对服务互动对再惠顾意愿的正向影响发挥中介效应。

H8a：心理所有权对主客互动对再惠顾意愿的正向影响发挥中介效应。

H8b：心理所有权对产品互动对再惠顾意愿的正向影响发挥中介效应。

H9：心理所有权对自主权对顾客公民行为的正向影响发挥中介效应。

H10：心理所有权对自我一致性对顾客公民行为的正向影响发挥中介效应。

H11：心理所有权对服务互动对顾客公民行为的正向影响发挥中介效应。

H11a：心理所有权对主客互动对顾客公民行为的正向影响发挥中介效应。

H11b：心理所有权对产品互动对顾客公民行为的正向影响发挥中介效应。

综上，本研究提出自主权、自我一致性、服务互动促使消费者产生共享住宿心理所有权，且心理所有权积极影响消费者对共享住宿的再惠顾意愿和顾客公民行为。由此，构建消费者共享住宿心理所有权模型（见图7-1）。

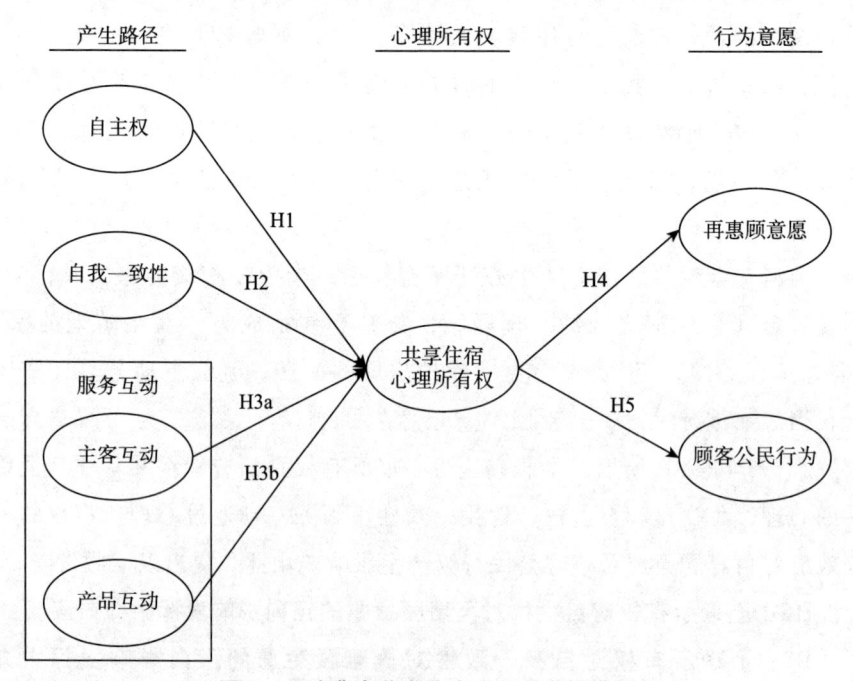

图7-1 消费者共享住宿心理所有权模型

（二）研究设计

1. 问卷设计

调查问卷主要包括三个部分。第一部分收集调查对象最近一次入住共享住宿的基本情况。第二部分是问卷主体，包括各变量对应的测量题项，这些题项均由国外成熟量表改编而来，其中：自主权的测量量表参考 Lunardo 和 Ponsignon（2020）的研究，共 3 个题项；自我一致性的测量量表参考 Su 等（2015）的研究，共 3 个题项；服务互动的测量量表参考 Akbaba（2006）以及 Wu 和 Liang（2009）的研究，包含主客互动与产品互动两个方面，共 7 个题项；心理所有权的测量量表参考 Lessard-Bonaventure 和 Chebat（2015）以及 Asatryan 和 Oh（2008）的研究，共 5 个题项；再惠顾意愿的测量量表参考 Kumar 和 Nayak（2019）的研究，共 3 个题项；顾客公民行为的测量量表参考 Hur 等（2020）的研究，共 3 个题项。量表题项采用李克特 7 级量表进行测量，1~7 表示从完全反对到完全同意。第三部分收集调查对象的个人基本信息。

初始问卷形成后，先进行预测试。预测试主要邀请在校大学生进行问卷填答，并在填答过程中收集受调查者的感受及建议。预测试共回收问卷 110 份，其中有效问卷 91 份。运用 SPSS 23.0 软件对收集的数据进行因子分析与可靠性分析，所有变量的 Cronbach's α 均达到 0.7 以上；随后根据被调查者的反馈意见对问卷题项进行修正，使其在更适用于共享住宿情境的同时，也更易于被调查者理解，最终形成正式问卷。

2. 数据收集

本次问卷调查主要借助问卷星调查平台在线收集数据，为了尽量覆盖不同的样本群体，确保数据的真实性，样本抽样采取如下方式：第一，通过朋友圈滚雪球的方式获取部分样本；第二，在成都锦里、宽窄巷子以及春熙路等地随机邀请游客，请其利用我们提供的平板电脑进行线上填答；第三，利用微博数据获取用户，通过搜索关键词"民宿"，找到相关用户并向其发送问卷链接，请其协助完成调查。问卷调查历时两个月，共收集到问卷 459 份，为保证数据的可靠性，剔除了问卷作答时间低于 40 秒以及量表选项得分相同的无效问卷 94 份，最终确定有效问卷 365 份，有效率为 79.52%。

（三）数据分析

1. 描述性统计分析

为了解有效样本的基本情况，借助 SPSS 23.0 软件对问卷中的个人基本信息进行描述性统计分析，统计结果见表 7-1。

表 7-1　被调查对象基本特征

样本特征	分类标准	人数（人）	占比（％）
性别	男	142	38.9
	女	223	61.1
年龄	18 岁以下	7	1.9
	18~30 岁	318	87.1
	31~40 岁	32	8.8
	41~50 岁	5	1.4
	51~60 岁	3	0.8
职业	学生	150	41.1
	行政机关职员	10	2.7
	事业单位职员	30	8.2
	企业员工	107	29.3
	自由职业者	53	14.5
	其他	15	4.1
学历	专科以下	11	3.0
	专科	49	13.4
	本科	208	57.0
	硕士及以上	97	26.6
月均收入	4000 元以下	156	42.7
	4000~6000 元	64	17.5
	6001~8000 元	50	13.7
	8001~10000 元	34	9.3
	10000 元以上	61	16.7

描述性统计分析结果显示，调查样本中 18~30 岁的群体占 87.1%，本科及以上学历达到 83.6%，学生和企业员工占 70.4%，女性群体占比高于

男性群体。有效样本的人口统计信息与《2020年度民宿行业研究报告》所发布的调查数据趋于一致,说明本次调查的样本具有一定的代表性。

2. 信度和效度检验

信度检验主要是对测量变量的 Cronbach's α、建构信度（CR）以及平均方差抽取量（AVE）进行检验。利用 SPSS 23.0 和 AMOS 23.0 进行数据分析,信度检验结果如表7-2所示,可以看出:所有变量的 Cronbach's α 为 0.768~0.947,均大于 0.7;建构信度为 0.773~0.943,均大于 0.7;平均方差抽取量都大于临界值 0.5。这些结果表明调查样本数据的信度较高,测量具有很高的可靠性。

表7-2 信度和效度检验结果

变量	题项	标准化因子载荷	CR	AVE	Cronbach's α
自主权	我能在我所入住的民宿里自由活动	0.722	0.773	0.533	0.768
	我可以在我所入住的民宿中做我想做的事（如做饭、约见朋友）	0.664			
	我入住的民宿让我感到像家里一样自由,房东不会干预我的活动。	0.799			
自我一致性	我觉得我入住的民宿风格与我的个性特征相符	0.823	0.904	0.760	0.900
	我觉得我入住的民宿与我的身份相符	0.852			
	我入住民宿的形象符合我的自我形象	0.936			
主客互动	房东与我谈论一些除工作以外的话题	0.816	0.828	0.619	0.818
	我能找到与房东的共同点（如兴趣、经历）	0.866			
	房东针对我的情况为我提供好的建议（如景点推荐、特色小吃推荐）	0.663			
产品互动	我很喜欢房屋的整体氛围	0.841	0.920	0.741	0.919
	房屋的装修对我有吸引力	0.891			
	房屋布局合理,让我感到非常便利	0.874			
	房屋干净、整洁,让我感到很舒服	0.836			
心理所有权	我感觉我所入住的民宿是我的房屋	0.810	0.943	0.768	0.947
	我在很大的程度上感到我入住的民宿是我的家	0.869			
	我觉得我似乎拥有我所入住的民宿	0.889			
	我感到我和我所入住的民宿有紧密的联系	0.919			
	我感觉我和我入住的民宿有一种强烈的亲密感	0.892			

续表

变量	题项	标准化因子载荷	CR	AVE	Cronbach's α
再惠顾意愿	将来，我会再次预订我所入住的这家民宿	0.917	0.943	0.846	0.942
	如果再来这里，我还会选择我入住的这家民宿	0.935			
	我计划以后还会光顾我所入住的这家民宿	0.908			
顾客公民行为	在入住期间，我会遵守这家民宿的规定	0.886	0.882	0.715	0.871
	在入住期间，我会支持房东的工作	0.902			
	我愿意为房东推荐新顾客	0.739			

接着进行效度检验。首先，变量的测量量表均借鉴国内外研究中已有的成熟量表，并且经过预测试进行适应性修订，保证了问卷具有较高的内容效度。其次，利用 AMOS 23.0 统计软件对本研究的测量模型做验证性因子分析，结果如表 7-3 显示，$\chi^2/df = 2.729$，GFI = 0.874，NFI = 0.915，IFI = 0.944，TLI = 0.933，CFI = 0.944，RMSEA = 0.069，以上指标均符合适配标准，表明测量模型拟合较好。再次，如表 7-2 所示，各测量题项标准化因子载荷为 0.663~0.936，均大于 0.6，表明测量的聚敛效度较好。最后，如表 7-4 所示，每一个潜变量的 AVE 值的平方根都大于它与其他潜变量的相关系数，表明各潜变量间具有良好的判别效度。

表 7-3 测量模型的拟合结果

拟合指标	χ^2/df	GFI	NFI	IFI	TLI	CFI	RMSEA
拟合结果	2.729	0.874	0.915	0.944	0.933	0.944	0.069
参考标准	<3	>0.8	>0.9	>0.9	>0.9	>0.9	<0.08

表 7-4 相关系数矩阵与 AVE 平方根

	顾客公民行为	再惠顾意愿	心理所有权	产品互动	主客互动	自我一致性	自主权
顾客公民行为	0.846						
再惠顾意愿	0.562	0.920					
心理所有权	0.346	0.660	0.876				
产品互动	0.610	0.601	0.504	0.861			
主客互动	0.358	0.418	0.376	0.429	0.787		

续表

	顾客公民行为	再惠顾意愿	心理所有权	产品互动	主客互动	自我一致性	自主权
自我一致性	0.514	0.524	0.502	0.636	0.314	0.872	
自主权	0.421	0.390	0.459	0.541	0.182	0.705	0.730

3. 模型拟合

借助 AMOS 23.0 软件，采用最大似然估计法对结构方程模型进行检验。模型拟合结果如 7-5 所示，$\chi^2/df = 2.898$，GFI = 0.866，NFI = 0.907，IFI = 0.937，TLI = 0.927，CFI = 0.937，RMSEA = 0.072，上述结果均符合适配标准，表明模型整体拟合效果较好。随后对变量间的路径系数进行估计，结果如表 7-6 所示。在共享住宿中，自主权、自我一致性、主客互动、产品互动均显著正向影响心理所有权；心理所有权对再惠顾意愿、顾客公民行为均存在显著正向影响。因此，本研究中的 H1~H5 均通过检验，假设成立。

表 7-5 结构模型的拟合结果

拟合指标	χ^2/df	GFI	NFI	IFI	TLI	CFI	RMSEA
拟合结果	2.898	0.866	0.907	0.937	0.927	0.937	0.072
参考标准	<3	>0.8	>0.9	>0.9	>0.9	>0.9	<0.08

表 7-6 路径检验

研究假设	标准化路径系数	S.E.	t	p	验证结果
H1：自主权→心理所有权	0.173	0.133	2.089	*	成立
H2：自我一致性→心理所有权	0.196	0.090	2.358	*	成立
H3a：主客互动→心理所有权	0.199	0.080	3.482	***	成立
H3b：产品互动→心理所有权	0.212	0.092	3.055	**	成立
H4：心理所有权→再惠顾意愿	0.683	0.052	13.276	***	成立
H5：心理所有权→顾客公民行为	0.362	0.043	6.456	***	成立

注：* $p<0.05$，** $p<0.01$，*** $p<0.001$。

4. 中介效应检验

检验心理所有权的中介效应，对 H6~H11 进行验证。中介效应的检验主要参考 Zhao 等（2010）提出的中介效应检验程序，运用 SPSS 23.0 软件的 Bootstrap 方法来检验心理所有权的中介效应。在 Process 插件模型 4 中，样本量选择 5000，设置 95%置信区间，采用偏差校正的非参数百分位法进行 Bootstrap 抽样，最后根据间接效应在 95%置信区间是否包括 0 来判断中介效应是否显著。结果如表 7-7 所示：心理所有权在自主权、自我一致性、主客互动、产品互动与再惠顾意愿间的中介效应检验结果在 95%置信区间中均未包含 0，表明中介效应显著；心理所有权在自主权、自我一致性、主客互动、产品互动与顾客公民行为间的中介效应检验结果在 95%置信区间中也均未包含 0，表明中介效应显著。所以，H6~H11 均通过检验，假设成立。

表 7-7　中介效应检验

中介路径	直接效应值	95%置信区间		中介效应值	95%置信区间		验证结果
		下限	上限		下限	上限	
H6：自主权→心理所有权→再惠顾意愿	0.1169	0.0419	0.0043	0.3093	0.2332	0.4016	成立
H7：自我一致性→心理所有权→再惠顾意愿	0.2913	0.1907	0.3919	0.2763	0.2150	0.3507	成立
H8a：主客互动→心理所有权→再惠顾意愿	0.1774	0.0952	0.2596	0.1848	0.1227	0.2567	成立
H8b：产品互动→心理所有权→再惠顾意愿	0.3350	0.2536	0.4164	0.2141	0.1625	0.2772	成立
H9：自主权→心理所有权→顾客公民行为	0.2534	0.1502	0.3565	0.1076	0.0659	0.1588	成立
H10：自我一致性→心理所有权→顾客公民行为	0.3803	0.2898	0.4709	0.0710	0.0330	0.1133	成立
H11a：主客互动→心理所有权→顾客公民行为	0.2092	0.1331	0.2854	0.0702	0.0415	0.1063	成立
H11b：产品互动→心理所有权→顾客公民行为	0.4129	0.3415	0.4843	0.0380	0.0045	0.0769	成立

（四）研究结果讨论

实证研究结果表明，首先，自主权、自我一致性、产品互动、主客互动正向影响消费者对共享住宿的心理所有权。其中，产品互动对心理所有权的影响最强（r=0.212，p<0.01），说明消费者通过实际入住来全方位体验共享住宿产品及服务，更容易产生"它是属于我的"这种认知。其次，心理所有权正向影响再惠顾意愿和顾客公民行为，其中心理所有权对再惠顾意愿的影响更强（r=0.683，p<0.001），表明当消费者认为自己所入住的共享住宿是"属于我自己的"或是将共享住宿作为自己"远方的家"时，消费者会愿意再次选择该共享住宿。最后，心理所有权在自主权、自我一致性、产品互动、主客互动与再惠顾意愿、顾客公民行为之间的中介效应显著，充分说明在共享住宿情境下，心理所有权是与消费者行为相关的核心变量。它揭示了在共享住宿中，消费者再惠顾意愿与顾客公民行为产生的内在机制，也就是说，激发消费者对共享住宿的心理所有权，将有助于促进消费者的忠诚行为和利他行为。

第三节 共享住宿中消费者心理所有权的建构策略

通过数据挖掘技术对消费者行为开展研究越来越受到学界的重视。就共享住宿而言，共享住宿平台上海量的用户评论数据为研究消费者共享住宿心理所有权提供了丰富资料。因此，本节基于上一节构建的消费者共享住宿心理所有权模型，对共享住宿平台途家上的在线评论数据进行文本挖掘和分析，从而更有针对性地提出消费者共享住宿心理所有权的建构策略，为更好地开展共享住宿商业实践提供指导。

（一）在线评论与文本挖掘

1. 在线评论

在线评论是电子商务活动中消费者就产品或服务体验发表的个人评价，通常表现为星级打分和开放式评论文本（Mudambi and Schuff, 2010）。其价值在于获取消费者在购买或使用产品时的需求、感受、满意度等信息，发现消费者的关注点、偏好以及影响消费行为的各类因素，从而为企业提供有效的营销指导（王安宁等，2020）。从评论中提取关键信息是在线评论价值应用的主要表现，包含特征观点挖掘和特征情感分析。

(1) 基于评论文本的特征观点挖掘

特征观点挖掘是指从在线评论中提取消费者对产品特征表达观点态度的短语，它有助于企业获取和分析客户需求（王安宁等，2020）。例如，毛晓莉和施本植（2021）对新能源汽车的口碑评论进行文本挖掘，发现消费者在选购汽车时，更关注外观、内饰、空间、性价比等表层因素，而对电池、电机、电控、动力等深层因素不够重视。邢云菲等（2021）通过爬取 TripAdvisor 网站的酒店用户在线评论，采用文本聚类算法展示了北京、上海、广州、深圳四个城市的酒店用户观点，并分析了不同城市酒店用户的需求差异。此外，动态分析在线评论对于企业预测未来趋势、掌握竞争优势具有重要意义。王忠群等（2021）利用超网络概念，动态分析不同时间段内用户对产品关注点的变化，其中新增的特征观点暗示了消费者的新偏好，而各时段都较活跃的特征观点则反映了消费者长期重视的关键产品要素。除了对基本特征观点的提取分析外，鞠海龙和彭珺（2021）以手机的在线评论为例，借助事理图谱理论探究事件之间的因果关系，分析了购买手机这一行为的内在机制。综上，对评论文本的特征观点进行挖掘有助于理解消费者对产品的需求偏好、需求变化以及影响购买行为的内在机制。

(2) 基于评论文本的特征情感分析

特征情感分析旨在从在线评论中了解消费者的情感态度，为企业洞察产品成功或失败的原因提供参考（王安宁等，2020）。Ye 等（2009）利用监督机器学习算法对旅游博客上的用户评论进行了情绪分类。张公让等（2021）通过构建情绪词典，计算快递公司用户评论的情绪得分，分析影响情绪的主要因素。此外，评论文本的特征情感分析还通常与 KANO 模型结合使用来探讨用户需求及偏好。例如，沈卓和李艳（2020）利用大众点评网上有关餐饮业的用户评论数据，对产品评论的情绪进行量化，结合 KANO 模型分析消费者看重的餐厅属性，其研究结果表明餐厅位置、口感、外观、装修情况等是具有吸引力的属性。王雪等（2021）采用类似的方法探讨了手机商品的用户需求。由此可见，在线评论能反映消费者的产品认知，对在线评论进行挖掘可以获得消费者对产品的情绪评价，进而分析消费者的产品偏好。

2. 文本挖掘

文本挖掘是指利用计算机，从海量的文本数据资源中自动获取事先未知的、可理解的、最终可用的信息的过程。文本挖掘涉及信息检索、文本分析、机器学习、数理统计和计算机语言等多学科领域，且具有很高的潜在商业价值（Gupta and Lehal，2009）。

文本挖掘的流程如图7-2所示，一般包括文本数据采集、文本预处理、文本特征提取、文本数据分析和结果展示。第一，文本数据采集。需根据研究内容确定文本数据来源，并利用Python等专业数据采集软件来获取文本数据。第二，文本预处理。由于采集的文本内容质量不一（如包含重复文本、表情符号等），且采集的内容可能并非完全符合研究目的，因此为避免干扰研究结果，需进行清洗去噪、文本分词、词性标注等预处理。第三，文本特征提取。需将文本转化为计算机能够识别的自然语言，通常用词向量来表示。第四，文本数据分析。这是文本挖掘的核心，需对文本特征提取后得到的向量模型进行运算（包括对特征向量的相似度计算、分类和关联分析等），实现文本数据的分类、聚类、关联分析，挖掘文本数据中有价值的信息。第五，结果展示。需利用词云图或查询编辑器对结果进行展示。

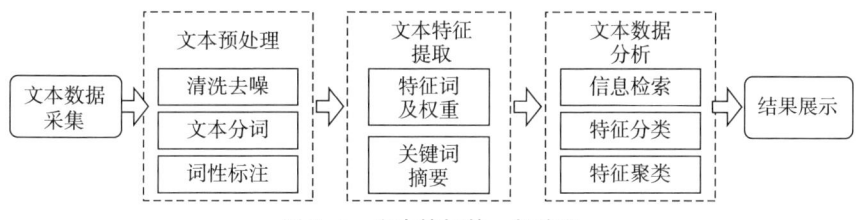

图7-2 文本挖掘的一般流程

（二）共享住宿在线评论数据挖掘

1. 数据来源

本研究选取途家作为在线评论数据采集的平台。途家于2011年12月1日正式上线，目前在线房源超过230万套，遍及国内400个城市地区和海外1037个目的地，提供以民宿为主的多种共享住宿产品及延展服务，可满足以"多人、多天、个性化、高覆盖"为特征的住宿需求。电子商务研究中心调查显示，途家累计下载量超2.49亿人次，远超同行业内其他共享住宿平台，已发展为全球领先的、中国本土规模最大的住宿短租预订平台。途家拥有丰富的用户资源以及在线评论资源，以其作为数据采集平台，可以获得海量的研究数据，从而使研究结论更具有代表性，也更能为行为发展提供建议。

国家信息中心分享经济研究中心发布的《2020年中国共享住宿发展报告》显示，共享住宿订单量居前6位的城市分别为北京、成都、广州、杭州、上海和丽江（国家信息中心分享经济研究中心，2020）。这些城市的共享住宿因其鲜明的本土特色深受消费者喜爱，所以本研究选择上述6个具有代表性的城市里的共享住宿进行研究。由于本研究关注共享住宿情境下消费者心理所有权的构建，为减少后期评论文本数据处理的工作量，先按"好评优先"原则进行排序，然后依次对6个城市的共享住宿房源进行搜索，并对每个城市中排名前10的共享住宿进行数据采集。

2. 文本数据采集

途家App用户点评界面包含了房源总体评分、评论数量、评论内容、消费者信息、消费者评分等关键信息（见图7-3）。利用Python软件对北

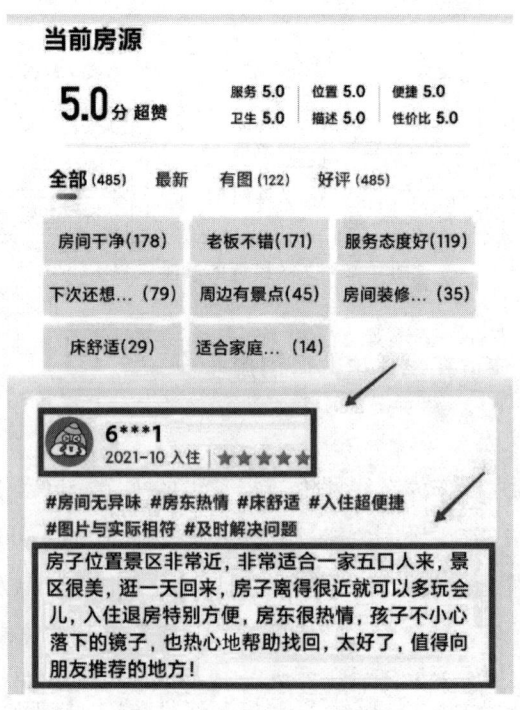

图7-3 途家App评论页面

京、成都、广州、杭州、上海和丽江6个城市排名前10的共享住宿的用户评论网页数据进行爬取。在线评论数据截至2021年12月16日，包括的字段为："房源名称""用户名""评论内容""评分""发布时间"。将爬取的评论汇总整理，共计获得评论35576条。由于各城市的自身特点及共享住宿的发展规模不同，各城市共享住宿的评论数量也存在差异，具体数量分布见表7-8，爬取的部分评论内容见表7-9。

表7-8　6个城市爬取的共享住宿评论数量

单位：条

城市	评价数量	城市	评价数量
北京	3120	杭州	2499
成都	9203	上海	6994
广州	4606	丽江	9154

表7-9　部分爬取评论内容举例

房源名称	用户名	评论内容	评分	发布时间
爱度国际公寓	1***9	价格实惠，性价比高，房间布局温馨大气，床铺很大，很舒服，晚上很安静，休息得很好	5	2021-10-16 08：52：30
古北水镇君梦缘温馨别墅	5***5	房东特别好，房间很干净，尤其是二楼特别大，两个客房，中间还有个小帐篷，屋里24小时空调开放，还有地暖，挺舒服的。周围环境安静，离景区也很近！推荐	5	2019-01-07 11：12：34
长城下的星空小屋	6***0	看照片一眼相中的民宿果然没有失望啊，神仙房东姐姐热情接待，周到全面，民宿夜景是一绝，美不胜收。因为人员变动提出的换房间要求也满足了我们，房间舒适整洁、设备齐全、性价比满分，前所未有的优质服务，选到就是赚到哦	5	2019-09-23 09：31：41
丽江合玥民宿	n***7	从泸沽湖回来，又到了这个美丽的客栈，非常的好，原本想要住二楼的，但是当天夜里二楼住完了，客栈的姐姐免费给我升到了套房，客栈的气氛很好，环境也很漂亮	5	2020-04-15 21：02：41
杭州嫏阁民宿	g***0	利用难得的假期，举家来杭州游玩，看好评选了离西湖不远的嫏阁民宿，很有特色，卫生、环境、服务都不错，周围餐饮也很丰富，这次出游两个小宝贝玩得不亦乐乎	5	2021-05-06 06：46：41
迪士尼-遇见快乐的院子	N***0	很喜欢他家简约大方的装修风格，房间很宽敞，视野也很开阔，布置得很温馨，很有家的感觉，很不错的住宿体验	5	2021-03-09 21：29：03

资料来源：笔者整理。

3. 文本预处理

根据心理所有权的概念内核，将含有"自己的"含义的词语（如"自己家""自己的房子""我家""我们的家""宾至如归"等）设置为筛选词，进行逐一筛选。为尽可能多地使用所获取的评论内容，根据心理所有权的概念外延，将描述主体与客体之间存在紧密联系的词语（如"归属感"等）设置为筛选词，再次进行筛选。此外，将表示"第二次"或"多次"预订的评论也筛选进目标评论中，如某游客评论"第二次来丽江，最后还是选择了同一家，算得上是我在丽江的家了"，此类情况表明住客对所入住的共享住宿产生了较强的心理所有权。通过上述数据筛选，保留的评论文本共计2712条。

然后，对筛选后保留的2712条评论数据再次进行人工处理。一是查找完全重复的评论，仅留取其中一条。二是去除不包含心理所有权影响因素的评论，如"感觉还可以，很有在自己家的氛围""宾至如归一点不过分，让你有回家的感觉，还不被打扰"等。因为此类文本均笼统地表达自己的感受，未提及哪些具体因素促使产生这种感受，对于本研究而言，属于无效文本。三是去除评论中的符号、表情、字母，以免影响后续分词结果。经由以上筛选，最终留下评论文本共计2661条，部分评论内容见表7-10。

表7-10　预处理后的部分评论内容

部分评论内容
门口停车便利，而且房子敞亮！有山有水有院儿，有树有猫有格调！室外聊天赏花撸串喝酒，室内打牌品茶唱歌睡觉。自己架烧烤，自己洗菜做饭。民宿给人回到自己家的那种释怀！让人放松，待下便不愿离开
房东的热情打动了我，房间的布置非常温馨，有种宾至如归的归属感，即使旅途再劳累，回到这里，也能感觉到身心放松
民宿宽敞明亮温馨，过日子的东西该有的都有了，冰箱里有蛋有菜，有肉，有小菜，有厨房调料，油盐粮食一应俱全，客厅摆着招待人用的新鲜核桃和零食，感觉有在家的味道。房东很热情，拖鞋、雨伞、洗澡用具，连蚊香都准备了，房东好细心呀，还会推荐朋友来
房间和图片一样，房东真是超级好，叫我们一起吃晚饭。我还刚好玩了一把狼人杀，还是人多好玩呢。他们自己煲的绿豆汤还给我们特意送了一碗过来，贴心。第一天说吹风机发生了问题，立马给了个备用的，第二天发现有一个新的吹风机放在房间了，很棒！是我喜欢的民宿的感觉，不像酒店那么高冷，是暖暖的自己家的感觉
住房体验感超级好，房间很喜欢，房东黑哥人很好相处，不像房东，反倒像朋友一样，会有宾至如归的感觉

第七章　共享住宿中的消费者心理所有权研究

续表

部分评论内容
非常非常棒的一家民宿，第一次在外面有了回到自己家的感觉，环境幽雅，房间空间大，热水非常给力，在外奔波了一天回来泡个热水澡舒服
一个非常热情的店主，下单后就接到了他发来的回信，内容满满，衣食住行及各种旅途中的注意事项，后续还为我们安排了性价比很高的跟团游，店主小哥哥还和我们一起聚餐，烧了好多美食，还帮我们准备了水果，请我们吃了当地地道的凉粉，已经多次入住了，就是像我们自己家一样

接下来，对筛选后的 2661 条评论进行初步聚类分析，发现聚类后每一类别中均包含不同的关键特征。其原因在于一段完整的消费者在线评论中，往往包含多个影响心理所有权的关键词或短句。于是根据空格、标点符号及语义进行断句，进一步将完整的评论拆分成 14723 个词条，以使每一个词条只涵盖单一意义，从而使得聚类结果的每一类别仅有唯一的意义。

最后，进行分词处理。由于聚类分析是以词语为单位进行的，所以必须利用分词工具对上述预处理数据进行分词。Jieba 库是 Python 第三方中文分词库，具有高性能、高准确率、可拓展性等特点，所以本研究采用 Jieba 对 14723 个词条进行分词处理，部分分词结果见图 7-4。在分词的基

```
房东 提前 在 路上 接 我们
还 准备 了 宝宝 的 鸡蛋 小米 等
店家 亲自 接 我们 过去
并且 很 贴心 的 准备 了 方便面 鸡蛋 各种 肉 还有 零食 和 干果
二大居 加大 客厅 空间大
房间 干净 整齐
印象 最深 的 要数 房东 的 父母 及 他们 亲自 为 我们 烹饪 的 饭菜 一个 字 香 尤其 葱花饼 咕咾肉 笨 鸡蛋 一定 要 尝尝
民宿 就 在 丽江 古镇 里
但是 位置 很 安静
出门 几分钟 就 到 热闹区 了
房东 推荐 了 近 10 家 附近 好吃 的 特色菜
这次 在 丽江 吃 到 了 自己 的 家乡 菜
我 和 房东 已经 成为 了 朋友
房子 很 温馨
干净 整洁
房东 姐夫 热情好客
也 吃 了 好多 房东 的 卤鸡 爪
房东 姐姐 毫不犹豫 给 了 我们 最大 的 一间
房间 里 可以 看到 远处 的 青山 和 蓝天白云
幸福 与 温馨
接着 从 位置 来说 房东 家 位于 古城 北部 在 古城 里 走街串巷 也 不会 丢
恢复 夜 的 安静
温暖 热情 到 令人 无限 感动
晚上 会 喊 我们 吃水果 喝 格子 酒
一封 温暖 的 带着 烫红 印章 的 明信片
小 细节 带来 的 是 远方 的 家
民宿 主人 真的 非常 热情
招呼 我们 喝茶 吃 苹果
刚好 碰上 他们 家 小朋友 生日
还 邀请 我们 一起 吃晚饭
坐在 客厅 里 的 沙发 上 玩 真的 有 在 朋友家 的 感觉
比起 冷冰冰 的 酒店 或是 只在乎 装饰 外表 的 客栈 真的 温暖 太多 啦
心心念念 入住 这家 网红 民宿 当时 被 图片 深深 吸引 来 了 后 也 没有 失望
环境 空间大 双 舒服
最重要 很 干净
装修 风格 很 符合 年轻人
装修 很 温馨
屋里 让 人 感觉 很 干净
屋里 的 家具 家电 新
房东 很 热情
房东 不厌其烦 的 为 我 讲解 告诉 我 路线
和 家里 的 两室 一厅 布局 一样
性价比 贼 高
```

图 7-4　部分分词结果

础上去除停用词。停用词主要是一些完全没有用或者没有意义的词，如助词、语气词等。本研究的停用词表是从网上下载的百度停用词表，用来过滤掉评论中的停用词。

4. 文本特征提取与文本数据分析

为了提取评论文本数据特征，需要把分词转换为 TF-IDF 矩阵，即把文本内容转化为计算机可以识别的语言，随即利用无监督的 K-means 算法进行聚类。K-means 算法因其易操作、易理解等特性被广泛应用于各个领域的数据挖掘中（Morissette and Chartier, 2013）。由于算法的无监督特点，簇类数目需提前人工设定。根据前期的数据预处理过程，本研究预估文本内容类别大于等于 3，所以在代码中设置参数 n_clusters=（3, 10），然后开始进行文本聚类尝试。初始聚类中心从 3 开始，一直到 10，逐一迭代。在运行过程中，需不断根据聚类结果进行优化。

然后，使用 Matplotlib 对聚类结果进行可视化。由于停用词可能过滤得不干净，需根据生成的词云图，观察噪声词，添加到停用词典里。在本研究中，停用词添加了一些文本中无关研究目的的词语，如"丽江""成都""古北水镇"等地名，"不错""棒""好"等评价用词，"特别""一点"等程度副词，此外也将筛选评论阶段用的筛选关键词也停用掉。最后通过重复 4~5 次试验，达到停用尽可能多的无关词语的目的。聚类分析的运行逻辑如图 7-5 所示。

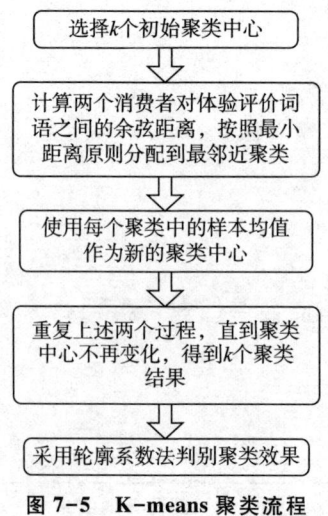

图 7-5 K-means 聚类流程

经过上述几个步骤，不断根据聚类结果对原始数据进行调整，消费者在入住共享住宿过程中的关注点逐渐显现，在线评论的文本特征得到提取。

（三）结果讨论

本研究主要采用轮廓系数法来判别聚类效果的好坏。轮廓系数法由 Rousseeuw（1987）提出，其原理是衡量一个节点与它所在的类簇相较于其他类簇的相似程度。一般来说，轮廓系数越大，聚类效果越好，对应的类簇数量即分成的类别数量。图 7-6 是不同类簇数量的轮廓系数指标，可以看出，在 $k=6$ 时，聚类效果最优。

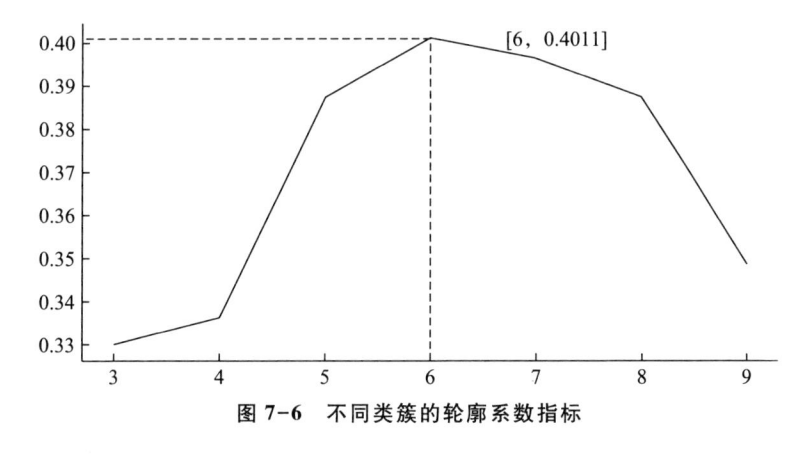

图 7-6 不同类簇的轮廓系数指标

根据 $k=6$ 时，聚类效果最佳，由图 7-7 可以看出，在线评论数据共产生 6 个类别：干净整洁、设施齐全、布置温馨、环境、热情推荐和服务贴心。

从在线评论文本数据的聚类结果看，干净整洁、设施齐全、布置温馨、环境、热情推荐和服务贴心 6 个共享住宿服务属性对消费者心理所有权的构建具有关键的影响。

第一，干净整洁是消费者对共享住宿的基本要求，也是构建共享住宿心理所有权的必要条件。卫生状况事关消费者的身体风险，是其旅居中对住宿条件的最低要求。特别是对于标准化程度较低的共享住宿而言，是否干净卫生是消费者关心的重点。从评论内容看，消费者较多提到"每日消毒""打扫干净""无异味"等关键词，尤其是要保证亲密接触的床上用

图 7-7 聚类结果可视化

品干净整洁，让消费者在居住过程中感到放心。此外，共享住宿也为消费者亲自打扫卫生提供了设施设备，这使得消费者经历自我投入的行动过程，从而刺激他们心理所有权的产生，感到这是"我的家"，愿意尽心维持和维护清洁卫生。

第二，设施齐全是消费者选择共享住宿的重要理由，也为满足消费者的控制感提供了条件，有助于心理所有权的产生。相对于传统酒店，消费者选择共享住宿是希望获得更多的除住宿外的其他利益，如做饭、洗衣、娱乐等。房间内齐全的生活设施让消费者感受到旅居的便利性，易于产生"在自己家"的感觉。洗衣机、冰箱、厨房用具等设施不仅满足了消费者的旅居生活需要，而且强化了他们对周围事物的控制，从而有助于心理所有权的产生。例如，有些消费者如此评论，"这里完全就是自己家……你需要的东西应有尽有，烤箱、微波炉、电磁炉、火锅，连烧烤的炉子、钳子、调料都一应俱全，只需要带食材来就可以"，"住起来和在家里一样！而且所有需要的都有，最好的就是有洗衣机，对于夏天出行的人，有个洗衣机太方便了"。

第三，布置温馨体现了共享住宿的环境氛围，有利于满足心理所有权的情感维度。房间温馨不仅为消费者提供家的熟悉氛围，也满足了消费者构建心理所有权所需要的情感需求。温馨感与房间的装修风格、布局以及装饰密不可分，布置温馨的房间所诱发的温暖感，从情绪上有助于家庭特征的温情产生，从而使消费者获得"我的家"的感觉。例如，消费者在评论中提到"入住的时候到得早，房东给我们升级了大床房，细节上也是非常棒，摆件、花瓶，还有香水，布置得十分温馨，小孩到了房间也一点不陌生，我们感觉像在自己家一样"。

第四，共享住宿的内外部环境影响消费者的旅游体验，构成消费者对"理想的家"的向往。当现实中家的环境达不到消费者预期时，通过入住共享住宿满足对"理想的家"的追求，往往成为消费者旅游中所追求的目标。特别是对于生活在"钢筋水泥森林"的城市居民来说，通过共享住宿可短暂地归隐山林、归隐田园，寻求"理想的家"，从而对环境优美的共享住宿产生强烈的心理所有权。词云图中的环境，一方面指房间的内部环境，如宽敞、明亮等，另一方面指共享住宿的外部环境，如闹中取静、环境优美以及推窗即景都是消费者对外部环境的期望。例如，评论中消费者提到"这里环境清幽，推窗可见远山叠翠，真希望长久住下去，更希望我有这样一个家"，"院里像个小植物园一样，二楼有阳台，采光很好，还有个小宝贝狗狗，浑身白白的，可爱得很，住在这里像回到家一样"，"二层露台能看到古北水镇里的美景，夜景很美，远眺司马台长城，早晨空气清新得不要不要的，仿佛到了南方，真有回家的感觉！家人都不想走了"。

第五，热情推荐为消费者提供了更多的旅游相关信息，加深了对当地的了解，而这种亲密了解目标的过程促进了心理所有权的产生。热情推荐具体指房东为住客推荐当地美食、游玩场所、本地特产售卖店铺，建议合理的游玩路线等。这些合理化建议有利于消费者更快地了解目的地，减少获取信息所付出的努力，同时加深了对入住共享住宿的了解，为共享住宿心理所有权的产生提供了条件。例如，在评论中，消费者提到"小哥很有耐心，告诉了我们很多防坑的，推荐了很多好吃的好玩的，都没有踩雷，第一次在外面体验到了家的感觉"。

第六，服务贴心拉近了消费者与房东之间的心理距离，有助于亲密关系的产生，增加主客互动，为心理所有权的构建提供了条件。贴心的服务让消费者感到亲切，使消费者获得家的温馨。例如，消费者在评论中谈到"二小姐对每个人都很温暖呀，尤其是有求必应、体贴照顾，把我们都当亲人一样对待，每天晚上都有精心熬制的银耳羹，不舒服的时候还给我熬了姜汤，在陌生的环境给我们亲切的感觉，希望每个人都去体验一下回家的感觉"。

评论数据挖掘产生了干净整洁、设施齐全、布置温馨、环境、热情推荐和服务贴心6个类别，这6个类别体现了在共享住宿中服务互动的具体策略。共享住宿的服务互动包含产品互动和主客互动，从聚类结果的文本特征看，干净整洁、设施齐全、布置温馨、环境指向产品互动，而热情推荐与服务贴心则指向主客互动。所以，产品互动与主客互动是共享住宿心理所有权构建的关键。虽然上一节提出的理论模型中的自主权和自我一致性并没有体现在评论数据的聚类结果中，但这并不表明这两个因素对心理所有权的形成没有作用，其原因在于在线评论文本更倾向于对消费产品的客观描述和主观感受，而非对消费者自身的评价。具体而言，在共享住宿消费中,房东和房间是消费者主要的感知对象,有着较为丰富的评价维度和描述用语,所以文本聚类结果集中于房东和房间的特点;而自主权和自我一致性更倾向于消费者自我评价,较少出现在评论文本中。事实上,消费者的评论中也存在零星的有关消费者自主权和自我一致性的表达,例如,"虽然房东不在本地,但我们的所有问题都及时回复了,感觉就像在自己家里一样自在,可以做饭、洗衣服、工作、聊天……地理位置非常好,离古城不近不远,不会被干扰,想去溜达也方便","可以在院子里喝茶聊天晒太阳,可以在前台自由活动,就像到了自己家一样的舒服","网上预订的,精挑细选,果然没让我失望,服务周到,装修也是我的风格,很漂亮,采光很好,房间宽敞明亮,干净,性价比高,住得很舒适,像在自己家一样,很开心"。这些评论体现了消费者对自主权和自我一致性的评价,而这些入住共享住宿获得的自由感以及房间与自己风格的契合感也让消费者体验到"我的家"的所有权感。

第八章　共享住宿中的顾客价值共创行为研究

　　共享住宿不仅会给消费者带来"家"的感受，使其获得心理所有权，而且共享住宿带来的更丰富的主客互动也有助于顾客价值的共同创造。基于使用价值的服务主导逻辑强调市场交换的一切形式都是服务，顾客价值由生产者和消费者共同创造。顾客价值共创是消费者与生产者及其他参与价值链的第三方共同创造价值的过程。在这一过程中，顾客不仅仅是价值的使用者和消耗者，也是价值的创造者。在共享住宿中，顾客价值也产生于房东和住客的价值共创，而主客关系对于顾客价值共创至关重要。正如第七章研究指出，在共享住宿中，主客关系已成为消费者主要的共享住宿体验。鉴于共享住宿中的顾客价值由房东与住客共同创造，关系质量是顾客价值共创行为的关键，而关系营销策略有助于房东提升与住客的关系质量，因此本章将共享住宿中的主客关系作为顾客参与价值共创的前因，以社会交换理论为基础，建立关系营销—关系质量—顾客价值的传导机制，探索关系营销视角下的顾客价值共创行为影响机制。同时，对关系营销进行深入分析，提出不同的共享住宿消费者在面对不同类型的关系营销策略时会产生不同反应，并进一步探索关系营销策略与顾客自我建构对关系质量的交互影响，从而形成更具针对性的主客关系质量提升策略。

第一节 顾客价值共创、关系营销、社会交换理论

（一）顾客价值共创

1. 顾客价值共创理论

基于商品主导逻辑的价值创造理论认为，价值创造的主体只能是企业，企业将生成的价值单向传递给顾客，顾客则进行价值的使用和消耗（Vargo and Lusch，2004）。但是，随着产业结构的升级以及消费者需求日趋个性化，顾客开始介入商品设计、生产、使用等各个环节，企业也越来越希望与顾客进行双向互动而不是单向销售（Hidayatia and Novanib，2015）。因此，顾客不再仅仅是价值的使用者和消耗者，而成为价值创造者，与企业一起共同创造价值。这种双方甚至多方参与价值创造的过程被称作价值共创（楼芸和丁剑潮，2020）。

学界一致认为价值共创起源于价值共同生产（Ramírez，1999）。价值共同生产学说认为价值创造过程是同步和多方的，顾客作为共同生产者，通过投入自身的资源，与企业互动来参与生产和服务过程中的价值创造。然而，尽管价值共同生产学说承认顾客不再只是价值消耗者，但在很大程度上仍将顾客视作完成企业价值目标的资源和要素。在整个生产过程中，企业依然是价值创造的主导者。因此，价值共同生产并不是价值共创。之后一些学者认为，在价值创造过程中，顾客的体验和感受对于其参与价值共创至关重要，价值共创的主导角色应由生产者转移到消费者，因此形成了基于顾客体验的价值共创学说（Prahalad and Ramaswamy，2000）。基于顾客体验的价值共创学说认为顾客在价值创造中的角色更为主动积极，并进一步提出互动是共同创造价值的方式，企业与顾客通过互动来创造顾客体验。基于顾客体验的价值共创学说标志着价值共创思想的正式产生。同时，也有学者提出基于服务主导逻辑的价值共创学说（Vargo and Lusch，2004）。该学说的基本观点认为，一切经济最终都表现为通过服务让顾客获得价值，价值由顾客决定和共同创造，因此，共同创造的价值不再聚焦

于交换价值,而强调的是使用中的价值。综上可以看出,现有有关价值共创的研究以基于顾客体验的价值共创与基于服务主导逻辑的价值共创为主导。

2. 顾客价值共创行为及其测量

对于顾客来说,当其作为价值共创者时,就需要把自己的时间、精力、知识等资源奉献出来,将其与服务方的资源结合,最终通过互动来实现价值共创。实际上,顾客参与价值共创表现为不同的方式,因此不少学者对顾客价值共创中的具体行为进行了明确的界定与深入的探析。

在现有文献中,顾客价值共创行为普遍被划分为顾客参与行为与顾客公民行为。顾客参与行为是顾客为提升自身服务价值而必需的行为,属于角色内行为(Yi and Gong, 2013)。实施参与行为的顾客可以在一定程度上为服务方"分忧解难",帮助服务方达成服务目标。而顾客公民行为是组织公民行为衍生出来的概念(Gruen, 1995),是指顾客在服务过程中自愿采取的角色外行为(Groth, 2005),这种行为可以为自身以外的其他主体创造价值。因此,顾客参与行为与顾客公民行为的区别在于:前者是必需的角色内行为,后者是自愿的角色外行为;前者属于低度参与价值共创,后者属于高度参与价值共创。

针对顾客价值共创行为,Yi 和 Gong(2013)进行了量表开发,并得到了广泛应用。在该量表中,顾客参与行为包括信息寻求、信息共享、责任行为和个人互动。其中,信息寻求是指顾客主动查找与商家有关的信息,以增加了解;信息共享是指顾客愿意向销售方透露个人信息以帮助交易或服务的顺利进行;责任行为是指顾客履行自己作为顾客在交易活动中的职责;个人互动是指顾客与企业的互动联结,这是参与价值共创的关键,它意味着更多的信息传递与更频繁的人际接触。顾客公民行为包括反馈、倡导、帮助和容忍。反馈是指顾客及时、准确地将自己在商品使用或服务体验时的感受向卖方反馈,或是向卖方提出建议,目的是帮助卖方获得改进方向以提供更好的商品或服务;倡导是指顾客向他人推荐卖方(或该商品、服务),以帮助卖方获得更多顾客;帮助不仅包括为卖方提供直接帮助,也包括为其他价值共创者(如其他顾客)提供帮助;容忍则表示顾客对由销售方造成的失误表示谅解。

3. 影响顾客价值共创行为的主要因素

现有研究主要从顾客的内在动机及外部影响因素出发，探究顾客价值共创行为的形成路径。一些研究根据自我决定理论提出，个体的行为是自己决定的，所以顾客价值共创行为受内部动机和自身条件的驱使；另一些研究则认为，顾客的价值共创行为受环境影响。根据刺激—机体—反应（stimulus-organism-response，S-O-R）理论，顾客因环境产生的刺激形成某种内在感受，这种内在感受最终会激励他们做出价值共创这类外在行为反应（杨学成和涂科，2018）。因此，顾客价值共创行为一方面受内部动机的驱使，另一方面也受外部条件的影响。Prahalad 和 Ramaswamy（2004）的 DART 模型总结了价值共创产生的条件，即对话（dialogue）、途径（access）、风险（risk）和透明度（transparency）四个方面，为学者们进一步探索顾客价值共创行为的影响因素提供了思路。

在现有研究的基础上，本研究认为顾客价值共创行为会受到以下因素的影响：有利于价值共创实现的互动环境（Prahalad and Ramaswamy，2004）；顾客的能力、技术等各方面的资源（Bharti et al.，2015）；感知风险与利益；信息透明度（Prahalad and Ramaswamy，2004）；其他共创主体的特征及行为；顾客与其他共创主体的关系。

基于顾客体验的价值共创学说认为，顾客的消费或使用是价值创造的最终和关键活动（Wikström，1996）。基于服务主导逻辑的价值共创学说也认为，一切经济本质上都是服务经济（Vargo and Lusch，2004）。因此，在生产过程与消费过程具有同步性、顾客与企业（及其员工）互动更频繁的服务领域，顾客价值共创拥有得天独厚的实现条件，服务业中的价值共创研究也成为学者们关注的焦点。共享住宿作为一种服务经济，天然具有互动空间和互动主体，理应成为价值共创的重点研究领域，但令人遗憾的是，当前学界关于共享住宿顾客价值共创行为的研究还十分匮乏，已有的研究也仅仅关注价值共创的结果，而忽略了顾客参与价值共创的机制。例如，陈虎等（2020）的实证研究发现共创行为能够使顾客产生感知价值，进而提高共享住宿的满意度与忠诚度；Tsai 等（2017）发现民宿中房东与顾客的共同生产能进一步促进顾客的后续友好行为。这些研究都证实共享住宿中房东与住客的价值共创对主客双方带来了积极的影响，但是究竟如何激励和促使共享住宿顾客参与到价值共创中去，不仅是房东要思考的问题，也是研究者需要关注的焦点。共享住宿的特有属性要求房东不仅要具备从事服务所需的热情、主动、富有同理心等特质，还需要掌握与顾客交互、建立人际关系的技巧，从而使顾客获得更好的入住体验和满足其人际交往需求，而在该过程中形成的主客关系也是共享住宿体验的重要组成部分（张海洲等，2019），这种合作互惠的主客关系是成功实施价值共创的必要条件（Bharti et al.，2015）。所以可以初步推断，共享住宿中高质量的主客关系有利于价值的共同创造，主客关系成为顾客参与价值共创的重要影响因素。

（二）关系营销

1. 关系营销的概念

一项交易活动进行时，不仅发生了商品和服务的交换，也意味着交易双方关系的形成，特别是在服务业中，对于服务提供者来说，与顾客建立联系以了解顾客的需求是服务成功的一大前提（Crosby et al.，1990）。因此，越来越多的企业开始尝试与顾客建立深入、有意义且长期的关系（Aaker，1997）。市场营销的本质是建立具有赢利性的交换关系，这种交换关系的建立能更好地促进信息的输出与产品（服务）的销售（彭宇泓等，2021）。因此，关系营销在现代营销领域尤为重要。关系营销是指企业为了实现自身及利益相关者的目标而进行的识别、建立、维持、促进同消费者关系的行为（Berry，2002）。具体来说，关系营销是指通过一系列营销活动或策略来建立、发展和维持成功的交易关系。通过关系营销形成的交换关系更加稳固，这种稳固、长期的交换关系可以为顾客和商品生产者或服务提供者创造额外的价值（Grönroos，2000）。对顾客来说，注重关系营销的企业相比只提供商品的企业能够创造更多的价值（Grönroos，1997；Roya, et al.，2017）。例如，关系营销有助于服务供应商更深入地了解客户需求，让顾客获得定制化服务（Berry，1995）。对企业来说，关系营销提供了更多的顾客终身价值。例如，在大多数个人销售环境中，获取新客户的成本可能会超过维持现有客户的成本，而关系营销可以在更大程度上留住客户，进而减少成本（Berry，2002）。再如，企业通过关系营销所达成的顾客满意,会让顾客在后续消费过程中产生公民行为(Zhu et al.,2016)。此外,不少研究也发现,建立个人之间的关系比专注于企业与个人的关系更有效(Palmatier et al.,2006),在个人层面(如销售人员与顾客)建立的人际关系与反复接触有助于关系营销的成功实施(Berry,1995)。在共享住宿中,顾客可以与房东直接接触,这种个人层面的交往为房东有效实施关系营销创造了有利条件。

2. 关系营销的主要策略

关系营销相关研究表明,关系营销策略会影响交易双方的关系,而这种关系的建立、维持乃至升华的关键因素主要是销售方(或服务方)促进关系的行为以及自身特质。基于现有关系营销文献的研究结论,结合共享住宿的服务与消费特征,本研究认为共享住宿主客双方的交易关系受沟通和关系投资两种关系营销行为策略的影响,同时也受卖方的专业知识以及买卖双方的相似性两种关系营销特质策略的影响。换言之,在共享住宿情境下,可以将主客之间的沟通和房东对顾客的关系投资作为主动干预策略,将房东的专业知识和主客相似性作为被动适应策略来实施关系营销。

3. 关系质量

Moorman 等(1992)提出关系营销的核心思想在于通过提高关系质量来达到提升关系绩效或关系结果的目的。那么对于共享住宿的关系营销策略而言,可以通过提升主客关系质量来促使顾客价值共创行为的发生。关系质量是指顾客与交易伙伴之间的关系能够满足其特定需求的程度(Hennig-Thurau et al.,2002;何学欢等,2018),即顾客对整个服务过程以及关系的感知。学者们一致认为关系质量是一个由多个维度构成的高阶变量。一些学者将信任和承诺作为关系质量的两个维度,因为信任和承诺是关系营销策略成功的关键因素(Morgan and Hunt,1994)。也有学者认为关系质量由信任和满意两个维度构成(Rihova et al.,2018)。在此基础上,有学者将信任、承诺和满意共同作为关系质量的维度,提出了三维度的关系质量概念(Tonder and Petzer,2018)。但是具体到共享住宿情境中,本研究采纳Rihova 等(2018)的观点,认为信任和满意是共享住宿中主客关系质量的构成维度。承诺体现的是顾客对建立在情感纽带基础上的商业关系的长期导向(Goodwin and Gremler,1996),强调对关系的长期维系意愿,而顾客入住共享住宿大多出于商旅出行之需，具有偶发性和随机性，住客与房东建立长期商业关系的可能性不大，且不同于其他高频服务消费，住客长期频繁入住同一共享住宿的情况较少。因此，本研究不将承诺作为共享住宿中主客关系质量的构成维度。

关系质量中的信任是指一方相信另一方能够使自己得到期望结果的信念，是顾客对交易伙伴产生的信念感。这种信念感可能来自交易伙伴的能力、可靠性和自我意向（Moorman et al.，1992），也可能来自感知到的交易伙伴的正直、诚实和信心等（Lin，2012；Morgan and Hunt，1994）。本研究将顾客信任定义为顾客对交易方诚实和可靠性的认知，以及对其能够按照顾客期望做出有利于双方关系的行为的信念。

关系质量中的满意则指顾客对自己与交易方的互动体验进行评估后产生的情绪状态（Crosby et al.，1990）。服务中的满意是顾客在服务结果达到自身期望之后，所产生的愉悦感觉。顾客满意不是一种瞬间感受，而是基于过往的消费体验所产生的总体感受（Swanson et al.，2007）。

顾客的信任和满意是关系质量的两个维度，而且信任对满意有着积极影响（Berry，2002）。当顾客信赖对方时，顾客相信对方会在这段关系中产生积极的行为而不是消极的行为，也会更加注意积极结果的产生，最终形成更高的满意度（Andaleeb，1996）。信任也降低了交易风险与不确定性，使顾客更容易识别与自己期望相同的行为，从而产生满意（Swanson et al.，2007）。信任是顾客对交易对象的诚实和可信赖程度的认知，这样的认知可以提高顾客对整个交易体验的满意程度（黄林和郑大庆，2018）。

（三）社会交换理论

社会交换理论起源于美国，认为人与人之间关系的本质是一种社会交换（Blau，1964），人们通过关系的建立和互动来获得自身想要的利益。社会交换是个体的选择，因此需要一些规则来指导该选择的做出（Meeker，1971）。社会交换遵循六大原则，即互惠、理性、利他主义、群体利益、地位一致性和竞争。其中，互惠和理性两大原则常常被用于解释人与人之间的交换现象。

互惠被学者们视为社会交换的本质（Cropanzano and Mitchell，2005），

具体表现为，当人们受到他人的积极对待时，受互惠原则的影响，往往也会倾向于积极地对待他人，从而促进了交换双方利益的实现。并且，随着互惠行为的增加，社会交换关系也会得到增强（Gouldner，1960）。交换关系中也存在理性原则，理性原则指个体运用逻辑来推断可能的结果。人们在进行社会交换前，往往会理性地度量自己在这段关系中将会获得多大的利益，又将付出多大的成本，只有认为能够最大化自身利益时，个体才会加入社会交换中去（Meeker，1971）。理性原则传达的主要思想是人们与他人建立关系是为了使自己获得最大化的报酬。

社会交换理论在营销领域得到了广泛的应用。例如，在电商直播场景中，主播与顾客建立的关系纽带会增加顾客收益，基于互惠原则，顾客由此产生维系该段关系的承诺感，进而产生在线购买意愿（彭宇泓等，2021）。在旅游虚拟社区中，社区成员可以从与他人的互动分享中获得各种感知利益，进而产生有利于社区和其他成员的行为（谢礼珊等，2019）。同样，当共享住宿房东在做出关系促进行为即实施关系营销策略时，展现了对顾客的积极对待，顾客会因受益于这种积极对待而表现出信任和满意，同时基于互惠原则，会产生受益后的回报行为（即顾客价值共创行为）。此过程充分体现了顾客在共享住宿中的社会交换行为。

第二节 共享住宿顾客价值共创行为影响机制

在共享住宿中，主客关系已成为提高顾客心理所有权、提高顾客满意度、增强重购意愿的关键，这种生产者与消费者的关系也是影响顾客价值共创行为的主要因素。本节将考察主客关系在共享住宿顾客价值共创中的作用，同时讨论提升主客关系的关系营销策略，以沟通、关系投资两种主动实施策略以及专业知识与主客相似性两种被动适应策略为具体关系营销策略，基于社会交换理论，从关系营销角度揭示共享住宿中顾客价值共创行为的影响机制。

（一）模型构建

在消费者行为研究中，社会交换理论被普遍用来解释交易主体的行为

(彭宇泓等，2021)。社会交换理论表明，人与人之间关系的建立实则是一种利益交换过程（De Wulf et al.，2001）。根据社会交换理论的理性原则，个体与他人建立关系是为了使自身利益最大化（Meeker，1971）；同时，社会交换所遵循的互惠原则也表明，当人们在交换关系中受到他人的积极对待时，往往也会倾向于积极地对待他人，为他人生成内部性或外部性报酬（常亚平等，2015）。只有交换双方严格遵守互惠原则，交换关系才能持续。

在共享住宿中，社会交换理论可以解释关系营销—关系质量—顾客价值共创的传导过程。对于房东来说，实施关系营销是基于理性的考虑，其目的是获得主客关系产生的利益，即关系绩效（顾客价值共创行为），在此过程中房东虽然投入了自身资源，但是也获得了回报，实现了自身利益最大化；对于顾客来说，来自房东的关系营销体现了房东的积极对待，这种积极对待会使顾客获得更高的服务质量、产生更满意的入住体验，高质量的主客关系让顾客受益，出于互惠考虑，顾客也会主动参与到有利于双方的价值共创中去。

基于社会交换理论，构建共享住宿中的顾客价值共创理论模型（见图8-1）。

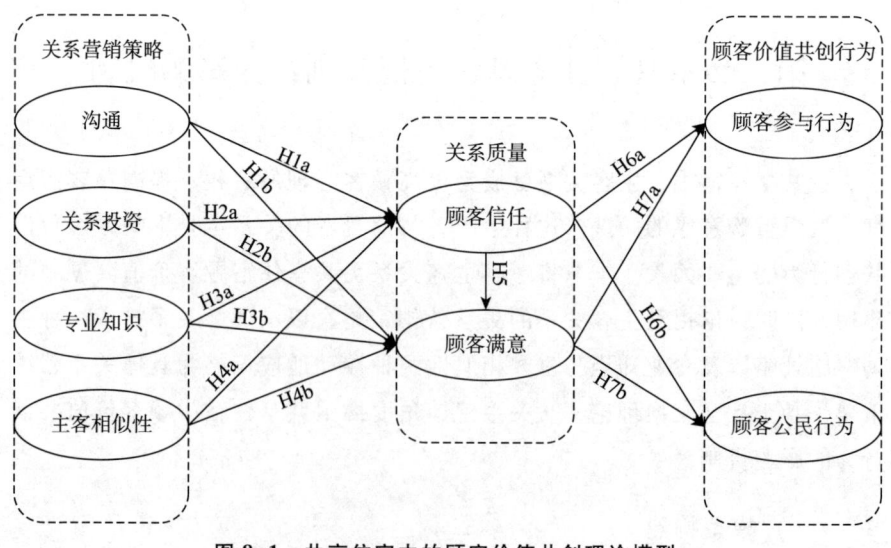

图8-1 共享住宿中的顾客价值共创理论模型

（二）假设发展

1. 关系营销策略与关系质量

（1）主动实施关系营销策略对关系质量的影响

沟通是指交易双方通过一定的渠道交换信息、思想和情感等行为来建立共识的过程（张振刚和李云健，2014）。沟通往往被认为是关系营销的第一步，也贯穿于整个销售过程。在营销中，沟通包含了交易伙伴之间共享信息的数量、频率和质量（Mohr et al.，1996）。沟通过程是双向互惠的，而不是单向的，交易双方都参与信息的输入和输出。营销文献表明，沟通还应该是诚实、开放的，因为只有这样的沟通才能够让顾客获得有关商品或服务的充分信息，从而有效减少顾客购买时的不确定感受（Mohr et al.，1996），也能够让销售方获得有关客户需求和偏好的信息，在一定程度上减少交易风险（Schoenbachler and Gordon，2002）。交易双方的有效沟通有助于顾客产生与企业建立良好关系的意愿，形成更高水平的关系质量，因为当企业通过及时的信息沟通来解决问题时，会让顾客觉得对方是有效率、有能力的，因此愿意信任对方，并且对对方的行动持续抱有信心（Ball et al.，2004）。此外，沟通也有助于提高顾客在服务质量、情感交往方面的体验，满足顾客需求，提升顾客满意度。在共享住宿中，沟通活动主要存在于房东与住客之间。当房东乐于沟通与信息披露时，会让住客感觉他（她）是坦诚的，因此会增加住客的信任感；当房东通过及时沟通以减少冲突和服务失败时，住客也会对其抱有信心，从而相信房东，对其服务也有更高的满意度；此外，由于共享住宿有着"家"一般的氛围，除交易关系外，房东与住客的沟通还能够增进双方感情，获得愉悦的情感体验，进而提高顾客的满意度。由此，提出以下假设。

H1：在共享住宿中，关系营销的沟通策略正向影响关系质量。

H1a：在共享住宿中，沟通正向影响顾客信任。

H1b：在共享住宿中，沟通正向影响顾客满意。

在营销中，关系投资指销售方对顾客投入资源、努力和关注的程度。在交易过程中，销售方可以通过为顾客提供特别服务、关心和善意等额外努力来实现关系投资（董晓舟和陈信康，2018）。关系投资是建立牢固关系的重要手段，一些研究也证明了关系投资与关系质量之间存在正相关关系。Ganesan（1994）发现零售人员的关系投资增进了客户对其的信任，这是由于实施关系投资的销售方往往具备充足的资源，代表了其解决问题的能力，同时关系投资还代表着销售方对顾客的特别照顾，因此顾客更愿意相信他们。Baker 等（1999）的研究认为，消费者会对那些付出额外努力的卖家更满意，因为在这样的额外帮助下，顾客能够获得更好的体验。虽然销售方在关系上投入时间和精力等资源是额外的投资，但由于这些投资会让顾客对销售方产生更多的信任和满意甚至产生后续的互惠行为，因此不少企业乐此不疲（Shi et al.，2011）。在共享住宿中，房东的关系投资可表现为花费大量的时间、精力来了解顾客需求，积极地向顾客提供帮助，为顾客提供个性化服务等，顾客不仅能够从中获得良好的体验，而且对房东个人也留下不错的印象。房东的关系投入越多，越能表现出其细心、体贴与提供帮助的能力，因此顾客对房东抱有积极信念，更信任房东；房东的努力也能帮助顾客获得自身所期望的共享住宿体验，因此会产生更高的满意度。由此，提出以下假设。

H2：在共享住宿中，关系营销的关系投资策略正向影响关系质量。

H2a：在共享住宿中，关系投资正向影响顾客信任。

H2b：在共享住宿中，关系投资正向影响顾客满意。

（2）被动适应关系营销策略对关系质量的影响

以往的研究表明，销售人员的特征也影响交易双方关系的建立与发展。其中，专业知识作为面向顾客的重要特征之一，是销售人员所具备的与职业相关的知识、经验与能力（Lee et al.，2005）。在共享住宿中，房东的专业知识体现为扎实的技术技能、丰富的经营经验、娴熟周到的服务等（Guttentag et al.，2018）。房东的专业知识可从共享住宿房间布置是否精美、设施是否完备、卫生是否洁净等方面体现（李燕琴等，2017）。在服务领域中，具备足够专业知识的服务人员通常能够更好地履行自己的职责，并在为顾客提供高质量服务、创造更多的价值（Crosby et al.，1990）、促进与顾客的关系（Palmatier et al.，2006）等方面不懈努力。专业性强的员工还能够减少时间、金钱等生产要素的浪费，降低服务失败的概率，从而获得顾客的信任（Hwang et al.，2013），也能通过提供专业的服务来提高客户满意度（Macintosh，2002）。在共享住宿中，具备扎实专业知识的房东能够在基本服务上避免犯错，提升服务质量的可靠性，进而提高住客对房东的信任感与满意感；在个性化服务上，为住客提供风格化、与当地历史文化融为一体的共享住宿产品以及热情周到且具有地方特色的服务体验，有助于住客真切感受到专业纯正的接待礼仪，获得令人满意的服务。由此，住客对房东也会给予更多肯定与信赖。由此，提出以下假设。

H3：在共享住宿中，房东的专业知识正向影响关系质量。

H3a：在共享住宿中，专业知识正向影响顾客信任。

H3b：在共享住宿中，专业知识正向影响顾客满意。

销售人员与顾客的相似性作为被动适应的关系营销策略也受到学者们的关注。相似性指的是交易双方个体在心理和行为特质上的外在或内在的相似程度（Smith，1998）。共享住宿中的主客相似性则是指房东与住客在心理和行为特质上的相似程度。个体之间的相似性既包括外表、生活方式、社会地位等方面的外在相似性（Crosby et al.，1990），也包含个性特征以及兴趣、价值观等内在相似性（Doney and Cannon，1997；Smith，1998）。根据相似吸引理论，人们常常被与自己相似的人所吸引并与之建立关系（Byrne，1971）。在营销中，交易双方的相似性也是关系强化的黏合剂。一方面，顾客同与自己相似的销售人员打交道时，会根据自身的特质推断对方的心理和行为，因此不确定性会减少，对销售人员的信任感会增加（Rodrigues et al.，2017）；另一方面，具有相似态度、价值观或经历的买卖双方能够迅速对话，且可以实现更好的沟通，获得更愉悦的情感体验，最终促进顾客对销售方的满意（Fu et al.，2018）。在共享住宿消费情景中，顾客在预订阶段会通过平台网站提供的房东和房间信息对个性、兴趣爱好、人生态度等房东特质与自己的相似性进行初步判断；在入住阶段则会通过空间布局、装修风格、物品陈设等房间静态展示，以及房东语言、行为等动态交互所彰显的房东特质来进一步验证或修正与自己的相似性判断。对于与自己相似的房东，顾客会以自身的特质和经验来推断房东心理与行为，从而降低消费过程中的不确定性，增强对房东的信任感。此外，相似的主客双方因为有更多的相同兴趣爱好，也会有更多的共同话题，产生更加频繁的互动，使顾客获得更加丰富的入住体验，提高对住宿的满意度。由此，提出以下假设。

H4：在共享住宿中，关系营销的主客相似性策略正向影响关系质量。

H4a：在共享住宿中，主客相似性正向影响顾客信任。

H4b：在共享住宿中，主客相似性正向影响顾客满意。

2. 关系质量中的信任与满意

信任和满意是关系质量的两个维度，同时已有研究表明，信任积极影响满意。信任是顾客对交易对象的诚实、能力和善意的认知，这些认知是顾客产生满意的必要前提（黄林和郑大庆，2018）。当顾客对销售方抱有信任感时，顾客相信销售方的行为会产生积极的结果或避免消极的结果（Andaleeb，1996），并且更能识别积极结果的产生，由此对销售方产生更高的满意度（Swanson et al.，2007）。由已有文献可以推断，在共享住宿中，当顾客对房东存在诚实、善意等认知时，就会更愿意与其深入交往，在社交与服务两个层面产生满意；同时，信任也会促使顾客对房东的后续行为抱有期待与信心，还会特别注意到预期结果的产生，最终形成更高程度的满意。由此，提出以下假设。

H5：在共享住宿中，顾客信任正向影响顾客满意。

3. 关系质量与顾客价值共创行为

（1）信任对顾客价值共创行为的影响

关系营销相关文献表明，顾客对关系内在质量的感知和对销售方所提供产品的评价，影响顾客在该关系中的行为：高质量的买卖双方关系对顾客的口碑宣传、重复购买以及与销售人员的互动等有积极影响。价值共创作为一种互惠行为，也受到顾客与互动主体关系的影响（张新圣和李先国，2017）。这是因为当顾客对双方关系持积极态度时，意味着顾客对这段关系会有更多的正面信息加工，这种内在的加工会引发外在的互惠行为（Anaza and Zhao，2013）。已有的研究已经在一定程度上证实了该过程的发生。例如，Walter 等（2003）发现在顾客参与新产品的开发设计过程中，顾客对企业的信任度越高，其参与行为越容易发生。同时也有研究表明，顾客对交易方的信任还会促进顾客公民行为的发生（杨学成和涂科，2018）。在共享住宿中，当顾客对房东抱有信任感时，意味着房东是诚实和可信赖的，顾客相信房东有能力、有意愿做出有利于双方关系的行为。

根据社会交换理论的逻辑，顾客基于这种信任，作为回报也会做出促进双方关系、为自己和房东创造价值的互惠行为，这种互惠行为既有可能是为提升服务体验的角色内行为（顾客参与行为），还有可能是自愿采取的角色外行为（顾客公民行为）。由此，提出如下假设。

H6：在共享住宿中，顾客信任正向影响顾客价值共创行为。

H6a：在共享住宿中，顾客信任正向影响顾客参与行为。

H6b：在共享住宿中，顾客信任正向影响顾客公民行为。

（2）满意对顾客价值共创行为的影响

个体在一段关系中的满意程度也会影响其后续的积极行为。在组织行为研究中，员工满意度的提高可以直接导致组织公民行为的发生（Chan and Lai，2017）。在消费者行为研究中，学者们基于社会交换理论提出，当顾客对企业的服务感到满足，或者感到其获得了超过期望的额外待遇时，他们会倾向于做出有利于对方的行为，参与到价值共创中去（Groth，2005）。因此，顾客满意会激发顾客的价值共创行为。在共享住宿的主客关系中，顾客满意包含了其对房东个人的喜爱及对其服务的满意度。根据社会交换理论，一方面，满意的顾客会对房东产生喜爱与欣赏等正面情感，获得社交与情感方面的愉悦，因此更愿意与房东进行互惠合作，即产生顾客参与行为和公民行为；另一方面，满意的顾客获得了服务需求的满足甚至超出预期的服务体验，因此即使面对角色以外的事，顾客也乐意去做，并会主动去做。由此，提出以下假设。

H7：在共享住宿中，顾客满意正向影响顾客价值共创行为。

H7a：在共享住宿中，顾客满意正向影响顾客参与行为。

H7b：在共享住宿中，顾客满意正向影响顾客公民行为。

4. 关系质量在关系营销策略与顾客价值共创行为中的中介作用

基于以上对关系营销策略、关系质量以及顾客价值共创行为的关系梳理和假设推导，本研究进一步提出关系质量在关系营销策略与顾客价值共创行为之间起着中介作用。根据社会交换理论，当顾客发现房东的关系营销策略能够降低自己的不确定性以及满足自己的各项需要时，会初步形成信任感和满意感，这是在顾客心理层面获得的内部性报酬；基于互惠原则，为了回报房东，顾客会参与到价值共创中，以生成外部性报酬。因此，房东若想要利用关系营销策略来促进顾客的价值共创行为，提升主客间的关系质量是不可或缺的中间环节。关系质量既体现了顾客在关系营销策略下信任和满意程度的提升，又促进了顾客价值共创行为的产生，因此房东的关系营销策略通过关系质量（顾客信任与满意）来影响顾客价值共创行为。类似的推导逻辑也在以往的研究结果中得到了验证：共享经济中顾客与平台的互动通过顾客心理所有权的满足来影响顾客的公民行为意向，顾客心理所有权作为顾客获得的内在报酬在其中发挥中介作用（孟韬和何畅，2019）；直播营销中企业与顾客的关系纽带通过顾客承诺来影响顾客的在线购买意愿，顾客承诺作为一种积极的心理感受，对关系纽带对在线购买意愿的影响发挥中介作用（彭宇泓等，2021）。

（1）顾客信任、顾客满意在沟通与顾客价值共创行为中的中介作用

在共享住宿中，房东与顾客的双向沟通可以加强顾客对房东的信任和满意，而信任与满意促进了顾客参与行为与顾客公民行为。顾客的信任与满意作为心理认知，既是主客沟通的结果，又是顾客价值共创行为的前因。沟通作为一种关系营销策略可以通过顾客的内部性报酬（顾客信任、顾客满意）来促进顾客价值共创行为，顾客信任、顾客满意在沟通与顾客参与行为、沟通与顾客公民行为之间起中介作用。因此，作为关系质量维度的顾客信任与顾客满意是沟通策略对顾客价值共创行为产生影响的内在机制，即主客间的沟通首先会促进顾客信任，进一步地，顾客的信任有利于其满意度的提高，由此生成的顾客满意最后会促进顾客价值共创行为的发生。因此，顾客信任与顾客满意作为中介变量在沟通和顾客价值共创行为间起着链式中介作用。由此，提出以下假设。

H8：在共享住宿中，关系质量对关系营销的沟通策略对顾客价值共创的影响起中介作用。

H8a：在共享住宿中，顾客信任在沟通与顾客参与行为间起中介作用。

H8b：在共享住宿中，顾客信任在沟通与顾客公民行为间起中介作用。

H8c：在共享住宿中，顾客满意在沟通与顾客参与行为间起中介作用。

H8d：在共享住宿中，顾客满意在沟通与顾客公民行为间起中介作用。

H8e：在共享住宿中，顾客信任和满意在沟通与顾客参与行为间起链式中介作用。

H8f：**在共享住宿中，顾客信任和满意在沟通与顾客公民行为间起链式中介作用。**

（2）顾客信任、顾客满意在关系投资与顾客价值共创行为中的中介作用

当房东对顾客进行关系投资时，可以加强顾客对房东的信任和满意，而信任与满意可以促进顾客的价值共创行为。顾客的信任与满意作为内在性报酬，既是房东关系投资的结果，又是引发顾客价值共创行为的前因，因此可以推断，信任与满意在关系投资与顾客价值共创行为之间起中介作用。顾客信任与满意两者既单独在关系投资与顾客价值共创行为间起中介作用，又共同作为中介变量，形成顾客信任与顾客满意中介链，在关系投资与顾客价值共创行为间发挥着链式中介作用。由此，提出以下假设。

H9：**在共享住宿中，关系质量对关系营销的关系投资策略对顾客价值共创的影响起中介作用。**

H9a：**在共享住宿中，顾客信任在关系投资与顾客参与行为间起中介作用。**

H9b：**在共享住宿中，顾客信任在关系投资与顾客公民行为间起中介作用。**

H9c：**在共享住宿中，顾客满意在关系投资与顾客参与行为间起中介作用。**

H9d：**在共享住宿中，顾客满意在关系投资与顾客公民行为间起中介作用。**

H9e：**在共享住宿中，顾客信任和满意在关系投资与顾客参与行为间起链式中介作用。**

H9f：**在共享住宿中，顾客信任和满意在关系投资与顾客公民行为间起链式中介作用。**

（3）顾客信任、顾客满意在专业知识与顾客价值共创行为中的中介作用

房东的专业知识可以正向影响顾客的信任和满意，而信任与满意可以促进顾客价值共创行为。根据互惠原则，房东专业知识需通过顾客信任与满意程度的提高才能引发顾客的价值共创行为，信任与满意在专业知识与

顾客价值共创行为之间起中介作用。顾客信任与满意两者既单独在专业知识与顾客价值共创行为间起中介作用，又形成顾客信任和顾客满意中介链，发挥着链式中介作用。由此，提出以下假设。

H10：在共享住宿中，关系质量对关系营销的专业知识策略对顾客价值共创的影响起中介作用。

H10a：在共享住宿中，顾客信任在专业知识与顾客参与行为间起中介作用。

H10b：在共享住宿中，顾客信任在专业知识与顾客公民行为间起中介作用。

H10c：在共享住宿中，顾客满意在专业知识与顾客参与行为间起中介作用。

H10d：在共享住宿中，顾客满意在专业知识与顾客公民行为间起中介作用。

H10e：在共享住宿中，顾客信任和满意在专业知识与顾客参与行为间起链式中介作用。

H10f：在共享住宿中，顾客信任和满意在专业知识与顾客公民行为间起链式中介作用。

（4）顾客信任、顾客满意在主客相似性与顾客价值共创行为中的中介作用

主客相似性可以正向影响顾客的信任和满意，而信任与满意可以正向促进顾客价值共创行为。因此，顾客的信任与满意作为内部性报酬，既是主客相似性所产生的结果，又是顾客价值共创行为这类回报行为的前因，顾客信任与满意在主客相似性与顾客价值共创行为之间起中介作用。顾客信任与满意两者既单独在主客相似性与顾客价值共创行为间起中介作用，又形成顾客信任和顾客满意中介链，发挥着链式中介作用。由此，提出以下假设。

H11：在共享住宿中，关系质量对关系营销的主客相似性策略对顾客价值共创的影响起中介作用。

H11a：在共享住宿中，顾客信任在主客相似性与顾客参与行为间起中介作用。

H11b：在共享住宿中，顾客信任在主客相似性与顾客公民行为间起中

介作用。

H11c：在共享住宿中，顾客满意在主客相似性与顾客参与行为间起中介作用。

H11d：在共享住宿中，顾客满意在主客相似性与顾客公民行为间起中介作用。

H11e：在共享住宿中，顾客信任和满意在主客相似性与顾客参与行为间起链式中介作用。

H11f：在共享住宿中，顾客信任和满意在主客相似性与顾客公民行为间起链式中介作用。

（三）研究设计

1. 变量的操作性定义

本研究在先行研究的基础上，结合共享住宿的研究背景，对模型中的各个构念进行操作性定义。在对沟通、关系投资、专业知识、主客相似性、顾客信任、顾客满意、顾客参与行为、顾客公民行为8个构念的量表设计上，先参考以往文献的成熟量表，再结合共享住宿实际情境进行改编，最终形成本研究的量表。其中，沟通的测量参考 Alrubaiee（2010）的量表，关系投资的测量采用了 Shi 等（2011）的量表，专业知识的测量参考 Kim 和 Cha（2002）的量表，主客相似性的测量量表在 Smith（1998）和 Lee 等（2019）的量表基础上加以改编形成，顾客信任和顾客满意的度量参考 Shamdasani 和 Balakrishnan（2000）以及 Moon 等（2019）的量表，最后，在 Yi 和 Gong（2013）的成熟量表中提炼出顾客参与行为和顾客公民行为的题项。所有题项均采用李克特7级量表，"1"表示完全反对，"7"表示完全同意，具体的构念操作性定义见表8-1。

表8-1 潜变量的定义及测量量表

潜变量	定义	题项	量表参考
沟通（COM）	共享住宿主客之间的信息、思想和情感交换过程	COM1：在我订购房间后房东会及时跟我联系 COM2：房东以友好的态度与我交流 COM3：房东乐意回答我提出的问题 COM4：房东积极地与我进行沟通交流	Alrubaiee（2010）

续表

潜变量	定义	题项	量表参考
关系投资（RI）	共享住宿房东为建立关系，对顾客投入资源、努力和关注的程度	RI1：房东花很多时间来了解我的需求 RI2：房东积极地促进我们之间的关系 RI3：房东真心实意地帮助我 RI4：房东有意识地对我们之间的关系进行投入	Shi 等（2011）
专业知识（EXP）	共享住宿房东在民宿经营方面的知识、经验和能力	EXP1：房东对民宿产品和服务有充分的了解 EXP2：房东注重自我提升，以提供更好的服务 EXP3：房东有提供民宿服务的能力	Kim 和 Cha（2002）
主客相似性（SIM）	共享住宿房东与顾客在各方面特质上相像的程度	SIM1：房东的兴趣爱好与我相似 SIM2：房东对事物的偏好与我相似 SIM3：房东对社会的看法与我相似 SIM4：房东对生活的态度与我相似	Smith（1998）、Lee 等（2019）
顾客信任（TRU）	顾客对房东诚实、可靠的认知以及能按照顾客期望行动的信念	TRU1：我认为房东是诚实可信的 TRU2：我认为我可以信赖房东 TRU3：我认为房东是真诚的	Shamdasani 和 Balakrishnan（2000）、Moon 等（2019）
顾客满意（SAT）	共享住宿服务达到顾客自身的期望后所产生的愉悦感受	SAT1：我觉得房东很讨人喜欢 SAT2：房东提供了我想要的服务 SAT3：房东提供了很不错的服务 SAT4：我在该民宿的住宿经历是积极的	Shamdasani 和 Balakrishnan（2000）、Moon 等（2019）
顾客参与行为（CPB）	共享住宿顾客为提升自身服务价值所必需的角色内行为	CPB1：在住宿过程中，我把我的需求清晰地告诉给房东 CPB2：我遵守了该民宿的相关要求 CPB3：我友善地对待房东	Yi 和 Gong（2013）
顾客公民行为（CCB）	共享住宿顾客实施的非必需但可以为双方甚至其他主体增值的角色外行为	CCB1：如果我有优化民宿服务的好建议，我会告知房东 CCB2：我向他人推荐这家民宿和房东 CCB3：我鼓励亲朋好友选择这家民宿	Yi 和 Gong（2013）

2. 问卷设计与发放

调查问卷最前端设置了筛选题，让受访者回答"请问您是否住过民宿"，如果受访者选择"否"，则调查结束；如果受访者选择"是"，则需要他们填写包含三个部分的问卷。第一部分为受访者最近一次的出游及民宿入住信息，第二部分包含了所有构念的测量题项，第三部分是有关受访者的个人基本信息。初始问卷形成后，对其进行预测试。邀请四川师范大学的120名师生填写问卷，根据问卷结果剔除对 Cronbach's α 有负向影响的题项和被试者反映表意不明的题项后，形成本研究的正式调查问卷。

正式调查于2021年1~2月开展,共历时40多天。通过线上和线下相结合的方式发放问卷,线上主要是指在微信朋友圈、微博、豆瓣等开放式社交平台发布问卷,线下则是前往人流量大的景区、公园邀请游客填写问卷。正式调查共收集504份问卷,筛选去除未住过民宿的102份问卷后为402份,同时剔除答题时间低于2分钟与量表题项得分一致的问卷39份,最终有效问卷为363份。

(四)描述性统计与信效度检验

1. 样本描述性统计分析

问卷的个人信息部分包括性别、年龄、职业、学历和月收入。运用SPSS 23.0对该部分的数据进行处理后得出以下结论。在性别方面,最终样本中的男性占42.7%,女性占57.3%,女性比例多于男性。在年龄方面,18~30岁的人群居多,占样本总量的80.7%,反映了共享住宿顾客群体整体偏年轻化,说明年轻人更愿意尝试共享住宿这种充满个性化、非标准化的住宿形式。在职业方面,样本中学生居多,占51.8%;其次是企业人员,占总样本的21.8%。原因可能是这部分人员有相对充足的空余时间出游,更愿意选择能获得深度旅游体验的共享住宿形式。在学历方面,大学本科占比最大,为54.6%,硕士及以上学历的占比排第二,为36.1%,学历为大学专科的样本占比为5.2%,高中及以下的占比为4.1%。在收入方面,月收入在4000元以下的人群较多,占总样本的54%,这可能与学生占据较大比例有关;其余收入阶层的人群占比差异不大。

总体来看,调查样本具有女性多于男性、年轻群体占比较大、学历较高等特点,符合《2020年度民宿行业研究报告》中的民宿消费者群体特征,因此本研究样本具有一定的代表性。具体统计数据如表8-2所示。

表8-2 调查样本的个人基本信息

类别	选项	人数(人)	占比(%)
性别	男	155	42.7
	女	208	57.3

续表

类别	选项	人数（人）	占比（%）
年龄	18~30岁	293	80.7
	31~40岁	45	12.4
	41~50岁	13	3.6
	51~60岁	10	2.7
	>60岁	2	0.6
职业	学生	188	51.8
	行政机关人员	14	3.9
	事业单位人员	32	8.8
	企业人员	79	21.8
	自由职业者	36	9.9
	其他	14	3.8
学历	高中及以下	15	4.1
	大学专科	19	5.2
	大学本科	198	54.6
	硕士及以上	131	36.1
月收入	<4000元	196	54.0
	4000~6000元	45	12.4
	6001~8000元	29	8.0
	8001~10000元	38	10.5
	>10000元	55	15.1

2. 信度与效度检验

本研究采用SPSS 23.0对量表的Cronbach's α进行检验，各潜变量的Cronbach's α为0.825~0.907，各潜变量的建构信度（CR）为0.842~0.913，均高于最低水平0.7，表明量表具有良好的信度。具体结果见表8-3。

量表的效度一般包括内容效度、收敛效度以及判别效度。为了保证本研究问卷的内容效度，参考相关权威文献，基于社会交换理论来构建模型，参照成熟量表进行量表设计，还通过预测试对量表进行改进，因此本研究量表的内容效度良好。利用AMOS 23.0软件对测量模型进行验证性因子分析，结果显示：测量模型的 χ^2/df 值为 2.406，处于 1~3 的范围；RMSEA 值为 0.062，小于 0.08 这一临界值；CFI、NFI、IFI、TLI 值分别为 0.944、0.909、0.945、0.935，均大于 0.9；GFI 和 AGFI 值分别为 0.869、0.835，均大于 0.8。因此，测量模型具有良好的拟合度。除此之外，量表中的测量题项在其所对应的潜变量上的标准化因子载荷取值为 0.602~0.927，均超过 0.6 的临界值且高度显著，所有潜变量的平均方差抽取量（AVE）为 0.645~0.757，均高于 0.5 的最低要求，以上参数均说明量表具有较好的收敛效度。同时，每个潜变量 AVE 值的平方根（表 8-4 中对角线上的数字）均大于该潜变量与其他潜变量间的相关系数，显示出量表具有较好的判别效度。

表 8-3 信度与效度分析结果

潜变量	题项	标准化因子载荷	Cronbach's α	CR	AVE
沟通（COM）	COM1	0.857	0.855	0.878	0.645
	COM2	0.857			
	COM3	0.791			
	COM4	0.696			
关系投资（RI）	RI1	0.798	0.900	0.902	0.699
	RI2	0.919			
	RI3	0.773			
	RI4	0.846			
专业知识（EXP）	EXP1	0.833	0.880	0.884	0.717
	EXP2	0.858			
	EXP3	0.849			
主客相似性（SIM）	SIM1	0.784	0.893	0.895	0.680
	SIM2	0.849			
	SIM3	0.879			
	SIM4	0.782			
顾客信任（TRU）	TRU1	0.840	0.902	0.903	0.757
	TRU2	0.880			
	TRU3	0.889			

续表

潜变量	题项	标准化因子载荷	Cronbach's α	CR	AVE
顾客满意（SAT）	SAT1	0.758	0.907	0.913	0.725
	SAT2	0.896			
	SAT3	0.907			
	SAT4	0.836			
顾客参与行为（CPB）	CPB1	0.602	0.825	0.842	0.646
	CPB2	0.927			
	CPB3	0.846			
顾客公民行为（CCB）	CCB1	0.625	0.843	0.857	0.672
	CCB2	0.897			
	CCB3	0.906			

表8-4 验证性因子分析判别效度检验

潜变量	COM	RI	EXP	SIM	TRU	SAT	CPB	CCB
COM	0.803							
RI	0.502	0.836						
EXP	0.752	0.769	0.847					
SIM	0.360	0.651	0.520	0.825				
TRU	0.665	0.726	0.776	0.551	0.870			
SAT	0.701	0.822	0.830	0.532	0.809	0.851		
CPB	0.722	0.533	0.656	0.362	0.660	0.733	0.804	
CCB	0.600	0.699	0.715	0.516	0.690	0.750	0.655	0.820

注：对角线上的值为潜变量平均方差抽取量的平方根。

（五）假设检验

为了更好地验证模型中各潜变量之间的关系，首先对结构模型的拟合度进行检验。结果显示：结构模型的 χ^2/df 值为2.532，处于1~3的理想范围；RMSEA值为0.065，小于0.08；CFI、NFI、IFI、TLI值分别为0.938、0.902、0.938、0.929，均在大于0.9的理想范围；GFI和AGFI分别为0.855、0.823，处于大于0.8的可接受范围。从以上指数可以判断，结构模型具有良好的拟合度，该模型可以用于假设检验。

1. 直接效应检验

通过 AMOS 23.0 输出的路径系数结果（如表 8-5 所示），可以检验变量间的关系，从而验证假设是否成立。沟通、关系投资与专业知识到顾客信任和顾客满意的路径系数为正且显著，说明沟通、关系投资与专业知识对顾客信任和满意均具有显著的正向影响，因此假设 H1a、H1b、H2a、H2b、H3a、H3b 成立；同样，主客相似性到顾客信任的路径系数为正且显著，因此主客相似性对顾客信任具有显著的正向影响，但主客相似性到顾客满意的路径系数不显著，因此主客相似性对顾客满意不存在显著影响，H4a 成立，但 H4b 不成立。其中，主客相似性对顾客满意影响不显著的原因可能是，主客相似性虽然能够形成房东与顾客的互相吸引，但是这种吸引可能是暂时的，不具有持续性和长期性，因此顾客满意这种入住体验后生成的感受与主客相似性的直接关系不大。其余假设 H5、H6a、H6b、H7a、H7b 均得到验证，顾客满意和信任对顾客参与行为和顾客公民行为存在显著的正向影响，顾客信任对顾客满意存在显著的正向影响。假设检验结果如表 8-6 所示。

表 8-5 结构模型路径系数

路径	标准化路径系数	S.E.	t	p	显著性
沟通→顾客信任	0.258	0.078	3.761	***	显著
沟通→顾客满意	0.238	0.066	4.184	***	显著
关系投资→顾客信任	0.290	0.066	3.615	***	显著
关系投资→顾客满意	0.439	0.057	6.464	***	显著
专业知识→顾客信任	0.303	0.094	3.014	0.003	显著
专业知识→顾客满意	0.175	0.078	2.143	0.032	显著
主客相似性→顾客信任	0.114	0.054	2.171	0.030	显著
主客相似性→顾客满意	-0.047	0.044	-1.127	0.260	不显著
顾客信任→顾客满意	0.222	0.062	3.673	***	显著
顾客信任→顾客参与行为	0.182	0.062	2.108	0.035	显著
顾客信任→顾客公民行为	0.215	0.091	2.687	0.007	显著
顾客满意→顾客参与行为	0.599	0.066	6.425	***	显著
顾客满意→顾客公民行为	0.598	0.090	7.365	***	显著

注：*** 表示 $p<0.001$。

表 8-6 假设验证结果

研究假设	验证结果
H1a：在共享住宿中，沟通正向影响顾客信任	成立
H1b：在共享住宿中，沟通正向影响顾客满意	成立
H2a：在共享住宿中，关系投资正向影响顾客信任	成立
H2b：在共享住宿中，关系投资正向影响顾客满意	成立
H3a：在共享住宿中，专业知识正向影响顾客信任	成立
H3b：在共享住宿中，专业知识正向影响顾客满意	成立
H4a：在共享住宿中，主客相似性正向影响顾客信任	成立
H4b：在共享住宿中，主客相似性正向影响顾客满意	不成立
H5：在共享住宿中，顾客信任正向影响顾客满意	成立
H6a：在共享住宿中，顾客信任正向影响顾客参与行为	成立
H6b：在共享住宿中，顾客信任正向影响顾客公民行为	成立
H7a：在共享住宿中，顾客满意正向影响顾客参与行为	成立
H7b：在共享住宿中，顾客满意正向影响顾客公民行为	成立

2. 中介效应检验

为了进一步探究共享住宿中关系营销策略对顾客价值共创行为的影响机制，本研究将验证关系质量在关系营销策略与顾客价值共创行为之间的中介效应。运用 AMOSS 23.0 软件，采用偏差校正的 Bootstrap 法在模型中进行中介效应的检验。将 Bootstrap 的再抽样次数设置为 5000 次，根据间接效应的 95% 置信区间是否包含 0 来判断中介效应是否显著。因为在直接效应的假设检验中，主客相似性对顾客满意的影响不显著，所以不再对包含主客相似性与顾客满意的关系做中介效应分析，假设 H11c、H11d 不成立。中介效应检验结果如表 8-7 所示。

沟通与顾客价值共创行为之间的中介效应检验结果显示：顾客信任在沟通与顾客参与行为间的中介效应不显著，间接效应的 95% 置信区间为 [-0.001, 0.112]，包含 0，假设 H8a 不成立；顾客信任在沟通与顾客公民行为间的中介效应显著，间接效应值为 0.071，假设 H8b 成立。顾客满意在沟通与顾客参与行为、沟通与顾客公民行为间的中介效应显著，间接效应值分别为 0.142 和 0.143，假设 H8c、H8d 成立。同时，当顾客信任和满意形成顾客信任—顾客满意的中介链时，该中介链在沟通与顾客参与行为、沟通与顾客公民行为间的中介效应显著，间接效应值分别为 0.027 和

0.043，假设 H8e 与 H8f 成立。

关系投资与顾客价值共创行为之间的中介效应检验结果显示：顾客信任在关系投资与顾客参与行为间、关系投资与顾客公民行为间存在中介效应，间接效应值分别为 0.052 和 0.061；顾客满意在关系投资与顾客参与行为间、关系投资与顾客公民行为间的中介效应也显著，间接效应值均为 0.244。同时，顾客信任和满意共同作为中介变量，在关系投资与顾客参与行为、关系投资与顾客公民行为间起链式中介作用，间接效应值均为 0.037。因此，假设 H9a~H9f 成立。

专业知识与顾客价值共创行为之间的中介效应检验结果显示：顾客信任在专业知识与顾客参与行为间的中介效应不显著，间接效应的 95% 置信区间为 [-0.001, 0.153]，包含 0，因此假设 H10a 不成立。顾客信任在专业知识与顾客公民行为间的中介效应显著，间接效应值为 0.064，H10b 成立。顾客满意在专业知识与顾客参与行为、专业知识与顾客公民行为间的中介效应显著，间接效应值均为 0.110。当顾客信任和满意形成顾客信任—顾客满意的中介链时，该中介链在专业知识与顾客参与行为、专业知识与顾客公民行为间的中介效应显著，间接效应值均为 0.039。因此，假设 H10c、H10d、H10e、H10f 成立。

主客相似性与顾客价值共创行为之间的中介效应检验结果显示：顾客信任在主客相似性与顾客参与行为、主客相似性与顾客公民行为间的中介效应均不显著，间接效应的 95% 置信区间分别为 [-0.001, 0.068] 和 [0.000, 0.076]，均包含 0，因此假设 H11a、H11b 不成立。顾客信任—顾客满意的中介链在主客相似性和顾客参与行为、主客相似性与顾客公民行为间的中介效应显著，间接效应值均为 0.015，因此假设 H11e、H11f 成立。有关假设验证结果如表 8-8 所示。

表 8-7 中介效应检验的 Bootstrap 分析

路径	间接效应值	S.E.	95%置信区间		p
			下限	上限	
沟通→顾客信任→顾客参与行为	0.038	0.034	-0.001	0.112	0.057
沟通→顾客信任→顾客公民行为	0.071	0.032	0.003	0.166	0.040

续表

路径	间接效应值	S.E.	95%置信区间		p
			下限	上限	
沟通→顾客满意→顾客参与行为	0.142	0.050	0.057	0.253	0.001
沟通→顾客满意→顾客公民行为	0.143	0.044	0.068	0.241	0.001
沟通→顾客信任→顾客满意→顾客参与行为	0.027	0.014	0.009	0.060	0.003
沟通→顾客信任→顾客满意→顾客公民行为	0.043	0.015	0.015	0.098	0.002
关系投资→顾客信任→顾客参与行为	0.052	0.036	0.002	0.152	0.043
关系投资→顾客信任→顾客公民行为	0.061	0.037	0.006	0.155	0.027
关系投资→顾客满意→顾客参与行为	0.244	0.051	0.158	0.358	0.000
关系投资→顾客满意→顾客公民行为	0.244	0.057	0.149	0.374	0.001
关系投资→顾客信任→顾客满意→顾客参与行为	0.037	0.020	0.010	0.092	0.004
关系投资→顾客信任→顾客满意→顾客公民行为	0.037	0.020	0.010	0.093	0.004
专业知识→顾客信任→顾客参与行为	0.055	0.039	-0.001	0.153	0.052
专业知识→顾客信任→顾客公民行为	0.064	0.041	0.004	0.169	0.032
专业知识→顾客满意→顾客参与行为	0.110	0.056	0.005	0.230	0.036
专业知识→顾客满意→顾客公民行为	0.110	0.056	0.006	0.233	0.035
专业知识→顾客信任→顾客满意→顾客参与行为	0.039	0.020	0.009	0.093	0.004
专业知识→顾客信任→顾客满意→顾客公民行为	0.039	0.020	0.009	0.090	0.005
主客相似性→顾客信任→顾客参与行为	0.021	0.016	-0.001	0.068	0.063
主客相似性→顾客信任→顾客公民行为	0.024	0.019	0.000	0.076	0.050
主客相似性→顾客信任→顾客满意→顾客参与行为	0.015	0.010	0.001	0.043	0.023
主客相似性→顾客信任→顾客满意→顾客公民行为	0.015	0.010	0.001	0.041	0.027

表 8-8 中介假设验证结果

假设	验证结果
H8a：在共享住宿中，顾客信任在沟通与顾客参与行为间起中介作用	不成立
H8b：在共享住宿中，顾客信任在沟通与顾客公民行为间起中介作用	成立
H8c：在共享住宿中，顾客满意在沟通与顾客参与行为间起中介作用	成立
H8d：在共享住宿中，顾客满意在沟通与顾客公民行为间起中介作用	成立
H8e：在共享住宿中，顾客信任和满意在沟通与顾客参与行为间起链式中介作用	成立
H8f：在共享住宿中，顾客信任和满意在沟通与顾客公民行为间起链式中介作用	成立
H9a：在共享住宿中，顾客信任在关系投资与顾客参与行为间起中介作用	成立

续表

假设	验证结果
H9b：在共享住宿中，顾客信任在关系投资与顾客公民行为间起中介作用	成立
H9c：在共享住宿中，顾客满意在关系投资与顾客参与行为间起中介作用	成立
H9d：在共享住宿中，顾客满意在关系投资与顾客公民行为间起中介作用	成立
H9e：在共享住宿中，顾客信任和满意在关系投资与顾客参与行为间起链式中介作用	成立
H9f：在共享住宿中，顾客信任和满意在关系投资与顾客公民行为间起链式中介作用	成立
H10a：在共享住宿中，顾客信任在专业知识与顾客参与行为间起中介作用	不成立
H10b：在共享住宿中，顾客信任在专业知识与顾客公民行为间起中介作用	成立
H10c：在共享住宿中，顾客满意在专业知识与顾客参与行为间起中介作用	成立
H10d：在共享住宿中，顾客满意在专业知识与顾客公民行为间起中介作用	成立
H10e：在共享住宿中，顾客信任和满意在专业知识与顾客参与行为间起链式中介作用	成立
H10f：在共享住宿中，顾客信任和满意在专业知识与顾客公民行为间起链式中介作用	成立
H11a：在共享住宿中，顾客信任在主客相似性与顾客参与行为间起中介作用	不成立
H11b：在共享住宿中，顾客信任在主客相似性与顾客公民行为间起中介作用	不成立
H11c：在共享住宿中，顾客满意在主客相似性与顾客参与行为间起中介作用	不成立
H11d：在共享住宿中，顾客满意在主客相似性与顾客公民行为间起中介作用	不成立
H11e：在共享住宿中，顾客信任和满意在主客相似性与顾客参与行为间起链式中介作用	成立
H11f：在共享住宿中，顾客信任和满意在主客相似性与顾客公民行为间起链式中介作用	成立

（六）结果讨论

本节解析了关系营销下的顾客价值共创行为形成机制（见图8-2），对所提出假设逐一进行检验，揭示了各变量之间的关系：四种营销策略对顾客信任均存在正向影响，除了主客相似性以外，沟通、关系投资与专业知识对顾客满意均存在促进作用；顾客信任及满意对顾客参与行为和顾客公民行为存在正向影响；顾客信任促进顾客满意。同时，本研究还验证了信任和满意在四种关系营销策略与顾客价值共创行为间的简单中介作用和链式中介作用。

比较四种关系营销策略对信任和满意的影响程度可以发现：沟通、关系投资、专业知识、主客相似性均对顾客信任存在正向影响，其中专业知识的影响程度最深（$\gamma = 0.303$，$p<0.01$），说明在民宿中，房东的专业知

识是促进顾客信任的首要因素；同时，沟通、关系投资、专业知识均对顾客满意存在正向影响，其中关系投资的影响程度最深（γ = 0.439，p < 0.001），说明在这三者中，房东向顾客投入时间、精力和资源能让顾客获得直接帮助，是促进顾客满意的最重要因素。

作为关系质量的两个维度，顾客信任和顾客满意均积极影响顾客价值共创行为。相对于顾客信任，顾客满意对顾客参与行为（γ = 0.599，p < 0.001）和顾客公民行为（γ = 0.598，p<0.001）存在更大的正向影响，说明顾客满意是促进顾客做出价值共创行为的更为重要的因素。

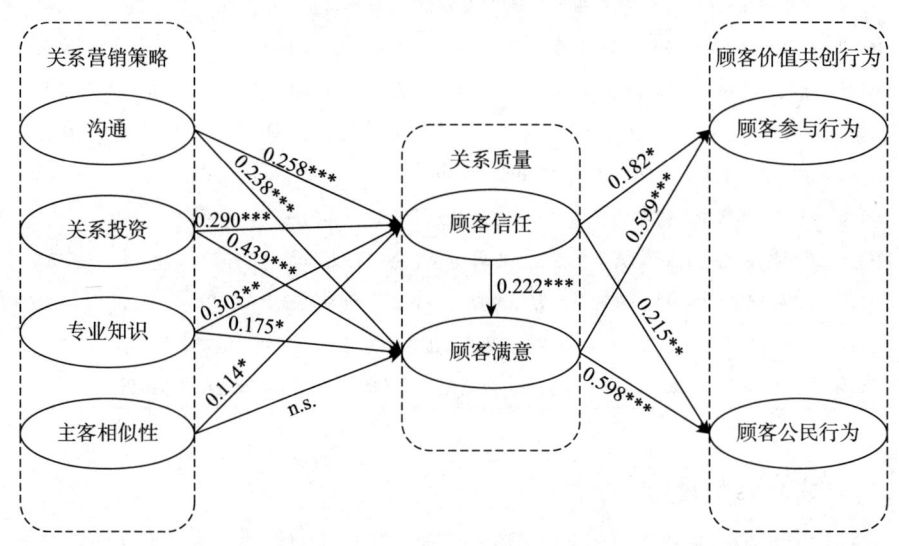

注：***表示p<0.001，**表示p<0.01，*表示p<0.05。

图 8-2　结构模型路径系数估计结果

房东实施关系投资以促进顾客参与行为与顾客公民行为的过程，既可以单独通过顾客信任来实现，也可以单独通过顾客满意来实现，同时，关系投资还通过顾客信任的产生，再通过顾客满意的达成来促进顾客参与行为与顾客公民行为。在房东的专业知识促进顾客参与行为的过程中，经过了专业知识—顾客满意—顾客参与行为以及专业知识—顾客信任—顾客满意—顾客参与行为这两条中介路径；在对顾客公民行为的影响路径方面，则经过了专业知识—顾客信任—顾客参与行为、专业知识—顾客满意—顾客公民行为以及专业知识—顾客信任—顾客满意—顾客公民行为这三条中介路径来实现。主客相似性并不能直接导致顾客满意，只能先通过顾客信任的建立，再通过顾客满意程度的提高来正向影响顾客参与行为与顾客公民行为。

第三节　顾客价值共创中的关系质量提升策略

上一节的研究结论表明，关系质量是共享住宿中顾客参与价值共创的核心中介变量。在实施关系营销时，沟通、关系投资、专业知识和主客相似性通过关系质量的中介作用促使顾客参与价值共创活动。沟通和关系投资两种主动实施关系策略强调房东行为的主动性，专业知识和主客相似性两种被动适应关系策略注重房东的个性特质。关系质量往往受到交易双方行为和特质的影响，也就是说，关系质量不仅与房东的特质和行为有关，也与住客的特质有关。但上一节只关注了房东的特质和行为，忽略了住客的特质。因此，本节将扩展上节的研究结论，在考虑住客特质的情况下，探讨关系营销策略如何提升关系质量。

（一）理论基础

1. 自我建构理论

自我建构是指个体对自我与其他个体、群体或环境的关系的意识（Markus and Kitayama，1991）。根据个体是把自己看作独立的，还是与他人紧密联系的，自我建构包括两种类型，即独立型自我建构和相依型自我建构（Markus and Kitayama，1991）。独立型自我建构的个体常常保持一种自主性，强调自身价值与能力的提高（Kitayama et al.，1997）；相依型自我建构的个体则以适应周遭环境、与他人和谐相处为目标（Torelli，2006）。因此，独立型自我建构的个体更重视能力提升相关的活动，而相依型自我建构的个体，则更在意那些促进关系稳定性与和谐性的活动（Markus and Kitayama，1991）。个体的自我建构与所处的文化环境相关，在以个人主义文化为主的西方社会，个体更加注重自己内心的感受，更追求自我尊重，容易形成独立型自我建构；而在东方社会，受传统文化与集体主义价值观的影响，个体更加注重与他人的友好关系，将自己的成长与集体的发展紧密联系在一起，从而形成相依型自我建构（Wang and Wang, 2016）。除了文化价值倾向，自我建构还受其他因素的影响，表现为在同一社会环境和文化下，同时存在着两种不同自我建构的个体（朱振中等，2020）。需要强调的是，虽然独立型自我建构相对于相依型自我建构有一种与他人相分离的状态，但并不意味着他人及其行为对独立自我的个体不构成影响，也不意味着他们毫不在意人际关系。事实上，如果有人对他们提供支持、帮助他们树立自尊，即使独立型自我建构的个体也会重视给予帮助的他人（Cross et al., 2011）。因此，对于入住共享住宿的顾客，即使受相同文化价值观影响，也会存在独立型自我建构和相依型自我建构两种倾向，他们在与共享住宿中的房东或其他住客产生或发展交易关系时，也存在不同的反应。

2. 刻板印象内容模型

刻板印象是指人们心中对其他个体或者群体的固定印象（Aaker et al., 2010）。这种固定印象的形成虽然在一定程度上反映了人们看待人或事物的笼统性，但是如果能够在他人心目中形成积极正面的刻板印象，就有利于构建双方的积极关系，产生有利的结果（Cox et al., 2012）。刻板印象内容模型将刻板印象划分为热情维度与能力维度（Fiske et al., 2007），这两个维度构成了社会认知在个体和群体层面的普遍维度。其中，热情维度与感知意图方面的特征有关，包括慷慨、善良和体贴等；而能力维度则与实现意图的特征有关，包括自信、效率、能力和技能等。

如果个体对其他个体或群体产生了热情和（或）能力的刻板印象，将会对个体的心理、行为以及交易双方关系产生影响。在关系营销研究中，热情或能力的刻板印象影响消费者与品牌的关系。但是，对于热情和能力，哪个对消费者响应存在更强的效应尚无定论。一些学者认为，热情比能力对消费者响应具有更强的效应，例如，热情对口碑的影响作用更强（Andrei et al., 2017）；另一些学者认为，能力优先于热情，因为消费者在交易关系中追求与任务相关的目标（Aaker et al., 2010）。在共享住宿中，当房东利用关系营销策略促进交易双方关系时，有的可能偏重于传达热情，有的则偏重于展现能力，或者兼而有之，从而给顾客形成热情和

（或）能力的刻板印象。因此，本研究将共享住宿中的关系营销策略分为热情型与能力型。当房东采取热情型关系营销时，其被感知为真诚、友好的交易方；当房东采取能力型关系营销时，其被感知为有能力、高效率的交易方。

（二）假设发展

共享住宿中的顾客具有不同特质，呈现不同自我建构：相依型自我建构的顾客注重自我与他人的紧密联系与融洽氛围（Torelli，2006），因此可能青睐热情亲和的合作伙伴；独立型自我建构的顾客注重内在感受与自我提升（Kitayama et al.，1997），因此可能看重房东对自己的实质性帮助。对于房东来说，为了提升与不同自我建构类型顾客的关系质量，既有可能偏向于热情展现，也有可能偏向于能力展现，即实施不同类型的关系营销。

刻板印象内容模型将人们对某人或某个群体的印象划分为热情维度和能力维度，由此判断该个体或群体是更富有热情的，还是更具备能力的。在营销领域，关于刻板印象内容模型的研究主要围绕品牌关系营销展开，这类研究将品牌进行拟人化处理，将品牌与人的关系当作人与人之间的关系。Andrei 等（2017）认为热情印象能被顾客首先感知，进而促进信任的产生。Grandey 等（2005）提出能力是服务成功的重要前提，能力感知提高了顾客满意程度。Japutra 等（2018）的实证研究发现，消费者对品牌热情或者能力的感知，对双方关系质量（信任和满意）有积极的影响。此外，有学者发现，品牌的热情与能力两类形象与不同产品属性交互影响顾客的态度和行为。品牌的不同广告诉求（热情型 vs. 能力型）对不同自我建构类型顾客的品牌认同会产生交互影响，独立型自我建构的顾客对能力型广告诉求的品牌认同度更高，相依型自我建构的顾客对热情型广告诉求的品牌认同度更高（朱振中等，2020）。刻板印象内容模型在销售人员（或服务人员）对顾客关系营销中的应用还较为缺乏，但是基于上述学者的观点可以得出以下推论：共享住宿房东的两类关系营销（热情型 vs. 能力型）对不同自我建构类型顾客的关系质量可能会产生差异化影响，关系营销类型与顾客自我建构类型交互影响主客关系质量。对于独立型自我建构的顾客来说，他们重视自我的提升，看重自己得到的实质性帮助，因此相比热情型关系营销，这类顾客会对实行能力型关系营销的房东产生更多的信任和满意；而对于相依型自我建构的顾客来说，他们高度重视与他人的联系与融洽氛围，因此相比能力型关系营销，这类顾客会对实施热情型关系营销的房东产生更多的信任与满意。基于此，提出以下假设（具体研究模型见图 8-3）。

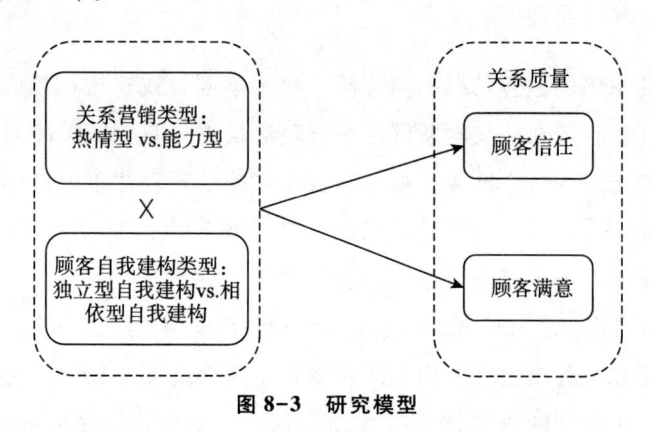

图 8-3 研究模型

H12：在共享住宿中，关系营销类型与顾客自我建构类型交互影响顾客信任。

H12a：对于独立型自我建构的顾客，能力型关系营销比热情型关系营销更能促进其信任。

H12b：对于相依型自我建构的顾客，热情型关系营销比能力型关系营销更能促进其信任。

H13：在共享住宿中，关系营销类型与顾客自我建构类型交互影响顾客满意。

H13a：对于独立型自我建构的顾客，能力型关系营销比热情型关系营销更能促进其满意。

H13b：对于相依型自我建构的顾客，热情型关系营销比能力型关系营销更能促进其满意。

（三）预实验

1. 实验操控材料设计

通过浏览共享住宿订购网站、深入梳理文献与咨询学者等方式，设计实验操控材料，为了验证操控材料的合理性，同时排除潜在的干扰因素，在正式实验开展前进行了预实验。

实验操控材料采用两则文字材料，主要描述一段共享住宿入住经历，两则材料分别代表房东所实施的热情型关系营销与能力型关系营销，热情型关系营销意在表现房东与顾客建立关系过程中的热心、友善等特点，能力型关系营销意在表现房东与顾客建立关系过程中的能力强、效率高等特点。两则文字材料篇幅相近，为了避免共享住宿所处地点对被试产生影响，材料中只出现了"某著名景点"的表述，为了避免与市场上现有的共享住宿名称造成混淆，两则材料中的共享住宿均用"A民宿"指代。具体的实验操控材料如下。

A. 热情型关系营销操控材料

国庆假期，你计划前往某著名景点游玩，并在网上订购了当地一家民宿——A民宿的房间。

在你入住之前，房东与你加为好友，对你的即将入住表示非常欢迎和期待，并提醒你该景点早晚温差大，多带点随身衣物，以防感冒。在你入住期间，民宿房东总是笑盈盈地和你打招呼，对你嘘寒问暖，跟你说把民宿当成自己家，这里的人都是你的家人，不用觉得拘谨。房东还经常找你一块聊天喝茶，向你分享了许多生活中的趣事，同时还送了不少小吃给你品尝。就这样，你在民宿中度过了几天假期。

B. 能力型关系营销操控材料

国庆假期，你计划前往某著名景点游玩，并在网上订购了当地一家民宿——A民宿的房间。

订购平台上关于该民宿的介绍显示，该房东共有8套房屋，在长达5年的经营时间内，建立起智能化运营模式。你住进该民宿期间，房间干净整洁、设施齐全，你可以通过房东提供的智能语音系统对房间中的设备进行操控，也可以扫描二维码订餐。针对你的各种需求，房东安排不同的服务人员为你提供专门化服务。面对各种突发情况（如停水停电、火灾、盗窃等），房东有着一整套应急预案与处理机制。就这样，你在民宿中度过了几天假期。

2. 实验程序

预实验有偿招募60名参与者，利用问卷星调查平台开展实验。两则实验材料（分别代表民宿房东的热情型关系营销与能力型关系营销）通过问卷星平台的随机填写机制发放给参与者，不向其透露实验目的，只让其仔细阅读文字材料，将自己想象成故事的主人公，阅读完成后回答材料中的问题。每则材料所附问题均涉及实验被试对房东热情与能力的感知，其中热情维度涵盖三个题项——"我感到房东是热情的""我感到房东是友善的""我感到房东是慷慨的"，能力维度涵盖三个题项——"我感到房东是有能力的""我感到房东是有效率的""我感到房东是有效能的"。以上题项来自 Aaker 等（2010）的成熟量表（具有较高的信度与效度），均采用李克特 7 级量表（1=完全反对，7=完全同意）。在回答完上述问题后，再提示被试者填写个人基本信息（性别、年龄、职业等）。

3. 实验样本人口统计分析

材料回收结果显示，在 60 名被试中，有 30 名被试收到热情型关系营销操控材料，另外 30 名被试收到能力型关系营销操控材料，所有被试均填写完成全部题项，无乱答和答题时间过短的现象。

在这 60 名被试中，女性被试数量占 56.7%，男性被试占 43.3%；在年龄方面，48.3%的被试年龄分布在 18~30 岁，43.3%的被试年龄分布在 31~40 岁，5%的被试年龄分布在 41~50 岁，3.4%的被试年龄分布在 51~60 岁；在职业方面，企业人员占样本总量的 28.3%，学生占样本总量的 20%，事业单位人员的比例为 18.3%，行政机关人员占 13.4%，自由职业者占 15%，其他职业人员占 5%；在学历方面，13.4%的被试最高学历为大学专科，63.3%的被试最高学历为大学本科，23.3%的被试最高学历为硕士研究生；在月收入方面，月收入为 4000 元以下、4001~6000 元、6001~8000 元、8001~10000 元、10000 元以上的被试分别占 18.3%、26.6%、31.6%、15.0%、8.5%。

4. 操控检验

将热情维度的三个题项得分求均值，形成热情维度得分，热情维度题项的内容一致性高于 0.7（$\alpha=0.757$）；将能力维度的三个题项得分求均值，形成能力维度得分，能力维度题项的内容一致性高于 0.7（$\alpha=0.754$）。以关系营销类型作为自变量进行单因素方差分析，结果显示：对于热情维度的感知，热情型关系营销显著高于能力型关系营销［$M_{热情型}=6.13$，$M_{能力型}=$

5.44，F（1，58）= 17.376，p<0.001］；对于能力维度的感知，能力型关系营销显著高于热情型关系营销［$M_{能力型}$ = 6.30，$M_{热情型}$ = 5.78，F（1，58）= 12.039，p<0.01］。因此，实验材料在关系营销类型的操纵上是成功的。

（四）正式实验

正式实验采用 2（关系营销类型：热情型 vs. 能力型）×2（顾客自我建构类型：独立型自我建构 vs. 相依型自我建构）的组间因子设计，验证关系营销类型和顾客自我建构类型对关系质量（顾客信任和顾客满意）的交互作用。

1. 关系营销类型

关系营销类型的实验操控材料沿用预实验的两则文字材料，通过被试阅读材料来操控热情型与能力型两类关系营销策略。与预实验一样，关系营销类型（热情型 vs. 能力型）的测量包括热情维度三个题项——"我感到房东是热情的""我感到房东是友善的""我感到房东是慷慨的"，以及能力维度三个题项——"我感到房东是有能力的""我感到房东是有效率的""我感到房东是有效能的"。

2. 顾客自我建构类型

自我建构的测量采用潘黎和吕巍（2013）的中文版自我建构量表（CSC），该量表已经被多次证明具有良好的信度与效度，同时较为符合中国人的现实情境。由于该量表的研究对象是成年人，且在某些题项中出现了"公司""上司"等词语，本研究考虑到实验对象的多样性（可能包含尚未毕业的大学生），所以对其中某些题项的表述进行适应性修订。最终的量表包含 10 个互依自我题项以及 6 个独立自我题项。测量时借鉴潘黎和吕巍（2013）的方法，将以上 16 个题项顺序打乱进行测量。

3. 顾客信任和顾客满意

关系质量的两个维度即顾客信任与顾客满意沿用上一节所用量表，该量表具有良好的信度与效度。顾客信任包含"我认为房东是诚实可信的""我认为我可以信赖房东""我认为房东是真诚的"三个题项，顾客满意包含"我觉得房东很讨人喜欢""房东提供了我想要的服务""房东提供了很不错的服务""我在该民宿的住宿经历是积极的"四个题项。关于热情与能力维度、自我建构、顾客信任和顾客满意的测量量表均采用李克特7级量表（1 = 完全反对，7 = 完全同意）。

4. 实验程序

正式实验在网络上有偿招募被试，通过问卷星平台发放有关材料。首先，在不透露实验目的的情况下，让所有被试根据自身的看法和感受，回答与独立型自我建构有关的6个问题和与相依型自我建构有关的10个问题，以此度量被试更偏向于相依型自我建构还是独立型自我建构。其次，在被试回答有关自我建构的问题后，通过问卷星的随机填写机制，实现实验材料随机发放，同时，在填答之前通过文字提示被试接下来需仔细阅读一则材料（预实验操控成功的实验材料），并将自己想象成故事的主人公。在实验材料显示以后，以文字形式提醒被试根据自己阅读材料后的真实感受回答问题，问题包含与热情有关的题项以及与能力有关的题项，以及有关信任与满意的问题。最后，提醒被试回答有关自己的性别、年龄、收入、职业和学历的问题，在被试回答完毕并提交后，实验程序终止。

5. 研究样本人口统计信息

正式实验共发放材料210份，去掉填写答题时间过短、作答不认真等无效样本，剩余有效样本196份，回收率为93.3%。在最终实验的被试中，男性有82名，占41.8%，女性有114名，占58.2%，女性比例超过男性；从年龄来看，年龄分布在18~30岁的被试占比最大，为57.2%，超过了被试的一半，其次为年龄分布在31~40岁的被试，占比为27.6%；在职业方面，企业人员占比最大，为57.1%；从被试的学历来看，大学本科学历的人数最多，占比为64.3%，其次是大学专科（占比为14.3%）、硕士及以上学历（占比为12.2%）；被试月收入的分布比较均匀，其中月收入在6001~8000元的人数占比最大（26.1%）。

总体来看，实验被试体现出女性多于男性、年轻群体占比较大、学历较高等特点，符合《2020年度民宿行业研究报告》（中国旅游与民宿发展协会，2021）中的民宿消费者群体特征，因此本实验样本具有一定的代表性。被试的个人信息基本情况如表8-9所示。

表 8-9 实验被试的描述性统计分析

类别	选项	人数（人）	占比（%）
性别	男	82	41.8
	女	114	58.2
年龄	18~30岁	112	57.2
	31~40岁	54	27.6
	41~50岁	14	7.1
	51~60岁	6	3.1
	60岁以上	10	5.0
职业	学生	26	13.3
	行政机关人员	9	4.6
	事业单位人员	34	17.3
	企业人员	112	57.1
	自由职业者	11	5.6
	其他	4	2.1
学历	高中及以下	18	9.2
	大学专科	28	14.3
	大学本科	126	64.3
	硕士及以上	24	12.2
月收入	<4000元	31	15.8
	4000~6000元	40	20.4
	6001~8000元	51	26.1
	8001~10000元	43	21.9
	>10000元	31	15.8

（五）数据分析

1. 关系营销类型的操控检验

将关系营销类型作为自变量进行单因素方差分析，结果显示：对于热情维度（$\alpha=0.791$）的感知，热情型关系营销显著高于能力型关系营销[$M_{热情型}=6.19$, $M_{能力型}=5.31$, $F(1, 194)=67.72$, $p<0.001$]；对于能力维度（$\alpha=0.748$）的感知，能力型关系营销显著高于热情型关系营销[$M_{能力型}=6.08$, $M_{热情型}=5.60$, $F(1, 194)=26.74$, $p<0.001$]。因此，关系营销类型的操控成功，被试分为热情型关系营销组与能力型关系营销组。

2. 自我建构类型的分组

采用潘黎等（2013）的方法，对所有被试的相依型自我建构量表和独立型自我建构量表分别取均值,得到每个被试的相依型自我指数和独立型自我指数,对独立型自我指数和相依型自我指数分别标准化后,用独立型自我指数减去相依型自我指数后得到自我建构指数。最后将自我建构指数大于0的归为独立型自我组,将自我建构系数小于0的归为相依型自我组(刘小平和邓文香,2019)。

最终的分组结果显示,属于热情型关系营销组的相依型自我被试有44人,属于能力型关系营销组的相依型自我被试有44人,属于热情型关系营销组的独立型自我被试有51人,属于能力型关系营销组的独立型自我被试有57人。分组结果如表8-10所示。

表8-10 实验被试分组结果

单位:人

组别	独立型自我组	相依型自我组	总计
热情型关系营销组	51	44	95
能力型关系营销组	57	44	101
总计	108	88	196

3. 交互效应检验

因为本研究中的关系营销类型与顾客自我建构类型均为分类变量,所以在SPSS 23.0中将其设置为虚拟变量:热情型关系营销=0,能力型关系营销=1;独立型自我建构=0,相依型自我建构=1。为验证关系营销类型与自我建构类型的交互作用,将顾客信任作为因变量,通过双因素方差分析发现:关系营销类型(热情型 vs. 能力型)对顾客信任的主效应不显著,顾客自我建构类型(独立型自我建构 vs. 相依型自我建构)对顾客信任的主效应不显著;关系营销类型与顾客自我建构类型的交互项显著[$F(1, 192) = 27.471$, $p<0.001$],说明两者对顾客信任存在交互效应,H12得到验证。具体数据如表8-11所示。

表8-11 关系营销类型、顾客自我建构类型与顾客信任间的主效应及交互效应

	Ⅲ类平方和	自由度	均方	F	p
修正模型	11.325ª	3	3.775	9.693	0.000
截距	6567.931	1	6567.931	16864.009	0.000

续表

	Ⅲ类平方和	自由度	均方	F	p
关系营销类型	1.220	1	1.220	3.133	0.078
顾客自我建构类型	0.038	1	0.038	0.097	0.756
关系营销类型×顾客自我建构类型	10.699	1	10.699	27.471	0.000
误差	74.777	192	0.389		
总计	6740.000	196			
修正后总计	86.102	195			

注：a. $R^2=0.132$（调整后 $R^2=0.118$）。

进一步进行简单效应分析，对于独立型自我建构的被试，在面对能力型关系营销时，其信任程度显著高于热情型关系营销 [$M_{能力型}=5.965$ vs. $M_{热情型}=5.654$，$F(1, 106)=6.624$，$p=0.014<0.05$]；对于相依型自我建构的被试，在面对热情型关系营销时，其信任程度显著高于能力型关系营销 [$M_{热情型}=6.152$ vs. $M_{能力型}=5.523$，$F(1, 86)=18.455$，$p<0.001$]。因此，假设 H12a、H12b 得到验证，具体数据如表 8-12 和图 8-4 所示。

表 8-12 关系营销类型、顾客自我建构类型对顾客信任的简单效应分析

因变量	独立型自我建构						相依型自我建构					
	N=51		N=57				N=44		N=44			
	热情型		能力型				热情型		能力型			
	M	SD	M	SD	F	p	M	SD	M	SD	F	p
顾客信任	5.654	0.670	5.965	0.623	6.624	0.014	6.152	0.457	5.523	0.709	18.455	0.000

将顾客满意作为因变量，通过方差分析发现：关系营销类型（热情型 vs. 能力型）对顾客满意的主效应不显著，顾客自我建构类型（独立型自我建构 vs. 相依型自我建构）对顾客满意的主效应不显著；关系营销类型与顾客自我建构类型的交互项显著 [$F(1, 192)=24.713$，$p<0.001$]，说明关系营销类型与顾客自我建构类型对顾客满意存在交互影响，H13 得到验证。具体数据见表 8-13。

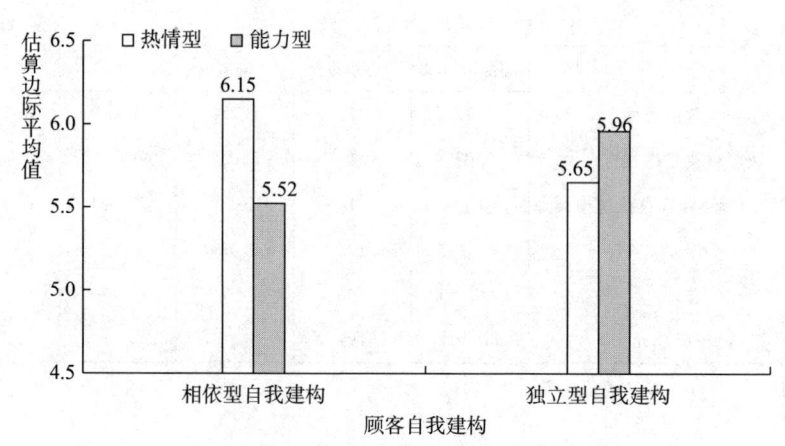

图 8-4 关系营销类型与顾客自我建构类型对顾客信任的影响

表 8-13 关系营销类型、顾客自我建构类型对顾客满意的主效应及交互效应

	Ⅲ类平方和	自由度	均方	F	p
修正模型	6.843ᵃ	3	2.281	8.754	0.000
截距	6983.230	1	6983.230	26800.988	0.000
关系营销类型	0.554	1	0.554	2.125	0.147
顾客自我建构	0.204	1	0.204	0.783	0.377
关系营销类型×顾客自我建构类型	6.439	1	6.439	24.713	0.000
误差	50.027	192	0.261		
总计	7124.875	196			
修正后总计	56.870	195			

注：a. $R^2=0.120$（调整后 $R^2=0.107$）。

进一步进行简单效应分析，对于独立型自我建构的参与者，面对能力型关系营销时，其满意程度显著高于热情型关系营销 [$M_{能力型}=6.101$ vs. $M_{热情型}=5.843$，$F(1,106)=6.961$，$p=0.010<0.05$]；对于相依型自我建构的参与者，面对热情型关系营销时，其满意程度显著高于能力型关系营销 [$M_{热情型}=6.273$ vs. $M_{能力型}=5.801$，$F(1,86)=24.419$，$p<0.001$]。因此 H13a、H13b 成立，具体数据如表 8-14 和图 8-5 所示。

表 8-14 关系营销类型、顾客自我建构类型对顾客满意的简单效应分析

因变量	独立型自我建构						相依型自我建构					
	N = 51		N = 57				N = 44		N = 44			
	热情型		能力型				热情型		能力型			
	M	SD	M	SD	F	p	M	SD	M	SD	F	p
顾客满意	5.843	0.497	6.101	0.515	6.961	0.010	6.273	0.522	5.801	0.507	24.419	0.000

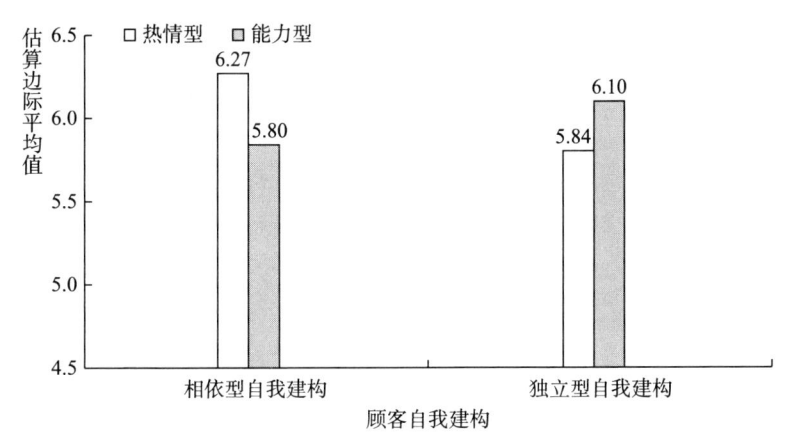

图 8-5 关系营销类型与顾客自我建构类型对顾客满意的影响

（六）结果讨论

本节在上一节的基础上，结合刻板印象内容模型，将共享住宿中的关系营销分为两种类型——热情型和能力型，探究关系营销类型与顾客自我建构类型对关系质量的交互作用。研究结果表明，关系营销类型与顾客自我建构类型交互影响顾客信任和满意，对于独立型自我建构的顾客来说，能力型关系营销比热情型关系营销更能提高其信任和满意程度；对于相依型自我建构的顾客来说，热情型关系营销比能力型关系营销更能提高其信任和满意程度。这说明共享住宿房东在开展关系营销时，需要辨析顾客的自我建构类型，面向不同类型的顾客群体，有针对性地采取差异化、精准化的关系营销策略，从而更好地提升关系质量，促进顾客价值共创行为。本节的假设验证结果如表 8-15 所示。

表 8-15 假设验证结果

假设	验证结果
H12：在共享住宿中，关系营销类型与顾客自我建构类型交互影响顾客信任	成立
H12a：对于独立型自我建构顾客，能力型关系营销比热情型关系营销更能促进其信任	成立
H12b：对于相依型自我建构顾客，热情型关系营销比能力型关系营销更能促进其信任	成立
H13：在共享住宿中，关系营销类型与顾客自我建构类型交互影响顾客满意	成立
H13a：对于独立型自我建构顾客，能力型关系营销比热情型关系营销更能促进其满意	成立
H13b：对于相依型自我建构顾客，热情型关系营销比能力型关系营销更能促进其满意	成立

第九章 研究结论、管理建议与研究展望

本章梳理总结第三章至第八章的研究成果,并依据研究成果为我国共享住宿的发展提出有针对性的、科学的管理建议,最后对共享住宿及协同消费进行研究展望,为未来的理论研究指明方向。

第一节 共享住宿的主要研究结论

(一)协同消费中共享住宿房东分享行为研究结论

本书第三章基于自我决定理论,探讨了共享住宿房东分享行为的主要动机以及心理特征变量对分享动机的影响,构建了共享住宿房东分享行为模型,通过实证研究系统解析房东分享的心理机制,最终结论如下。

工具性物质主义、终极性物质主义、平衡互惠、广泛互惠作为心理特征变量,分别对共享住宿房东的受控动机(货币回报、社会规范)和自主动机(环境关心、社群感、享乐)产生不同程度的影响。具体而言,工具性物质主义、平衡互惠均显著正向影响房东的货币回报和社会规范动机,并且相较于工具性物质主义,平衡互惠对货币回报和社会规范动机的影响更强。终极性物质主义、广泛互惠均显著正向影响房东的社群感和享乐动机,并且相较于终极性物质主义,广泛互惠对社群感和享乐动机的影响更强。此外,广泛互惠还对环境关心动机有着显著的正向影响。

货币回报、社会规范作为受控动机,环境关心、社群感、享乐作为自主动机,共同构成共享住宿房东分享行为的主要动机,并且均对房东的分

享行为意愿存在显著正向影响。其中，享乐动机对房东分享行为意愿的影响最强。

（二）协同消费中共享住宿消费者使用行为研究结论

本书第四章和第五章基于推拉理论和认知—情感—意动理论，归纳了我国消费者选择共享住宿的主要影响因素，构建了共享住宿消费者使用模型，通过问卷调查收集我国消费者共享住宿消费行为相关的数据，并通过实证方法对构建的模型进行验证，进一步阐释各影响因素对共享住宿消费意愿的影响机制，最终得出以下结论。

影响我国消费者选择共享住宿的因素包括产品服务质量、社会影响、平台能力、多样性、本真利益、安全利益、经济利益、个人知识、享乐、感知有用性以及信任。其中，产品服务质量、社会影响、平台能力和多样性是影响消费者选择共享住宿的拉力因素；本真利益、安全利益、经济利益和个人知识是影响消费者选择共享住宿的推力因素；享乐、感知有用性和信任是影响消费者选择共享住宿的主观心理感受。在这些影响因素中，平台能力、多样性、产品服务质量中涵盖的卫生、便利、房屋质量、专业化水平等子要素，以及信任中涵盖的对同住者的信任子要素是在我国文化及市场背景下所特有的。

共享住宿的拉力因素和推力因素会影响消费者的主观心理感受，并由此决定消费者的共享住宿消费意愿。具体而言，多样性、产品服务质量、本真利益和个人知识共同对享乐产生积极的影响，其中本真利益对享乐的影响最强。平台能力、产品服务质量、本真利益、个人知识、经济利益及信任共同对感知有用性产生积极的影响，其中经济利益对感知有用性的影响最强。产品服务质量、经济利益和安全利益共同积极影响信任，其中安全利益对信任的影响最强。享乐、感知有用性和社会影响会对消费意愿产生积极的影响，其中感知有用性对消费意愿的影响最强。此外，信任对消费意愿的影响并不显著，但它能显著正向影响感知有用性。

（三）共享住宿中的消费者感知风险研究结论

本书第六章基于感知风险理论，探索共享住宿中消费者感知风险维度及其对使用意愿的影响。研究以"感知风险影响因素—主要感知风险维度—使用共享住宿意愿"为逻辑主线,以问卷调查和实验设计为研究方法,以结构方程模型、回归分析和方差分析为分析方法,以共享住宿用户及潜在用户为研究对象,探索了共享住宿情境下消费者感知风险的形成机制及其影响。

在共享住宿中,消费者的感知风险主要包括财务风险、功能风险、身体风险和社会风险四个维度,而平台能力、个性化、在线评论和重要他人推荐对不同感知风险维度具有差异化的提升或抑制效应。具体而言,平台能力可以有效减弱消费者对财务风险、功能风险和身体风险的感知;个性化显著增强消费者对功能风险的感知;在线评论虽然能有效降低对社会风险的感知,但也显著增强了对功能风险和身体风险的感知;重要他人推荐则能够显著减弱消费者对功能风险、身体风险和社会风险的感知。

不同维度的风险对共享住宿的使用意愿存在不同的影响效应。感知财务、功能和社会风险负向影响使用意愿,且感知社会风险的影响效应最强。感知身体风险并不直接作用于行为意愿,而是通过增加感知功能风险进而消极影响共享住宿的使用意愿。

在线评论不一致性会对消费者不同感知风险维度产生差异化影响,共享住宿产品评论不一致性会强化消费者对功能风险和身体风险的感知,但能削弱消费者对社会风险的感知。同时,共享住宿产品属性会调节在线评论不一致性对以上感知风险维度的影响,即垂直属性(消费者偏好标准统一)的评论不一致性越高,消费者对功能风险和身体风险的感知水平越高;水平属性(消费者偏好不同)的评论不一致性越高,消费者对社会风险的感知水平越低。

(四) 共享住宿中的消费者心理所有权研究结论

本书第七章基于心理所有权理论,构建了消费者共享住宿心理所有权模型,识别并检验了共享住宿情境中消费者心理所有权产生的三大主要影响因素,包括自主权、自我一致性和服务互动,分析了心理所有权对再惠顾和顾客公民行为的影响效应。在此基础上,进一步对消费者共享住宿在线评论文本进行数据挖掘,归纳出住客在心理所有权构建过程中的具体关注点,即干净整洁、设施齐全、布置温馨、环境、热情推荐和服务贴心,并进一步对理论模型进行了验证补充。通过以上两个递进式研究,研究结论如下。

首先,自主权、自我一致性、产品互动、主客互动均能显著正向影响消费者对共享住宿的心理所有权,且产品互动的影响最强。其次,心理所有权正向影响再惠顾意愿和顾客公民行为,其中心理所有权对再惠顾意愿的影响更强。最后,心理所有权在自主权、自我一致性、产品互动、主客互动与再惠顾意愿、顾客公民行为之间的中介效应显著,表明在共享住宿情境下,通过自主权、自我一致性、产品互动和主客互动能激发消费者对共享住宿的心理所有权,进而有助于提高消费者的再惠顾意愿与促进顾客公民行为。

在线评论数据挖掘所揭示的布置温馨、干净整洁、设施齐全、环境优美、热情推荐和贴心服务从产品互动和主客互动两个方面提供了构建消费者共享住宿心理所有权的具体策略。其中,干净整洁、设施齐全、布置温馨、环境优美指向产品互动,热情推荐与服务贴心则指向主客互动。具体而言,干净整洁是消费者对共享住宿的基本要求,也是构建共享住宿心理所有权的必要条件;设施齐全为满足消费者的控制感提供了条件,有助于心理所有权的产生;布置温馨体现了共享住宿的环境氛围,有利于满足心理所有权的情感维度;环境优美影响消费者的旅游体验,构成消费者对"我心中理想的家"的向往;热情推荐为消费者提供了更多信息,加深了消费者对当地的了解,而这种亲密了解目标的过程促进了心理所有权的产生;贴心服务拉近了消费者与房东之间的心理距离,有助于亲密关系的产生,为心理所有权的构建提供了条件。

(五) 共享住宿中的顾客价值共创行为研究结论

本书第八章在社会交换理论的基础上,以民宿为研究对象构建了共享住宿中以关系营销策略—关系质量—顾客价值共创行为为传导机制的顾客价值共创行为理论模型,并通过问卷调查法收集数据,运用 AMOS 23.0 和 SPSS 23.0 两种统计分析软件,对提出的假设进行了验证,解析了关系营销视角下顾客价值共创行为的内在机制,进一步将顾客的自我建构特质纳入研究，以刻板印象内容模型与自我建构理论为理论基础深入探讨了房东能力型与热情型关系营销策略和顾客独立型自我建构与相依型自我建构特质对关系质量的交互效应。本章的研究结论如下。

在共享住宿中，沟通、关系投资、专业知识和主客相似性四类关系营销策略在不同程度上正向影响主客关系质量（即顾客信任和顾客满意）。其中沟通、关系投资、专业知识均能显著正向影响顾客信任和顾客满意，而主客相似性仅显著正向影响顾客信任。同时，顾客信任也能显著正向影响顾客满意。在顾客信任的影响因素中，专业知识的影响最强；在顾客满意的影响因素中，关系投资的影响最强。

顾客信任和顾客满意均能积极地促进顾客的价值共创行为。相比于顾客信任，顾客满意对顾客参与行为和顾客公民行为的影响更大。此外，关系质量在关系营销策略与顾客价值共创行为间起着中介作用。具体而言，沟通、关系投资、专业知识与主客相似性四种关系营销策略可以通过一条或多条中介路径对顾客参与行为与顾客公民行为产生积极影响。其中，模型中所有的链式中介路径全部成立，表明四种营销策略都可以首先通过顾客信任的建立来促进顾客满意，再通过顾客满意来促进顾客参与行为与顾客公民行为。

共享住宿中的关系营销类型与顾客自我建构类型对关系质量具有交互影响。对于独立型自我建构的顾客来说，其注重共享住宿体验的实质性提高，因此，相比于热情型关系营销，当房东对其实施能力型关系营销时，这类顾客能产生更多的信任与满意；对于相依型自我建构的顾客，其更重视他人的友善与关系的和谐，所以，相比于能力型关系营销，当房东对其实施热情型关系营销时，这类顾客会产生更多的信任和满意。

第二节 共享住宿的管理建议

（一）对共享住宿平台企业的管理建议

1. 增强共享住宿平台的管理运营能力

增强平台的管理运营能力关键在于实施精细化管理和智能化运营。在精细化管理方面，共享住宿平台企业要对交易过程中的每一个环节和每一处细节进行严格的控制，从房源信息录入到用户在线预订再到后期用户反馈，每一个步骤都需要有明确的流程和标准。在智能化运营方面，共享住宿平台企业要充分利用大数据分析、人工智能等创新技术手段，来优化预订流程，简化用户操作，减少等待时间，提高运营效率和服务水平。在整个交易过程中，分析用户需求偏好，提供更精准的信息推送，即时响应供需双方的请求，为交易的顺利完成提供强有力的系统支持。

2. 提升共享住宿的产品服务质量

首先，共享住宿平台企业应保障共享住宿产品的多样性，在全国各地充分挖掘海量分散的闲置房源，提高房源覆盖率，为消费者提供多元的住宿选择。其次，通过推进共享住宿服务标准化建设进一步提升产品服务质量。与传统酒店不同，共享住宿作为一种新兴住宿模式，其服务提供者不仅包括平台自身，还涉及众多分散在不同地域的房东。因此，共享住宿平台不能完全照搬套用传统酒店旅馆业的服务标准与规范，应在房源甄选、房东培训、卫生清洁、预订支付、争议处理等重点环节，明确制定共享住宿的服务准则与规范，并联合各房东共同为消费者提供优质的产品及服务。

3. 保障共享住宿用户的合法权益

共享住宿平台企业要切实维护消费者的安全利益、本真利益和经济利益，降低消费者的感知财务风险、感知功能风险、感知身体风险及感知社会风险。首先，共享住宿平台应该加强共享住宿安全管理体系建设，全力保障消费者的安全利益。在人身安全管理方面，平台应主动为房东及消费者提供包括消防安全、用气用电安全、突发事件应对、社区关系处理等内容的安全管理指南，并为消费者提供人身意外保险服务，以此维护消费者的人身安全利益。在财产安全管理方面，平台可建立第三方支付担保系统，避免房东与消费者间直接的资金往来，同时可制定乱收费用可获赔、财物丢失可获赔等制度，全方位保障消费者的财产安全。在隐私保护与管理方面，依法建立严格的消费者个人信息管理制度和隐私保护制度，加强对消费者个人信息及隐私权益的保密管理，避免信息的窃取及泄露，创建并维护共享住宿平台的安全运营管理环境。其次，共享住宿平台也要切实维护消费者的本真利益及经济利益。共享住宿为消费者提供了一个深度融入当地环境、切身感受当地特色的机会。因此，共享住宿平台应当有效利用该优势，一方面，加强对房源传统特色的保护，不能将房源特色过于商品化、符号化，因为过多刻意的设计反而会摧毁本真性；另一方面，平台可鼓励房东在接待过程中，最大限度地向消费者展示当地民风民俗，帮助消费者更好地融入当地，为消费者提供更多本真利益。在经济利益维护方面，平台应综合考虑房源品质、房源类型、区域位置、配套设施等，对不同特性的房源实施合理且差异化的定价策略，并定期向用户推送限时低价精选房源或发放电子优惠券，在平台自身能力范围内，为消费者提供更多的经济利益。

4. 加快建设信用保障体系

共享住宿信用保障体系建设是增强消费者信任的重要举措。首先，共享住宿平台可强化主客双方身份验证，通过核验身份证及其他实名认证资料来确保主客双方的信息真实性。其次，平台可优化主客双方信用评级体系，开通主客双向互评功能，实时跟踪并分析消费者对房源质量、房东服务水平等的评价数据，以及房东对消费者的评价数据，实现有效的主客双方信用评级。此外，平台还可与第三方征信机构合作，将房东及消费者在银行、投资、保险等领域的线下信用记录与在电商平台、社交网络中的线上信用数据相结合，共同纳入其个人征信系统，并严厉查处主客双方的失信行为。

（二）对共享住宿房东的管理建议

1. 提供详细真实的房源信息

共享住宿房东在线发布房源时，应详细准确地描述房屋位置、屋内布局、配套设施、交通情况、周边环境等，同时需确保发布的房间照片与线下房源一致，能真实反映住宿环境，以便消费者更好地了解房源，为消费者决策做全面可靠的参考。

2. 打造安全舒适的居住环境

共享住宿房东要有效管理房源，定期进行清洁打扫，保证床上用品、洗漱用品等一应俱全且干净整洁。安装必要的安全设备（如安全智能门锁、烟雾报警器等），及时维护保养家用电器，确保屋内所有配套设施均能正常使用。在装饰和布置房间时，既要尽可能地融入地方特色，又要充分体现出家的温馨，为消费者打造一个安全舒适的居住环境，提高消费者的满意度。

3. 保持及时有效的沟通互动

无论是线上预订阶段还是线下入住阶段，共享住宿房东都需要与消费者保持有效的沟通互动，既要确保沟通的及时性与信息传达的准确性，还要保证沟通过程中的"温度"。同时，对于不同类型的消费者应采取不同的沟通互动策略，例如：对于相依型自我建构的消费者，房东可着重增加与其闲聊的频率，加强与其的情感互动，让消费者感受到房东的热情；对于独立型自我建构的消费者，房东应侧重于沟通互动的高效性，让消费者感受到房东的能力。由此，通过及时有效的沟通互动来建立良好和谐的主客关系，提高消费者的信任和满意度。

4. 提供贴心周到的优质服务

共享住宿房东需要通过学习专业知识、参加技能培训、借鉴其他房东的经验、听取消费者意见等方式不断提升自己的服务能力和服务水平。同时，共享住宿房东需要加大对消费者的时间、精力、资源投入，积极响应消费者的个性化需求（如推荐当地美食及娱乐项目、提供详尽的住宿指南及旅游攻略），在消费者需要帮助或遇到突发状况时，做到有求必应、贴心服务。

5. 有效保护消费者个人隐私

在不影响消费者正常入住的前提下，共享住宿房东需要给予消费者足够的私人空间，避免服务过程中的非必要打扰，充分保护消费者的个人信息及隐私，让消费者感到尊重和放松。

（三）对政府监管部门的管理建议

1. 完善共享住宿相关法律法规

政府监管部门应该为共享住宿的规范管理提供法制支持，首先需要明确共享住宿的法律地位，通过立法或制定管理规章、操作指南等来规范共享住宿市场行为。一方面，通过法规政策来明确共享住宿的经营范围、安全标准、卫生要求等；另一方面，通过规章制度来明确平台的责任、房东房客的权利和义务等。此外，政府监管部门还需建立健全投诉举报和纠纷解决机制，并对违规行为设立相应的法律责任，为共享住宿的健康有序发展奠定坚实的法制基础。

2. 加大对共享住宿的监管力度

政府监管部门首先应加强对共享住宿平台的准入审核，对有意愿进入市场的共享住宿平台进行严格的资质审查，确保其具备合法经营的条件。其次，通过开展定期检查、随机抽查等，加大对共享住宿房源质量、服务标准、建筑结构、安全、卫生等方面的监管力度，确保共享住宿服务的质量和安全。此外，政府监管部门需监督平台落实用户（包括房东和消费者）身份验证制度，避免出现虚假信息和非法交易，保障交易双方的合法权益。

3. 深化与共享住宿平台的合作

政府监管部门不仅要在内部形成合力（如旅游、公安、消防等部门建立联合监管机制，共同应对公共安全、税收征管等跨领域问题），还需要深化与共享住宿平台的合作，与平台共享包括房源信息、交易记录、用户评价等在内的运营数据，和平台一起进行数据分析和智能监控，以此来识别和预防潜在问题。借助平台力量更好地了解市场动态和行业发展现状，推动行业自律，提高整个行业的服务水平和质量。

4. 优化共享住宿的文化氛围

政府监管部门应加强对共享经济、协同消费相关文化知识的宣传推广，提高公众对共享经济模式的认知度。通过电视、网络、报刊等各种媒介渠道，推广创新、协调、绿色、开放、共享的发展理念，传播共享住宿在保护生态环境、提高闲置住宿资源利用率、实现绿色可持续消费等方面的价值，倡导合理拥有物质资源的工具性物质主义，减少过度追求物质资源的极端物质主义，为共享住宿的发展营造良好的文化氛围。

第三节　共享住宿研究展望

本书从协同消费视角对共享住宿开展系统研究，构建了共享住宿中的房东分享模型和消费者使用模型，解析了共享住宿消费者的主要感知风险、心理所有权和价值共创。未来还可从以下方面做更宽领域、更深层次的探讨。

（一）共享住宿中的信任研究

首先，共享住宿是典型的双边市场，共享住宿的繁荣发展离不开资源供给端的房东及资源需求端的消费者共同参与。信任作为连接共享住宿供需双方并促进交易达成的关键因素，越来越受到学术界的关注。然而，现有研究多从资源需求方的视角分析影响消费者信任的关键因素，探索消费者信任的形成机制，缺乏从资源供给方的视角来讨论房东的信任问题，因此未来研究有必要充分探索影响房东信任的前因变量，系统分析共享住宿房东信任的建立机制。

其次，信任建立是一个复杂的动态变化过程，对于房东和消费者而言，线上交易阶段和房源出租阶段（线下入住阶段）的信任影响因素是不同的。而现有研究在讨论共享住宿中的信任问题时，多通过收集某一阶段的截面数据来进行分析，缺乏对不同阶段信任问题的动态研究。因此，未来研究可多收集房东及消费者在不同阶段的纵向数据，进一步探索每个阶段内推动信任变化的关键要素，全面解析共享住宿房东及消费者信任建立的动态过程。

最后，现有研究开始关注共享经济中的信任转移，主要包括从对平台的信任转移到供需双方之间的信任，以及从供需双方之间的信任转移到对平台的信任。因此，未来研究可进一步发掘促使两类信任相互转化的重要因素，探析不同类型信任转化的具体路径。

（二）共享住宿定价策略研究

价格是影响消费者决策和企业利润的重要因素，如何制定合理的价格策略是市场营销领域研究中的核心问题之一。现有研究对共享住宿定价的关注相对较少，虽然部分学者已经对共享住宿定价的影响因素做了讨论，但多基于传统酒店定价策略的影响因素来探索其对共享住宿定价的影响，鲜有基于共享住宿的特有属性（如产品个性化、服务多样化）来进行共享住宿定价策略分析的研究成果。随着共享经济的蓬勃发展，在共享住宿资源使用端需求不断增长的同时，资源供给端的房源数量也在飞速增加，市场竞争日益激烈，房东获利空间压缩，赢利难度增大（王春英和陈宏民，2021）。重新审视共享住宿的价格影响因素，制定有效的定价策略，将有助于共享住宿房东及行业其他利益相关者优化经营和提升利润。因此，未来研究可进一步对共享住宿的定价策略做全面系统的探析。

（三）共享住宿时空格局演化研究

共享住宿作为一种颠覆式创新，在盘活存量住宿资源、拓展居民就业渠道、带动地区消费增长、展示地方文化魅力、振兴乡村旅游产业等方面具有突出优势。共享住宿的发展已成为旅游服务业供给侧结构性改革的重要推动力，科学认识共享住宿的时空格局演化对优化共享住宿选址布局、推动旅游业高质量发展具有重要意义。现有研究初步讨论了共享住宿的格局分布和空间特征，但多以北京、上海等一线大城市为主进行单案例分析。未来研究可大量获取我国各城市的共享住宿相关数据，进行区域之间的宏观对比和典型城市之间的空间差异分析，进一步了解共享住宿在我国不同城市的空间布局形态和扩张规律，为相关部门优化共享住宿业布局、指导共享住宿健康发展提供参考。

第四节　协同消费未来研究方向

当代社会正进入一个以软资本主义（soft capitalism）、知识社会（knowledge society）、网络社会（network society）和风险社会（risk society）为特征的社会阶段，表现出广泛的全球化、全球流动性和移动性（Bardhi and Eckhardt，2017）。在此基础上，Bauman（2003）的流动现代性理论（the theory of liquid modernity）指出，随着西方工业化生产的衰退、知识和数字经济的兴起，社会结构不再具有稳定性和长期性。以工具理性、个人化、风险与不确定性，以及生活和身份的碎片化为特征的流动现代性使得当代消费模式趋向于短暂、基于使用和非物质化，即 Bardhi 和 Eckhardt（2017）提出的"流动消费"概念。协同消费既是流动现代性和流动消费的产物，也适应了共享经济对整合分散资源实现快速供需匹配的资源配置要求，因而在未来经济生活中将成为一种普遍的消费模式。对于协同消费这一新生事物，无论是学术研究还是商业实践，都需进一步深化和拓展。

（一）消费者参与协同消费研究

现有研究对协同消费中消费者分享的个体特征和动机研究不足，相关研究结论还存在矛盾之处。第一，在物质主义对协同消费的影响方面，还没有统一的结论。一些学者认为高物质主义倾向的个体不愿意选择分享（Belk，2010）和使用产品服务分享系统（Akbar et al.，2016），但 Bardhi 和 Eckhardt（2012）认为物质主义促进了协同消费，它使消费者能够负担得起超出其经济能力的奢侈生活方式。第二，对可能影响协同消费的个体文化价值倾向方面还缺少关注。集体主义和个人主义、长期导向可能影响消费者对协同消费的参与。在不确定性规避方面，Schaefers 等（2016）基于风险感知理论发现，感知财务风险、感知功能风险和感知社会风险增加了消费者对使用消费的选择，他们认为使用消费减少了消费者对所有权的拥有意愿。但也有研究认为，所有权拥有使得消费者能够通过自我与产品或品牌的联结来消除不确定性和不安全感（Rindfleisch et al.，2009）。第三，虽然一些学者对消费者参与协同消费的动机开展了研究（Hellwig et al.，2015；Milanova and Maas，2017），但是这些研究还停留在定性阶段，缺乏实证数据的支持。因此，未来研究需要深入探讨消费者选择协同消费的个体特征和动机。

同时，对协同消费分配方面的研究还十分匮乏。协同消费要求大量的消费者作为对等服务提供者向市场提供丰富的产品和服务。在服务主导逻辑的市场中，学者们强调将消费者视为生产者，重视消费者共创（Vargo and Lusch，2004），而协同消费提供了更高层次的消费者共创机会（Benoit et al.，2017）。研究消费者参与共创的动机、在何种条件下消费者愿意提供产品和服务、产品和服务提供的程度以及如何提供，对于了解不同消费者对不同层次共创的看法，以及共享经济平台企业如何吸引和保留对等服务提供者具有重要的意义。

(二) 协同消费对消费者的影响研究

目前协同消费对消费者期望、满意度、评价和口碑传播的影响机制还未受到应有的关注。由于协同消费具有平台企业、消费者和对等服务提供者三位一体的特点（Benoit et al., 2017），消费者对协同消费可能形成与传统服务不同的期望和评价，特别是当核心服务由对等服务提供者提供时，协同消费如何影响消费者期望的形成，消费者又如何做出评价？例如，当消费者通过爱彼迎租赁公寓又在旅行中使用爱彼迎选择住宿房间时，这两种不同的角色会如何影响他们对服务的期望和评价？未来研究需要进一步探讨协同消费如何影响消费者的期望、满意度、评价和口碑传播，以及这些关系潜在的中介变量和调节变量。

协同消费改变了消费者与品牌和品牌社群关系的性质，然而现有的相关研究还没有开展。Bardhi 和 Eckhardt（2017）建议未来研究重点关注协同消费中维持长期品牌关系的边界条件，以及协同消费是否会导致品牌狂热（brand fanaticism）（Cova and Fuschillo, 2013）和社群主义（tribalism）（Cova et al., 2007）的衰落，如果衰落，将发生在哪些类型的消费者以及哪些类别的产品和服务中。

现有研究也还未涉及协同消费对消费者生活质量的影响。协同消费作为一种以非所有权占有为主的消费模式也会影响消费者的生活质量（Benoit et al., 2017）。消费者是否看重物品的所有权，不拥有所有权是否会对消费者的生活质量产生负面影响？例如，当消费者通过协同消费来获得过去不能负担的奢侈生活方式时，他们对奢侈品的态度是否改变，他们的生活质量是否受到负面影响？

(三) 商业分享系统研究

商业分享系统设计对共享经济企业获得成功具有重要意义，但相关研究对商业实践的开展还缺乏具体的指导。商业分享系统是吸引消费者参与协同消费的关键。在现有研究中，一些学者从产品特征和类型、产品和消费者的关系、消费者间的相似性出发研究了商业分享系统如何吸引消费者的参与。例如，Akbar 等（2016）发现，如果产品满足消费者的独特需求，即使物质主义者也会增加参与协同消费的可能性，并且与产品需求匹配度高的产品类别会进一步正向调节独特消费品需求和物质主义对协同消费意愿的交互效应。Catulli等（2017）认为如果消费者对产品具有较高的情感依恋，他们不愿意与人分享。Lamberton和Rose（2012）发现对等服务提供者与目标顾客之间的相似性在增加消费者信任的同时，也减少了消费者对产品稀缺风险的担心，从而增加了协同消费的吸引力。但目前的研究还未系统地探讨产品特征和类型对消费者参与协同消费的影响，我们还不清楚在私有产品和公共产品、享乐产品和功能产品上消费者的使用消费意愿是否不同，在象征性产品和非象征性产品上消费者的分享意愿是否存在差异，我们也不清楚产品和消费者的关系对协同消费的影响机制是否取决于消费者对产品的心理所有权。未来需要从产品特征和类型、产品和消费者的关系上拓展对商业分享系统的研究。此外，另一些学者从技术特征上对商业分享系统开展了研究。例如，Valencia等（2015）提出需要设计智慧产品服务分享系统以增强系统的易用性和吸引力。他们认为智慧产品服务分享系统应具有"消费者授权""服务个性化""社群感""服务参与""产品所有权""既独特又共同的体验""持续升级"特征。但有关商业分享系统技术特征的研究还处在理论探索阶段，相关结论尚缺少实证研究的支持。未来研究需要进一步探索如何设计有效的商业分享系统，这将有助于企业构建协同消费商业模式，提高企业竞争力。

（四）中国情境下的协同消费研究

协同消费虽然并非始创于我国，却在我国社会文化和市场环境中快速生根发芽并茁壮成长。以滴滴出行为代表的共享经济平台企业在国内市场获得成功。对我国情境下的协同消费开展研究，不仅有助于推动我国共享经济的健康成长，也有助于探索我国协同消费快速发展并取得初步成功的原因。

首先，关注我国独特的消费者文化价值观对协同消费的影响。以儒家文化为主导的文化价值观，如集体主义、长期导向、节俭对促进协同消费具有先天优势，这也许是协同消费在我国快速发展的重要原因之一。

其次，加强我国协同消费的监管框架和治理研究。一些学者提出要将共享经济企业纳入监管框架；创新监管理念；制定适用法规和服务标准，通过市场机制解决协同消费存在的风险问题；推进诚信体系建设，建立共享经济网上信用平台；加大对共享经济创新的支持力度，创建良好制度环境（刘奕和夏杰长，2016）。另一些学者认为需要解决协同消费中对等服务提供者的劳工权益、福利制度、职业保障、技能培养等问题，需要提高他们对日益强势的平台企业的议价能力（Benoit et al.，2017）。未来应该基于这些政策建议进行深入探讨，特别是在国家发展改革委等八部门联合颁布的《关于促进共享经济发展的指导性意见》和2019年正式实施的《电子商务法》的基础上，为我国企业和行业主管部门提供更具操作性的方法和措施，同时也应尝试预测监管和治理措施变化对协同消费业务模式的影响。

最后，加强我国共享经济企业市场细分和定位研究。国外研究已初步对参与协同消费的消费者进行市场细分，例如，Hellwig等（2015）将参与商业分享的消费者划分为"理想分享者"（sharing idealists）、"实用分享者"（sharing pragmatists）、"反对分享者"（sharing opponents）和"规范分享者"（sharing normatives）；Lawson等（2016）将选择使用消费的消费者划分为价格驱动的"随波逐流者"（fickle floaters）、不在乎价格的"溢价保持者"（premium keepers）、关心环境的"觉悟实利主义者"（conscious materialists）和寻求产品试用的"寻求变化者"（change seekers）。但这些基于西方消费者的市场细分是否适合中国消费者还需进一步检验。此外，目前对共享经济企业的定位研究还未展开。协同消费本质是异构的（Benoit et al.，2017），产品和服务是由分散、异质的对等服务提供者或者企业整合闲散资源来提供，所以协同消费平台企业面临着如何准确定位以使其服务与竞争对手区分开来的挑战。虽然目前协同消费平台企业的主要竞争对手是传统服务提供商，但是随着市场的发展，未来可能面对其他协同消费平台企业的竞争，如房屋短租市场中途家、小猪短租和蚂蚁短租等品牌之间的竞争。因此，未来研究需要从共享经济企业的核心竞争力和产品差异化出发，开展针对协同消费的市场定位研究。

参考文献

[1] Aaker, J. L., 1997. "Dimensions of Brand Personality", *Journal of Marketing Research* 34 (3), pp. 347-356.

[2] Aaker, J. L. et al., 2010. "Nonprofits Are Seen as Warm and For-Profits as Competent: Firm Stereotypes Matter", *Journal of Consumer Research* 37 (2), pp. 224-237.

[3] Adamson, I. et al., 2003. "Relationship Marketing: Customer Commitment and Trust as a Strategy for the Smaller Hong Kong Corporate Banking Sector", *International Journal of Bank Marketing* 21 (6/7), pp. 347-358.

[4] Agag, G., 2019. "Understanding the Determinants of Guests' Behaviour to Use Green P2P Accommodation", *International Journal of Contemporary Hospitality Management* 31 (9), pp. 3417-3446.

[5] Agarwal, R., Prasad, J., 1998. "A Conceptual and Operational Definition of Personal Innovativeness in the Domain of Information Technology", *Information Systems Research* 9 (2), pp. 204-215.

[6] Ajzen, I., Fishbein, M., 1975. "A Bayesian Analysis of Attribution Processes", *Psychological Bulletin* 82 (2), pp. 261-277.

[7] Akbaba, A., 2006. "Measuring Service Quality in the Hotel Industry: A Study in a Business Hotel in Turkey", *International Journal of Hospitality Management* 25 (2), pp. 170-192.

[8] Akbar, P. et al., 2016. "When Do Materialistic Consumers Join Commercial Sharing Systems", *Journal of Business Research* 69 (10), pp. 4215-4224.

[9] Albinsson, P. A., Yasanthi, P. B., 2012. "Alternative Marketplaces in the 21st Century: Building Community through Sharing Events", *Journal of Consumer Behaviour* 11 (4), pp. 303-315.

[10] Alrubaiee, L., 2010. "Investigate the Impact of Relationship Marketing Orientation on Customer Loyalty: The Customer's Perspective", *International Journal of Marketing Studies* 2 (1), pp. 155-174.

[11] Amaro, S. et al., 2019. "Millenials' Intentions to Book on Airbnb", *Current Issues in Tourism* 22 (18), pp. 2284-2298.

[12] Anaza, N. A., Zhao, J., 2013. "Encounter-Based Antecedents of E-Customer Citizenship Behaviors", *Journal of Services Marketing* 27 (2), pp. 130-140.

[13] Andaleeb, S. S., 1996. "An Experimental Investigation of Satisfaction and Commitment in Marketing Channels: The Role of Trust and Dependence", *Journal of Retailing* 72 (1), pp. 77-93.

[14] Andrei, A. G. et al., 2017. "Word-of-Mouth Generation and Brand Communication Strategy: Findings from an Experimental Study Explored with Pls-Sem", *Industrial Management Data Systems* 117 (3), pp. 478-495.

[15] Arnould, E. J., Thompson, C. J., 2005. "Consumer Culture Theory (CCT): Twenty Years of Research", *Journal of Consumer Research* 31 (4), pp. 868-882.

[16] Asatryan, V. S., Oh, H., 2008. "Psychological Ownership Theory: An Exploratory Application in the Restaurant Industry", *Journal of Hospitality & Tourism Research* 32 (3), pp. 363-386.

[17] Atasoy, O., Morewedge, C. K., 2018. "Digital Goods Are Valued Less Than Physical Goods", *Journal of Consumer Research* 44 (6), pp. 1343-1357.

[18] Avey, J. B. et al., 2009. "Psychological Ownership: Theoretical Extensions, Measurement and Relation to Work Outcomes", *Journal of Organizational Behavior* 30 (2), pp. 173-191.

[19] Bae, S. J. et al., 2017. "Shared Experience in Pretrip and Experience Sharing in Posttrip: A Survey of Airbnb Users", *Information & Management* 54 (6), pp. 714-727.

[20] Bagga, C. K. et al., 2018. "Object Valuation and Non-Ownership Possession: How Renting and Borrowing Impact Willingness-to-Pay", *Journal of the Academy of Marketing Science* 47, pp. 97-117.

[21] Baker, T. L. et al., 1999. "The Impact of Suppliers' Perceptions of Reseller Market Orientation on Key Relationship Constructs", *Journal of the Academy of Marketing Science* 27 (1), pp. 50-57.

[22] Ball, D. et al., 2004. "The Role of Communication and Trust in Explaining Customer Loyalty: An Extension to the Ecsi Model", *European Journal of Marketing* 38 (9/10), pp. 1272-1293.

[23] Bandura, A., 1982. "Self-Efficacy Mechanism in Human Agency", *American Psychologist* 37 (2), pp. 122-147.

[24] Bandura, A., 1986. *Social Foundations of Thought and Action: A Social Cognitive Theory* (Englewood Cliffs, New Jersey: Prentice).

[25] Bardhi, F., Eckhardt, G. M., 2012. "Access-Based Consumption: The Case of Car Sharing", *Journal of Consumer Research* 39 (4), pp. 881-898.

[26] Bardhi, F., Eckhardt, G. M., 2017. "Liquid Consumption", *Journal of Consumer Research* 44 (3), pp. 582-597.

[27] Bardhi, F. et al., 2012. "Liquid Relationship to Possessions", *Journal of Consumer Research* 39 (3), pp. 510-529.

[28] Barnes, S. J., Mattsson, J., 2017. "Understanding Collaborative Consumption: Test of a Theoretical Model", *Technological Forecasting and Social Change* 118, pp. 281-292.

[29] Barney, J., 1991. "Firm Resources and Sustained Competitive Advantage", *Journal of Management* 17 (1), pp. 99-120.

[30] Baskin, E. et al., 2014. "Why Feasibility Matters More to Gift Receivers Than to Givers: A Construal-Level Approach to Gift Giving", *Journal of*

Consumer Research 41 (1), pp. 169-182.

[31] Bauer, R. A., 2001. *Consumer Behavior as Risk Taking* (New York: Routledge).

[32] Bauer, R. A., 1960. "Consumer Behavior as Risk Taking", Proceedings of the 43rd National Conference of the American Marketing Association. June 15, 16, 17, Chicago, Illinois, 1960, American Marketing Association.

[33] Bauman, Z., 2003. *Liquid Love: On the Frailty of Human Bonds* (Cambridge, UK: Polity Press).

[34] Bauman Z., 2007. *Liquid Times: Living in an Age of Uncertainty* (Cambridge, UK: Polity Press).

[35] Böcker, L., Meelen, T., 2017. "Sharing for People, Planet or Profit? Analysing Motivations for Intended Sharing Economy Participation", *Environmental Innovation and Societal Transitions* 23 (June), pp. 28-39.

[36] Belk, R., Llamas, R., 2012. *The Nature and Effects of Sharing in Consumer Behavior* (New York: Routledge).

[37] Belk, R., 1985. "Materialism: Trait Aspects of Living in the Material World", *Journal of Consumer Research* 12 (3), pp. 265-280.

[38] Belk, R., 1988. "Possessions and the Extended-Self", *Journal of Consumer Research* 15 (2), pp. 139-168.

[39] Belk, R., 2010. "Sharing", *Journal of Consumer Research* 36 (5), pp. 715-734.

[40] Belk, R., 2007. "Why Not Share Rather Than Own?", *The Annals of the American Academy of Political and Social Science* 611 (1), pp. 126-140.

[41] Belk, R., 2014. "You Are What You Can Access: Sharing and Collaborative Consumption Online", *Journal of Business Research* 67 (8), pp. 1595-1600.

[42] Benjaafar, S. et al., 2019. "Peer-to-Peer Product Sharing: Implications for Ownership, Usage, and Social Welfare in the Sharing Econo-

my", *Management Science* 65 (2), pp. 447-493.

[43] Benkler, Y., 2004. "Sharing Nicely: On Shareable Goods and the Emergence of Sharing as a Modality of Economic Production", *Yale Law Journal* 114, pp. 273-358.

[44] Benoit, S. et al., 2017. "A Triadic Framework for Collaborative Consumption (CC): Motives, Activities and Resources & Capabilities of Actors", *Journal of Business Research* 79, pp. 219-227.

[45] Berry, L. L., 1995. "Relationship Marketing of Services—Growing Interest, Emerging Perspectives", *Journal of the Academy of Marketing Science* 23 (4), pp. 236-245.

[46] Berry, L. L., 2002. "Relationship Marketing of Services Perspectives from 1983 and 2000", *Journal of Relationship Marketing* 1 (1), pp. 59-77.

[47] Bharti, K. et al., 2015. "Literature Review and Proposed Conceptual Framework", *International Journal of Market Research* 57 (4), pp. 571-604.

[48] Blau, P. M., 1964. *Exchange and Power in Socialife* (New York: John Willy).

[49] Boksberger, P. E. et al., 2007. "Multidimensional Analysis of Perceived Risk in Commercial Air Travel", *Journal of Air Transport Management* 13 (2), pp. 90-96.

[50] Bokyeong, K., Cho, Y. C., 2016. "Investigating the Impact of Justice Dimension and Perceived Value on Customer Satisfaction for Sharing Economy of Accommodation", *Journal of Business& Economics Research* 14 (4), pp. 153-170.

[51] Botsman, R., Rogers, R., 2010. *What's Mine Is Yours: The Rise of Collaborative Consumption* (New York, US: Harper Collins).

[52] Brasel, S. A., Gips, J., 2014. "Tablets, Touchscreens, and Touchpads: How Varying Touch Interfaces Trigger Psychological Ownership and Endowment", *Journal of Consumer Psychology* 24 (2), pp. 226-233.

[53] Bucher, E. et al., 2016. "What's Mine Is Yours (for a Nominal Fee)—Exploring the Spectrum of Utilitarian to Altruistic Motives for Internet-Mediated Sharing", *Computers in Human Behavior* 62, pp. 316–326.

[54] Byrne, D., 1971. *The Attraction Paradigm* (New York: Academic Press).

[55] Carroll, E., Romano, J., 2011. *Your Digital Afterlife: When Facebook, Flickr and Twitter Are Your Estate, What's Your Legacy?* (Berkeley, CA: New Riders).

[56] Catulli, M. et al., 2017. "Consuming Use Orientated Product Service Systems: A Consumer Culture Theory Perspective", *Journal of Cleaner Production* 141 (1), pp. 1186–1193.

[57] Chang, S. T. et al., 2014. "The Effects of Word-of-Mouth Consistency on Persuasiveness", *Canadian Journal of Administrative Sciences* 31 (2), pp. 128–141.

[58] Chan, S. H. J., Lai, H. Y. I., 2017. "Understanding the Link between Communication Satisfaction, Perceived Justice and Organizational Citizenship Behavior", *Journal of Business Research* 70, pp. 214–223.

[59] Charmaz, K., 2006. *Construcing Grounded Theory* (Thousand Oaks: Sage Publications).

[60] Cheema, A., Kaikati, A. M., 2010. "The Effect of Need for Uniqueness on Word of Mouth", *Journal of Marketing Research* 47 (3), pp. 553–563.

[61] Chen, C. C., Chang, Y. C., 2018. "What Drives Purchase Intention on Airbnb? Perspectives of Consumer Reviews, Information Quality, and Media Richness", *Telematics and Informatics* 35 (5), pp. 1512–1523.

[62] Cheng, M., Jin, X., 2019. "What Do Airbnb Users Care About? An Analysis of Online Review Comments", *International Journal of Hospitality Management* 76, pp. 58–70.

[63] Cheung, M. Y. et al., 2009. "Credibility of Electronic Word-of-Mouth: Informational and Normative Determinants of on-Line Consumer Recommendations", *International Journal of Electronic Commerce* 13 (4),

pp. 9-38.

[64] Coelho, P. S., Henseler, J., 2012. "Creating Customer Loyalty through Service Customization", *European Journal of Marketing* 46 (3/4), pp. 331-356.

[65] Corbitt, B. J. et al., 2003. "Trust and E-Commerce: A Study of Consumer Perceptions", *Electronic commerce research and applications* 2 (3), pp. 203-215.

[66] Cova, B., 1997. "Community and Consumption: Towards a Definition of the 'Linking Value' of Product or Services", *European Journal of Marketing* 31 (3/4), pp. 297-316.

[67] Cova, B. et al., 2007. *Tribes, Inc.: The New World of Tribalism* (New York, US: Routledge).

[68] Cova, B., Fuschillo, G., 2013. "This Brand Saved My Life! A Phenomenological Approach to Brand Fanatics' Lives", *European Advances in Consumer Research* 10, p. 212.

[69] Cox, D. F., Rich, S. U., 1964. "Perceived Risk and Consumer Decision-Making—The Case of Telephone Shopping", *Journal of Marketing Research* 1 (4), pp. 32-39.

[70] Cox, W. T. L. et al., 2012. "Stereotypes, Prejudice, and Depression: The Integrated Perspective", *Perspectives on Psychological Science* 7 (5), pp. 427-449.

[71] Cropanzano, R., Mitchell, M. S., 2005. "Social Exchange Theory: An Interdisciplinary Review", *Journal of Management* 31 (6), pp. 874-900.

[72] Crosby, L. A. et al., 1990. "Relationship Quality in Services Selling: An Interpersonal Influence Perspective", *Journal of Marketing* 54 (3), pp. 68-81.

[73] Cross, S. E. et al., 2011. "The What, How, Why, and Where of Self-Construal", *Personality and Social Psychology Review* 15 (2), pp. 142-179.

[74] Csikszentmihalyi, M., Rochberg-Halton, E., 1978. "Reflections on Materialism", *University of Chicago Magazine* 70 (6), pp. 1-15.

[75] Cunningham, M. S., 1967. *The Major Dimensions of Perceived Risk* (MA, US: Harvard University).

[76] Dan, J. K. et al., 2009. "Trust and Satisfaction, Two Stepping Stones for Successful E-Commerce Relationships: A Longitudinal Exploration", *Information Systems Research* 20 (2), pp. 237-257.

[77] Dann, G. M. S., 1977. "Anomie, Ego-Enhancement and Tourism", *Annals of Tourism Research* 4 (4), pp. 184-194.

[78] Daugstad, K., Kirchengast, C., 2013. "Authenticity and the Pseudo-Backstage of Agri-Tourism", *Annals of Tourism Research* 43 (Complete), pp. 170-191.

[79] Dayour, F. et al., 2019. "Backpackers' Perceived Risks Towards Smartphone Usage and Risk Reduction Strategies: A Mixed Methods Study", *Tourism Management* 72, pp. 52-68.

[80] Deci, E. L., Ryan, R. M., 1985. Intrinsic Motivation and Self-Determination in Human Behavior (New York: Plenum Publishing Co.).

[81] Deci, E. L., Ryan, R. M., 2000. "The 'What' and 'Why' of Goal Pursuits: Human Needs and the Self-Determination of Behavior", *Psychological Inquiry* 11 (4), pp. 227-268.

[82] Deci, E. L., Ryan, R. M., 2008. "Facilitating Optimal Motivation and Psychological Well Being across Life's Domains", *Canadian Psychology* 49 (1), pp. 14-23.

[83] De Wulf, K. et al., 2001. "Investments in Consumer Relationships: A Cross-Country and Cross-Industry Exploration", *Journal of Marketing* 65 (4), pp. 33-50.

[84] Ding, Y., Keh, H. T., 2016. "A Re-Examination of Service Standardization Versus Customization from the Consumer's Perspective", *Journal of Services Marketing* 30 (1), pp. 16-28.

[85] Doney, P. M., Cannon, J. P., 1997. "An Examination of the Nature

of Trust in Buyer-Seller Relationships", *Journal of Marketing* 61 (2), pp. 35-51.

[86] Doolin, B. et al., 2005. "Perceived Risk, the Internet Shopping Experience and Online Purchasing Behavior: A New Zealand Perspective", *Journal of Global Information Management (JGIM)* 13 (2), pp. 66-88.

[87] Dwyer, F. R. et al., 1987. "Developing Buyer-Seller Relationships", *Journal of Marketing* 51 (2), pp. 11-27.

[88] Eckhardt, G. M., Bardhi, F., 2016. "The Relationship between Access Practices and Economic Systems", *Journal of the Association for Consumer Research* 1 (2), pp. 210-225.

[89] Ert, E. et al., 2016. "Trust and Reputation in the Sharing Economy: The Role of Personal Photos in Airbnb", *Tourism Management* 55, pp. 62-73.

[90] Fang, B. et al., 2016. "Effect of Sharing Economy on Tourism Industry Employment", *Annals of Tourism Research* 57, pp. 264-267.

[91] Featherman, M. S., Pavlou, P. A., 2003. "Predicting E-Services Adoption: A Perceived Risk Facets Perspective", *International Journal of Human-Computer Studies* 59 (4), pp. 451-474.

[92] Felson, M., Spaeth, J. L., 1978. "Community Structure and Collaborative Consumption: A Routine Activity Approach", *American Behavioral Scientist* 21 (4), pp. 614-624.

[93] Fiske, S. T. et al., 2007. "Universal Dimensions of Social Cognition: Warmth and Competence", *Trends in Cognitive Sciences* 11 (2), pp. 77-83.

[94] Fitzsimmons, J. A., 1985. "Consumer Participation and Productivity in Service Operations", *Interfaces* 15 (3), pp. 60-67.

[95] Füller, J., 2010. "Refining Virtual Co-Creation from a Consumer Perspective", *California Management Review* 52 (2), pp. 98-122.

[96] Fradkin, A. et al., 2018. "The Determinants of Online Review Informativeness: Evidence from Field Experiments on Airbnb", *SSRN Electronic*

Journal 41 (April), pp. 1-12.

[97] Franke, N. et al., 2010. "The 'I Designed It Myself' Effect in Mass Customization", *Management Science* 56 (1), pp. 125-140.

[98] Freedman, J. L. et al., 1974. *Social Psychology* (Upper Saddle River, New Jersy: Prentice-Hall).

[99] Fu, S. et al., 2018. "Who Will Attract You? Similarity Effect among Users on Online Purchase Intention of Movie Tickets in the Social Shopping Context", *International Journal of Information Management* 40, pp. 88-102.

[100] Ganesan, S., 1994. "Determinants of Long-Term Orientation in Buyer-Seller Relationships", *Journal of Marketing* 58 (2), pp. 1-19.

[101] Gansky, L., 2010. *The Mesh: Why the Future of Business Is Sharing* (New York, US: Portfolio Penguin).

[102] Giesler, M., Veresiu, E., 2014. "Creating the Responsible Consumer: Moralistic Governance Regimes and Consumer Subjectivity", *Journal of Consumer Research* 41 (3), pp. 840-857.

[103] Gineikiene, J. et al., 2017. "'Ours' or 'Theirs'? Psychological Ownership and Domestic Products Preferences", *Journal of Business Research* 72, pp. 93-103.

[104] Glaser, B., Strauss, A. L., 1967. *The Discovery of Grounded Theory: Strategies for Qualitative Research* (Chicago: New Brunswick Aldine Transaction).

[105] Gobble, M. A. M., 2015. "Regulating Innovation in the New Economy", *Research-Technology Management* 58 (2), pp. 62-67.

[106] Goldsmith, R. E., Clark, R. A., 2012. "Materialism, Status Consumption, and Consumer Independence", *The Journal of Social Psychology* 152 (1), pp. 43-60.

[107] Goldsmith, R. E., Hofacker, C. F., 1991. "Measuring Consumer Innovativeness", *Journal of the Academy of Marketing Science* 19 (3), pp. 209-221.

[108] Goodwin, C., Gremler, D. D., 1996. "Friendship over the Counter: How Social Aspects of Service Encounters Influence Consumer Service Loyalty", *Advances in Services Marketing and Management*, 5, pp. 247–282.

[109] Gouldner, A. W., 1960. "The Norm of Reciprocity: A Preliminary Statement", *American Sociological Review* 25 (2), pp. 161–178.

[110] Grandey, A. A. et al., 2005. "Is 'Service with a Smile' Enough? Authenticity of Positive Displays During Service Encounters", *Organizational Behavior and Human Decision Processes* 96 (1), pp. 38–55.

[111] Granovetter, M. S., 1973. "The Strength of Weak Ties", *American Journal of Sociology* 78 (6), pp. 1360–1380.

[112] Granovetter, M. S., 1983. "The Strength of Weak Ties: A Network Theory Revisited", *Sociological Theory* 1, pp. 201–233.

[113] Grönroos, C., 1997. "Keynote Paper from Marketing Mix to Relationship Marketing–Towards a Paradigm Shift in Marketing", *Management Decision* 35 (4), pp. 322–339.

[114] Grönroos, C., 2000. "Creating a Relationship Dialogue: Communication, Interaction and Value", *The Marketing Review*, 1 (1), pp. 5–14.

[115] Groth, M., 2005. "Customers as Good Soldiers: Examining Citizenship Behaviors in Internet Service Deliveries", *Journal of Management* 31 (1), pp. 7–27.

[116] Gruen, A., 2017. "Design and the Creation of Meaningful Consumption Practices in Access–Based Consumption", *Journal of Marketing Management* 33 (3-4), pp. 226–243.

[117] Gruen, T. W., 1995. "The Outcome Set of Relationship Marketing in Consumer Markets", *International Business Review* 4 (4), pp. 447–469.

[118] Gupta, V., Lehal, G. S., 2009. "A Survey of Text Mining Techniques and Applications", *Journal of Emerging Technologies in Web Intelligence*

1 (1), pp. 60-76.

[119] Guttentag, D. et al., 2018. "Why Tourists Choose Airbnb: A Motivation-Based Segmentation Study", *Journal of Travel Research* 57 (3), pp. 342-359.

[120] Halewood, C., Hannam, K., 2001. "Viking Heritage Tourism: Authenticity and Commodification", *Annals of Tourism Research* 28 (3), pp. 565-580.

[121] Halvari, A. E. M. et al., 2010. "Motivation and Anxiety for Dental Treatment: Testing a Self-Determination Theory Model of Oral Self-Care Behaviour and Dental Clinic Attendance", *Motivation and Emotion* 34 (1), pp. 15-33.

[122] Hamari, J. et al., 2016. "The Sharing Economy: Why People Participate in Collaborative Consumption", *Journal of the Association for Information Science and Technology* 67 (9), pp. 2047-2059.

[123] Hart, C. W., 1995. "Mass Customization: Conceptual Underpinnings, Opportunities and Limits", *International Journal of Service Industry Management* 9 (1), pp. 336-345.

[124] Ha, S., Stoel, L., 2009. "Consumer E-Shopping Acceptance: Antecedents in a Technology Acceptance Model", *Journal of Business Research* 62 (5), pp. 565-571.

[125] Hawlitschek, F. et al., 2016. "Trust in the Sharing Economy", *Die Unternehmung* 70 (1), pp. 26-44.

[126] Hawlitschek, F. et al., 2016. "Understanding the Sharing Economy—Drivers and Impediments for Participation in Peer-to-Peer Rental", *IEEE System Sciences (HICSS)* 1, pp. 4782-4791.

[127] Hellén, K., Gummerus, J., 2013. "Re-Investigating the Nature of Tangibility/Intangibility and Its Influence on Consumer Experiences", *Journal of Service Management* 24 (2), pp. 130-150.

[128] Hellwig, K. et al., 2015. "Exploring Different Types of Sharing: A Proposed Segmentation of the Market for 'Sharing' Businesses", *Psy-*

chology & Marketing 32（9），pp. 891-906.

［129］Hennig-Thurau, T. et al., 2004. "Electronic Word-of-Mouth Via Consumer-Opinion Platforms: What Motivates Consumers to Articulate Themselves on the Internet?", *Journal of Interactive Marketing* 18（1），pp. 38-52.

［130］Hennig-Thurau, T. et al., 2002. "Understanding Relationship Marketing Outcomes: An Integration of Relational Benefits and Relationship Quality", *Journal of Service Research* 4（3），pp. 230-247.

［131］Hidayatia, R., Novanib, S., 2015. "A Conceptual Complaint Model for Value Co-Creation Process", *Procedia Manufacturing* 4，pp. 412-418.

［132］Hilgard, E. R., 1980. "The Trilogy of Mind: Cognition, Affection, and Conation", *Journal of the History of the Behavioral Sciences* 16（2），pp. 107-117.

［133］Hsu, C. L., Lin, J. C. C., 2016. "An Empirical Examination of Consumer Adoption of Internet of Things Services: Network Externalities and Concern for Information Privacy Perspectives", *Computers in Human Behavior* 62（C），pp. 516-527.

［134］Huang, D. et al., 2019. "Users and Non-Users of P2P Accommodation: Differences in Perceived Risks and Behavioral Intentions", *Journal of Hospitality and Tourism Technology* 10（3），pp. 369-382.

［135］Humphreys, A., Grayson, K., 2008. "The Intersecting Roles of Consumer and Producer: A Critical Perspective on Co-Production, Co-Creation and Prosumption", *Sociology Compass* 2（3），pp. 963-980.

［136］Hung, K. H., Li, S. Y., 2007. "The Influence of Ewom on Virtual Consumer Communities: Social Capital, Consumer Learning, and Behavioral Outcomes", *Journal of Advertising Research* 47（4），pp. 485-495.

［137］Hung, W. L. et al., 2016. "Creative Experiences, Memorability and Revisit Intention in Creative Tourism", *Current Issues in Tourism* 19

(8), pp. 763-770.

[138] Hur, W. M. et al., 2020. "When Does Customer Csr Perception Lead to Customer Extra-Role Behaviors? The Roles of Customer Spirituality and Emotional Brand Attachment", *Journal of Brand Management* 227 (44), pp. 421-437.

[139] Hwang, J. et al., 2013. "The Role of Server-Patron Mutual Disclosure in the Formation of Rapport with and Revisit Intentions of Patrons at Full-Service Restaurants: The Moderating Roles of Marital Status and Educational Level", *International Journal of Hospitality Management* 33, pp. 64-75.

[140] Japutra, A. et al., 2018. "Aesthetic or Self-Expressiveness? Linking Brand Logo Benefits, Brand Stereotypes and Relationship Quality", *Journal of Retailing Consumer Services* 44, pp. 191-200.

[141] Johnson, M. S. et al., 2008. "Customer Satisfaction, Perceived Risk and Affective Commitment: An Investigation of Directions of Influence", *Journal of Services Marketing* 22 (5), pp. 353-362.

[142] Jun, S. H., 2020. "The Effects of Perceived Risk, Brand Credibility and Past Experience on Purchase Intention in the Airbnb Context", *Sustainability* 12 (12), p. 5212.

[143] Jussila, I. et al., 2015. "Individual Psychological Ownership: Concepts, Evidence, and Implications for Research in Marketing", *Journal of Marketing Theory and Practice* 23 (2), pp. 121-139.

[144] Kamleitner, B., Feuchtl, S., 2015. "'As If It Were Mine': Imagery Works by Inducing Psychological Ownership", *Journal of Marketing Theory and Practice* 23 (3), pp. 208-223.

[145] Kaplan, L. B. et al., 1974. "Components of Perceived Risk in Product Purchase: A Cross-Validation", *Journal of Applied Psychology* 59 (3), pp. 287-291.

[146] Keh, H. T., Sun, J., 2008. "The Complexities of Perceived Risk in Cross-Cultural Services Marketing", *Journal of International Marketing*

16（1），pp. 120-146.

［147］ Kelman, H. C., 2006. "Interests, Relationships, Identities: Three Central Issues for Individuals and Groups in Negotiating Their Social Environment", *Annual Review of Psychology* 57, pp. 1-26.

［148］ Kendall, J., 1999. "Axial Coding and the Grounded Theory Controversy", *Western Journal of Nursing Research* 21（6），pp. 743-757.

［149］ Kervyn, N. et al., 2012. "Brands as Intentional Agents Framework: How Perceived Intentions and Ability Can Map Brand Perception", *Journal of Consumer Psychology* 22（2），pp. 166-176.

［150］ Kim, B., Han, I., 2011. "The Role of Utilitarian and Hedonic Values and Their Antecedents in a Mobile Data Service Environment", *Expert Systems with Applications* 38（3），pp. 2311-2318.

［151］ Kim, J. et al., 2015. "Why People Participate in the Sharing Economy: A Social Exchange Perspective", *Proceedings of the Pacific Asia Confenence on Information Systems*.

［152］ Kim, K., Chhajed, D., 2002. "Product Design with Multiple Quality-Type Attributes", *Management Science* 48（11），pp. 1502-1511.

［153］ Kim, N. L., Jin, B. E., 2020. "Why Buy New When One Can Share? Exploring Collaborative Consumption Motivations for Consumer Goods", *International Journal of Consumer Studies* 44（2），pp. 122-130.

［154］ Kim, W. G. et al., 2001. "Effects of Relationship Marketing on Repeat Purchase and Word of Mouth", *Journal of Hospitality & Tourism Research* 25（3），pp. 272-288.

［155］ Kim, W. G., Cha Y., 2002. "Antecedents and Consequences of Relationship Quality in Hotel Industry", *International Journal of Hospitality Management* 21（4），pp. 321-338.

［156］ Kirk, C. P. et al., 2015. "I'm Proud of It: Consumer Technology Appropriation and Psychological Ownership", *Journal of Marketing Theory and Practice* 23（2），pp. 166-184.

[157] Kitayama, S. et al., 1997. "Individual and Collective Processes in the Construction of the Self: Self-Enhancement in the United States and Self-Criticism in Japan", *Journal of Personality* 72 (6), pp. 1245-1267.

[158] Kou, Y., Powpaka, S., 2020. "Pseudo-Ownership Advertising Appeal Creates Brand Psychological Ownership: The Role of Self-Construal and Customer Type", *Journal of Product & Brand Management* 30 (2), pp. 215-230.

[159] Kuchmaner, C. A. et al., 2019. "The Role of Network Embeddedness and Psychological Ownership in Consumer Responses to Brand Transgressions", *Journal of Interactive Marketing* 47, pp. 129-143.

[160] Kumar, J., Nayak, J. K., 2019. "Exploring Destination Psychological Ownership among Tourists: Antecedents and Outcomes", *Journal of Hospitality and Tourism Management* 39, pp. 30-39.

[161] Lamberton, C., 2016. "Collaborative Consumption: A Goal-Based Framework", *Current Opinion in Psychology* 10, pp. 55-59.

[162] Lamberton, C. P., Rose, R. L., 2012. "When Is Ours Better Than Mine? A Framework for Understanding and Altering Participation in Commercial Sharing Systems", *Journal of marketing* 76 (4), pp. 109-125.

[163] Lamb, Z., 2011. Rethinking Authenticity in Tourist Experience: Analyzing the Motivations of Travelers in Person-to-Person Hospitality Networks. Master's Thesis, University of Chicago.

[164] Lanier, C. D., Jensen, S. H., 2007. *Culture and Co-Creation: Exploring Consumers' Inspirations and Aspirations for Writing and Posting on-Line Fan Fiction* (UK: Emerald Group Publishing Limited).

[165] Lastovicka, J. L. et al., 1999. "Lifestyle of the Tight and Frgual: Theory and Measurement", *Journal of Consumer Behavior* 26 (1), pp. 85-98.

[166] Lawson, S. J. et al., 2016. "Freedom from Ownership: An Exploration of Access-Based Consumption", *Journal of Business Research* 69 (8),

pp. 2615-2623.

[167] Lee, H. et al., 2019. "Exploring the Effect of Airbnb Hosts' Attachment and Psychological Ownership in the Sharing Economy", *Tourism Management* 70, pp. 284-294.

[168] Lee, J., Suh, A., 2015. "How Do Virtual Community Members Develop Psychological Ownership and What Are the Effects of Psychological Ownership in Virtual Communities?", *Computers in Human Behavior* 45, pp. 382-391.

[169] Lee, S. et al., 2005. "Relationship Selling in the Meeting Planner/Hotel Salesperson Dyad", *Journal of Hospitality & Tourism Research* 29 (4), pp. 427-447.

[170] Lee, S. H., Deale, C., 2021. "Consumers' Perceptions of Risks Associated with the Use of Airbnb before and During the Covid-19 Pandemic", *International Hospitality Review* 35 (2), pp. 225-239.

[171] Lee, S. H., 2020. "New Measuring Stick on Sharing Accommodation: Guest-Perceived Benefits and Risks", *International Journal of Hospitality Management* 87, p. 102471.

[172] Lee, Y., Chen, A. N. K., 2014. "Usability Design and Psychological Ownership of a Virtual World", *Journal of Management Information Systems* 28 (3), pp. 269-308.

[173] Lee, Z. W. Y. et al., 2018. "Why People Participate in the Sharing Economy: An Empirical Investigation of Uber", *Internet Research* 28 (3), pp. 829-850.

[174] Leischnig, A. et al., 2018. "Spotlight on Customization: An Analysis of Necessity and Sufficiency in Services", *Journal of Business Research* 89 (August), pp. 385-390.

[175] Lessard-Bonaventure, S., Chebat, J. C., 2015. "Psychological Ownership, Touch, and Willingness to Pay for an Extended Warranty", *Journal of Marketing Theory and Practice* 23 (2), pp. 224-234.

[176] Liang, L. J. et al., 2018a. "Understanding Repurchase Intention of

Airbnb Consumers: Perceived Authenticity, Electronic Word-of-Mouth, and Price Sensitivity", *Journal of Travel & Tourism Marketing* 35 (1), pp. 73–89.

[177] Liang, L. J. et al., 2018b. "Exploring the Relationship between Satisfaction, Trust and Switching Intention, Repurchase Intention in the Context of Airbnb", *International Journal of Hospitality Management* 69, pp. 41–48.

[178] Li, J. et al., 2018. "Freedom of Choice as a Critical Success Factor in Destination Marketing: Empirical Evidence from a Far-East Gambling City", *Tourism and Hospitality Research* 18 (3), pp. 321–332.

[179] Li, J. et al., 2019. "Exploring the Customer Experience with Airbnb", *International Journal of Culture, Tourism and Hospitality Research* 13 (4), pp. 410–429.

[180] Lin, C. P. et al., 2011. "Understanding Purchase Intention During Product-Harm Crises: Moderating Effects of Perceived Corporate Ability and Corporate Social Responsibility", *Journal of Business Ethics* 102 (3), pp. 455–471.

[181] Lindblom, A. et al., 2018. "Collaborative Consumption as C2C Trading: Analyzing the Effects of Materialism and Price Consciousness", *Journal of Retailing and Consumer Services* 44, pp. 244–252.

[182] Lin, S. Y., 2012. "Customer Orientation and Cross-Buying: The Mediating Effects of Relational Selling Behavior and Relationship Quality", *Journal of Management Research* 4 (4), pp. 334–358.

[183] Li, S. et al., 2020. "How Does Self-Image Congruity Affect Tourists' Environmentally Responsible Behavior?", *Journal of Sustainable Tourism* 28 (12), pp. 2156–2174.

[184] Lovelock, C., Gummesson, E., 2004. "Whither Services Marketing? In Search of a New Paradigm and Fresh Perspectives", *Journal of Service Research* 7 (1), pp. 20–41.

[185] Luchs, M. G. et al., 2011. "Toward a Sustainable Marketplace: Ex-

panding Options and Benefits for Consumers", *Journal of Research for Consumers* 19), pp. 1-12.

[186] Lu, D. et al., 2019. "The Consumer Acceptance of Smart Product-Service Systems in Sharing Economy: The Effects of Perceived Interactivity and Particularity", *Sustainability* 11 (3), p. 928.

[187] Lu, L. et al., 2015. "Authenticity, Involvement, and Image: Evaluating Tourist Experiences at Historic Districts", *Tourism Management* 50, pp. 85-96.

[188] Lunardo, R., Ponsignon, F., 2020. "Achieving Immersion in the Tourism Experience: The Role of Autonomy, Temporal Dissociation, and Reactance", *Journal of Travel Research* 59 (7), pp. 1151-1167.

[189] Luo, Q., Zhang, H., 2016. "Building Interpersonal Trust in a Travel-Related Virtual Community: A Case Study on a Guangzhou Couchsurfing Community", *Tourism Management* 54, pp. 107-121.

[190] Luo, X. et al., 2010. "Examining Multi-Dimensional Trust and Multi-Faceted Risk in Initial Acceptance of Emerging Technologies: An Empirical Study of Mobile Banking Services", *Decision Support Systems* 49 (2), pp. 222-234.

[191] Lutz, C., Newlands, G., 2018. "Consumer Segmentation within the Sharing Economy: The Case of Airbnb", *Journal of Business Research* 88, pp. 187-196.

[192] Macintosh, G., 2002. "Building Trust and Satisfaction in Travel Counselor/Client Relationships", *Journal of Travel & Tourism Marketing* 12 (4), pp. 59-74.

[193] Mahadevan, R., 2018. "Examination of Motivations and Attitudes of Peer-to-Peer Users in the Accommodation Sharing Economy", *Journal of Hospitality Marketing & Management* 27 (6), pp. 679-692.

[194] Manning, K. C. et al., 1995. "Consumer Innovativeness and the Adoption Process", *Journal of consumer psychology* 4 (4), pp. 329-345.

[195] Mao, Z., Lyu, J., 2017. "Why Travelers Use Airbnb Again? An

Integrative Approach to Understanding Travelers' Repurchase Intention", *International Journal of Contemporary Hospitality Management* 29 (9), pp. 2464–2482.

[196] Marcoux, J. S., 2009. "Escaping the Gift Economy", *Journal of Consumer Research* 36 (4), pp. 671–685.

[197] Markus, H. R., Kitayama, S., 1991. "Culture and the Self: Implications for Cognition, Emotion, and Motivation", *Psychological Review* 98 (2), pp. 224–253.

[198] Mayhew, M. G. et al., 2007. "A Study of the Antecedents and Consequences of Psychological Ownership in Organizational Settings", *Journal of Social Psychology* 147 (5), pp. 477–500.

[199] McAlexander, J. H. et al., 2014. "The Marketization of Religion: Field, Capital, and Consumer Identity", *Journal of Consumer Research* 41 (3), pp. 858–875.

[200] Meeker, B. F., 1971. "Decisions and Exchange", *American Sociological Review* 36 (3), pp. 485–495.

[201] Meng, B., Cui, M., 2020. "The Role of Co-Creation Experience in Forming Tourists' Revisit Intention to Home-Based Accommodation: Extending the Theory of Planned Behavior", *Tourism Management Perspectives* 33, p. 100581.

[202] Möhlmann, M., 2015. "Collaborative Consumption: Determinants of Satisfaction and the Likelihood of Using a Sharing Economy Option Again", *Journal of Consumer Behavior* 14 (3), pp. 193–207.

[203] Midgley, D. F., 1983. "Patterns of Interpersonal Information Seeking for the Purchase of a Symbolic Product", *Journal of Marketing Research* 20 (1), pp. 74–83.

[204] Milanova, V., Maas, P., 2017. "Sharing Intangibles: Uncovering Individual Motives for Engagement in a Sharing Service Setting", *Journal of Business Research* 75, pp. 159–171.

[205] Miller, D., 1988. "Appropriating the State on the Council Estate",

Man 23 (2), pp. 353-372.

[206] Mitchell, V. W. et al., 1999. "Using Neural Networks to Understand Service Risk in the Holiday Product", *Journal of Business Research* 46 (2), pp. 167-180.

[207] Mody, M. A. et al., 2017. "The Accommodation Experiencescape: A Comparative Assessment of Hotels and Airbnb", *International Journal of Contemporary Hospitality Management* 29 (9), pp. 2377-2404.

[208] Mohlmann, M., 2016. Digital Trust and Peer-to-Peer Collaborative Consumption Platforms: A Mediation Analysis (New York: SSRN).

[209] Mohr, J. J. et al., 1996. "Collaborative Communication in Interfirm Relationships: Moderating Effects of Integration and Control", *Journal of Marketing* 60 (3), pp. 103-115.

[210] Mont, O. K., 2002. "Clarifying the Concept of Product-Service System", *Journal of Cleaner Production* 10 (3), pp. 237-245.

[211] Moon, H. et al., 2019. "Peer-to-Peer Interactions: Perspectives of Airbnb Guests and Hosts", *International Journal of Hospitality Management* 77, pp. 405-414.

[212] Moorman, C. et al., 1992. "Relationships between Providers and Users of Market Research: The Dynamics of Trust within and between Organizations", *Journal of Marketing Research* 29 (3), pp. 314-328.

[213] Morgan, R. M., Hunt, S. D., 1994. "The Commitment-Trust Theory of Relationship Marketing", *Journal of Marketing* 58 (3), pp. 20-38.

[214] Morissette, L., Chartier, S., 2013. "The K-Means Clustering Technique: General Considerations and Implementation in Mathematica", *Tutorials in Quantitative Methods for Psychology* 9 (1), pp. 15-24.

[215] Mudambi, S. M., Schuff, D., 2010. "Research Note: What Makes a Helpful Online Review? A Study of Customer Reviews on Amazon.Com", *MIS Quarterly* 34 (1), pp. 185-200.

[216] Murray, K. B., Schlacter, J. L., 1990. "The Impact of Services Ver-

sus Goods on Consumers' Assessment of Perceived Risk and Variability", *Journal of the Academy of Marketing Science* 18 (1), pp. 51-65.

[217] Na, Y., Kang, S., 2018. "Effects of Core Resource and Competence Characteristics of Sharing Economy Business on Shared Value, Distinctive Competitive Advantage, and Behavior Intention", *Sustainability* 10 (10), pp. 1-17.

[218] Nov, O., 2007. "What Motivates Wikipedians?", *Communications of the ACM* 50 (11), pp. 60-64.

[219] Nunnally, J. C., 1978. *Psychometric Theory* (2nd Ed.) (New York: McGraw-Hill).

[220] Nyheim, P. et al., 2015. "Predictors of Avoidance Towards Personalization of Restaurant Smartphone Advertising: A Study from the Millennials' Perspective", *Journal of Hospitality and Tourism Technology* 6 (2), pp. 145-159.

[221] Ostrom, A., Lacobucci, D., 1995. "Consumer Trade-Offs and the Evaluation of Services", *Journal of Marketing* 59 (1), pp. 17-28.

[222] Ostrom, E., Walker, J., 2003. *Trust and Reciprocity: Interdisciplinary Lessons for Experimental Research* (New York: Russell Sage Foundation).

[223] Ozanne, L. K., Ballantine, P. W., 2010. "Sharing as a Form of Anti-Consumption? An Examination of Toy Library Users", *Journal of Consumer Behaviour* 9 (6), pp. 485-498.

[224] Palmatier, R. W. et al., 2006. "Factors Influencing the Effectiveness of Relationship Marketing: A Meta-Analysis", *Journal of Marketing* 70 (4), pp. 136-153.

[225] Papathanassis, A., Knolle, F., 2011. "Exploring the Adoption and Processing of Online Holiday Reviews: A Grounded Theory Approach", *Tourism Management* 32 (2), pp. 215-224.

[226] Park, S., Tussyadiah, I. P., 2017. "Multidimensional Facets of Perceived Risk in Mobile Travel Booking", *Journal of Travel Research* 56

(7), pp. 854–867.

[227] Peck, J. et al., 2013. "In Search of a Surrogate for Touch: The Effect of Haptic Imagery on Perceived Ownership", *Journal of Consumer Psychology* 23 (2), pp. 189–196.

[228] Peck, J., Shu, S. B., 2009. "The Effect of Mere Touch on Perceived Ownership", *Journal of Consumer Research* 36 (3), pp. 434–447.

[229] Peter, J. P., Tarpey Sr, L. X., 1975. "A Comparative Analysis of Three Consumer Decision Strategies", *Journal of Consumer Research* 2 (1), pp. 29–37.

[230] Piacentini, M. et al., 2012. "Emerging Issues in Transformative Consumer Research and Social Marketing: An Introduction to the Special Issue", *Journal of Consumer Behaviour* 11 (4), pp. 273–274.

[231] Pierce, J. L. et al., 1991. "Employee Ownership a Conceptual Model of Process and Effects", *Academy of Management Review* 16 (01), pp. 121–144.

[232] Pierce, J. L. et al., 2001. "Toward a Theory of Psychological Ownership in Organizations", *Academy of Management Review* 26 (2), pp. 298–310.

[233] Pierce, J. L. etc., 2003. "The State of Psychological Ownership: Integrating and Extending a Century of Research", *Review of General Psychology* 7 (1), pp. 84–107.

[234] Pirkkalainen, H. et al., 2018. "Engaging in Knowledge Exchange the Instrumental Psychological Ownership in Open Innovation Communities", *International Journal of Information Management* 38 (1), pp. 277–287.

[235] Podsakoff, P. M., Organ, D. W., 1986. "Self-Reports in Organizational Research: Problems and Prospects", *Journal of Management* 12 (4), pp. 531–544.

[236] Poon, K. Y., Huang, W. J., 2017. "Past Experience, Traveler Per-

sonality and Tripographics on Intention to Use Airbnb", *International Journal of Contemporary Hospitality Management* 29 (9), pp. 2425 - 2443.

[237] Prahalad, C. K., Ramaswamy, V., 2004. "Co-Creation Experiences: The Next Practice in Value Creation", *Journal of Interactive Marketing* 18 (3), pp. 5-14.

[238] Prahalad, C. K., Ramaswamy, V., 2000. "Co-Opting Customer Competence", *Harvard Business Review* 25 (1), pp. 79-79.

[239] Pratminingsih, S. A. et al., 2014. "Roles of Motivation and Destination Image in Predicting Tourist Revisit Intention: A Case of Bandung-Indonesia", *International Journal of Innovation, Management and Technology* 5 (1), pp. 19-24.

[240] Ramírez, R., 1999. "Value Co-Production: Intellectual Origins and Implications for Practice and Research", *Strategic Management Journal* 20 (1), pp. 49-65.

[241] Richins, M. L., Dawson, S., 1992. "A Consumer Values Orientation for Materialism and Its Measurement: Scale Development and Validation", *Journal of Consumer Research* 19 (3), pp. 303-316.

[242] Rihova, I. et al., 2018. "Customer-to-Customer Co-Creation Practices in Tourism: Lessons from Customer-Dominant Logic", *Tourism Management* 67, pp. 362-375.

[243] Rindfleisch, A. et al., 2009. "The Safety of Objects: Materialism, Existential Insecurity, and Brand Connection", *Journal of Consumer Research* 36 (1), pp. 1-16.

[244] Ritzer, G., Jurgenson, N., 2010. "Production, Consumption, Prosumption: The Nature of Capitalism in the Age of the Digital 'Prosumer'", *Journal of Consumer Culture* 10 (1), pp. 13-36.

[245] Rodrigues, D. et al., 2017. "A New Look at Online Attraction: Unilateral Initial Attraction and the Pivotal Role of Perceived Similarity", *Computers in Human Behavior* 74, pp. 16-25.

[246] Rosenberg, M. J., Hovland, C. I., 1960, *Cognitive, Affective, and Behavioral Components of Attitudes* (New Haven, US: Yale University Press).

[247] Rousseeuw, P. J., 1987. "Silhouettes: A Graphical Aid to the Interpretation and Validation of Cluster Analysis", *Journal of Comutational and Applied Mathematics* 20, pp. 53-65.

[248] Roya, R. et al., 2017. "Customer Relationship Management Research in Tourism and Hospitality: A State-of-the-Art", *Tourism Review* 72 (2), pp. 209-220.

[249] Sarason, S. B., 1974. *The Psychological Sense of Community: Prospects for a Community Psychology* (Cambridge, MA, US: Brookline Books).

[250] Schaefers, T. et al., 2016. "How the Burdens of Ownership Promote Consumer Usage of Access-Based Services", *Marketing Letters* 27 (3), pp. 569-577.

[251] Schoenbachler, D. D., Gordon, G. L., 2002. "Trust and Customer Willingness to Provide Information in Database-Driven Relationship Marketing", *Journal of Interactive Marketing* 16 (3), pp. 2-16.

[252] Schreiner, N. et al., 2018. "To Share or Not to Share? Explaining Willingness to Share in the Context of Social Distance", *Journal of Consumer Behavior* 17 (4), pp. 366-378.

[253] Schultz, P. W. et al., 2007. "The Constructive, Destructive, and Reconstructive Power of Social Norms", *Psychology Science* 18 (5), pp. 429-434.

[254] Sen, S., Lerman, D., 2007. "Why Are You Telling Me This? An Examination into Negative Consumer Reviews on the Web", *Journal of Interactive Marketing* 21 (4), pp. 76-94.

[255] Shamdasani, P. N., Balakrishnan, A. A., 2000. "Determinants of Relationship Quality and Loyalty in Personalized Services", *Asia Pacific Journal of Management* 17 (3), pp. 399-422.

[256] Shi, G. et al., 2011. "The Role of Renqing in Mediating Customer Re-

lationship Investment and Relationship Commitment in China", *Industrial Marketing Management* 40 (4), pp. 496-502.

[257] Sirgy, M. J., Su, C., 2000. "Destination Image, Self-Congruity, and Travel Behavior: Toward an Integrative Model", *Journal of Travel Research* 38 (4), pp. 340-352.

[258] Smith, J. B., 1998. "Buyer-Seller Relationships: Similarity, Relationship Management, and Quality", *Psychology & Marketing* 15 (1), pp. 3-21.

[259] Smith, S. L. J., 1994. "The Tourism Product", *Annals of Tourism Research* 21 (3), pp. 582-595.

[260] Snyder, C. R., Fromkin, H. L., 1977. "Abnormality as a Positive Characteristic: The Development and Validation of a Scale Measuring Need for Uniqueness", *Journal of Abnormal Psychology* 86 (5), pp. 518-527.

[261] So, K. K. F. et al., 2018. "Motivations and Constraints of Airbnb Consumers: Findings from a Mixed-Methods Approach", *Tourism Management* 67 (August), pp. 224-236.

[262] Solomon, M. R. etc., 1985. "A Role Theory Perspective on Dyadic Interactions: The Service Encounter", *Journal of Marketing* 49 (1), pp. 99-111.

[263] Sparks, B. A., Browning, V., 2011. "The Impact of Online Reviews on Hotel Booking Intentions and Perception of Trust", *Tourism Management* 32 (6), pp. 1310-1323.

[264] Sparrowe, R. T., Liden, R. C., 1997. "Process and Structure in Leader-Member Exchange", *Academy of Management Review* 22 (2), pp. 522-552.

[265] Spencer, L. M., Spencer, P. S. M., 2008. *Competence at Work Models for Superior Performance* (New Jersey, US: John Wiley & Sons).

[266] Stockes K. et al., 2014. *Making Sense of the Uk Collaborative Economy* (London, UK: Nesta).

[267] Stoner, J. L. et al., 2018. "The Name Game: How Naming Products Increases Psychological Ownership and Subsequent Consumer Evaluations", *Journal of Consumer Psychology* 28 (1), pp. 130-137.

[268] Stone, R. N., Grønhaug, K., 1993. "Perceived Risk: Further Considerations for the Marketing Discipline", *European Journal of Marketing* 27 (3), pp. 39-50.

[269] Stors, N., Kagermeier, A., 2015. "Motives for Using Airbnb in Metropolitan Tourism—Why Do People Sleep in the Bed of a Stranger?", *Regions Magazine* 299 (3), pp. 17-19.

[270] Strauss, A., Corbin, J., 1990. *Basics of Qualitative Research: Grounded Theory Procedures and Techniques* (Thousand Oaks: Sage Publications).

[271] Strauss, A. L., Corbin, J. M., 1997. *Grounded Theory in Practice* (Thousand Oaks: Sage Publication).

[272] Sundararajan, A., 2016. *The Sharing Economy: The End of Employment and the Rise of Crowd-Based Capitalism* (Cambridge, MA: Mit Press).

[273] Su, N. et al., 2015. "Friendship on Social Networking Sites: Improving Relationships between Hotel Brands and Consumers", *International Journal of Hospitality Management* 51, pp. 76-86.

[274] Sung, E. et al., 2018. "Why Do People Consume and Provide Sharing Economy Accommodation? —A Sustainability Perspective", *Sustainability* 10 (6), p. 2072.

[275] Sun, M., 2011. "Disclosing Multiple Product Attributes", *Journal of Economics & Management Strategy* 20 (1), pp. 195-224.

[276] Swanson, S. R. et al., 2007. "Motivations and Relationship Outcomes: The Mediating Role of Trust and Satisfaction", *Journal of Nonprofit & Public Sector Marketing* 18 (2), pp. 1-25.

[277] Tang, T. Y. et al., 2014. "Is Neutral Really Neutral? The Effects of Neutral User-Generated Content on Product Sales", *Journal of Market-

ing 78 (4), pp. 41-58.

[278] Thaichon, P. et al., 2020. "Host and Guest Value Co-Creation and Satisfaction in a Shared Economy: The Case of Airbnb", *Journal of Global Scholars of Marketing Science* 30 (4), pp. 407-422.

[279] Thomson, M., 2006. "Human Brands: Investigating Antecedents to Consumers' Strong Attachments to Celebrities", *Journal of Marketing* 70 (3), pp. 104-119.

[280] Thong, J. Y. L. et al., 2006. "The Effects of Post-Adoption Beliefs on the Expectation-Confirmation Model for Information Technology Continuance", *International Journal of Human-Computer Studies* 64 (9), pp. 799-810.

[281] Thürridl, C. et al., 2020. "From Happy Consumption to Possessive Bonds: When Positive Affect Increases Psychological Ownership for Brands", *Journal of Business Research* 107, pp. 89-103.

[282] Tonder, E. V., Petzer, D. J., 2018. "The Interrelationships between Relationship Marketing Constructs and Customer Engagement Dimensions", *Service Industries Journal* 38 (13-14), pp. 1-26.

[283] Torelli, C., 2006. "Individuality or Conformity? The Effect of Independent and Interdependent Self-Concepts on Public Judgments", *Journal of Consumer Psychology* 16 (3), pp. 240-248.

[284] Tsai, C. Y. D. et al., 2017. "From Mandatory to Voluntary: Consumer Cooperation and Citizenship Behaviour", *The Service Industries Journal* 37 (7-8), pp. 521-543.

[285] Tussyadiah, I. P., 2015. "An Exploratory Study on Drivers and Deterrents of Collaborative Consumption in Travel", *Information and Communication Technologies in Tourism* 1, pp. 817-830.

[286] Tussyadiah, I. P., 2016. "Factors of Satisfaction and Intention to Use Peer-to-Peer Accommodation", *International Journal of Hospitality Management* 55, pp. 70-80.

[287] Tussyadiah, I. P., Park, S., 2018. "When Guests Trust Hosts for

Their Words: Host Description and Trust in Sharing Economy", *Tourism Management* 67, pp. 261-272.

[288] Tussyadiah, I. P., Pesonen, J., 2018. "Drivers and Barriers of Peer-to-Peer Accommodation Stay—An Exploratory Study with American and Finnish Travellers", *Current Issues in Tourism* 21 (6), pp. 703-720.

[289] Tussyadiah, I. P., Zach, F., 2017. "Identifying Salient Attributes of Peer-to-Peer Accommodation Experience", *Journal of Travel & Tourism Marketing* 34 (5), pp. 636-652.

[290] Valencia, A. et al., 2015. "The Design of Smart Product-Service Systems (PSSs): An Exploration of Design Characteristics", *International Journal of Design* 9 (1), pp. 13-28.

[291] Van der Heijden, H., 2004. "User Acceptance of Hedonic Information Systems", *MIS Quarterly* 28 (4), pp. 695-704.

[292] Van Dyne, L., Pierce, J. L., 2004. "Psychological Ownership and Feelings of Possession: Three Field Studies Predicting Employee Attitudes and Organizational Citizenship Behavior", *Journal of Organizational Behavior* 25 (4), pp. 439-459.

[293] Vargo, S. L., Lusch, R. F., 2004. "Evolving to a New Dominant Logic for Marketing", *Journal of Marketing* 68 (1), pp. 1-17.

[294] Vargo, S. L., Lusch, R. F., 2004. "The Four Service Marketing Myths: Remnants of a Goods-Based, Manufacturing Model", *Journal of Service Research* 6 (4), pp. 324-335.

[295] Venkatesh, V. et al., 2012. "Consumer Acceptance and Use of Information Technology: Extending the Unified Theory of Acceptance and Use of Technology", *MIS Quarterly* 36 (1), pp. 157-178.

[296] Verma, V. et al., 2016. "Does Relationship Marketing Matter in Online Retailing? A Meta-Analytic Approach", *Journal of the Academy of Marketing Science* 44 (2), pp. 206-217.

[297] Waites, S. F. et al., 2020. "Signaling Green: Investigating Signals of Expertise and Prosocial Orientation to Enhance Consumer Trust", *Jour-

nal of Consumer Behaviour 19 (6), pp. 632-644.

[298] Walasek, L. et al., 2015. "When Does Construction Enhance Product Value? Investigating the Combined Effects of Object Assembly and Ownership on Valuation", *Journal of Behavioral Decision Making* 30 (2), pp. 144-156.

[299] Walter, A. et al., 2003. "Functions of Industrial Supplier Relationships and Their Impact on Relationship Quality", *Industrial Marketing Management* 32 (2), pp. 159-169.

[300] Wang, S., Hung, K., 2015. "Customer Perceptions of Critical Success Factors for Guest Houses", *International Journal of Hospitality Management* 48, pp. 92-101.

[301] Wang, Y., Wang, L., 2016. "Self-Construal and Creativity: The Moderator Effect of Self-Esteem", *Personality and Individual Differences* 99, pp. 184-189.

[302] Wattal, S. et al., 2009. "Information Personalization in a Two-Dimensional Product Differentiation Model", *Journal of Management Information Systems* 26 (2), pp. 69-95.

[303] Weiss, L., Johar, G. V., 2016. "Products as Self-Evaluation Standards: When Owned and Unowned Products Have Opposite Effects on Self-Judgment", *Journal of Consumer Research* 42 (6), pp. 915-930.

[304] Wikström, S., 1996. "Value Creation by Company-Consumer Interaction", *Journal of Marketing Management* 12 (5), pp. 12, 359-337.

[305] Wu, C. H. J., Liang, R. D., 2009. "Effect of Experiential Value on Customer Satisfaction with Service Encounters in Luxury-Hotel Restaurants", *International Journal of Hospitality Management* 28 (4), pp. 586-593.

[306] Wu, J. B. et al., 2006. "The Norm of Reciprocity: Scale Development and Validation in the Chinese Context", *Management & Organization Review* 2 (3), pp. 377-402.

[307] Xie, K. et al., 2020. "To Share or to Access? Travelers' Choice on

the Types of Accommodation-Sharing Services", *Journal of Hospitality and Tourism Management* 42, pp. 77-87.

[308] Xie, K. L., Chen, Y., 2019. "Effects of Host Incentives on Multiple Listings in Accommodation Sharing", *International Journal of Contemporary Hospitality Management* 31 (4), pp. 1995-2013.

[309] Yang, S., Ahn, S., 2016. "Impact of Motivation in the Sharing Economy and Perceived Security in Attitude and Loyalty toward Airbnb", *Advanced Science and Technology Letters* 129, pp. 180-184.

[310] Yang, S. B. et al., 2018. "In Airbnb We Trust: Understanding Consumers' Trust-Attachment Building Mechanisms in the Sharing Economy", *International Journal of Hospitality Management* 83 (10), pp. 198-209.

[311] Yang, S. et al., 2017. "Why Are Customers Loyal in Sharing-Economy Services? A Relational Benefits Perspective", *Journal of Services Marketing* 31 (1), pp. 48-62.

[312] Yang, Y. et al., 2020. "Consumption Trends During the Covid-19 Crisis: How Awe, Coping, and Social Norms Drive Utilitarian Purchases", *Frontiers in Psychology* 11, pp. 1-10.

[313] Yang, Y. et al., 2015. "Understanding Perceived Risks in Mobile Payment Acceptance", *Industrial Management & Data Systems* 115 (2), pp. 253-269.

[314] Ye, Q. et al., 2009. "Sentiment Classification of Online Reviews to Travel Destinations by Supervised Machine Learning Approaches", *Expert Systems with Applications* 36 (3), pp. 6527-6535.

[315] Ye, Y., Gawronski, B., 2016. "When Possessions Become Part of the Self: Ownership and Implicit Self-Object Linking", *Journal of Experimental Social Psychology* 64, pp. 72-87.

[316] Yi, J. et al., 2020. "The Effect of the Perceived Risk on the Adoption of the Sharing Economy in the Tourism Industry: The Case of Airbnb", *Information Processing & Management* 57 (1), p. 102108.

[317] Yin, J. et al., 2018. "Sharing Sustainability: How Values and Ethics

Matter in Consumers' Adoption of Public Bicycle-Sharing Scheme", *Journal of Business Ethics* 149 (2), pp. 313-332.

[318] Yi, Y., Gong, T., 2013. "Customer Value Co-Creation Behavior: Scale Development and Validation", *Journal of Business Research* 66 (9), pp. 1279-1284.

[319] Yuksel, M. et al., 2019. "When Consumers Own Their Work: Psychological Ownership and Consumer Citizenship on Crowdsourcing Platforms", *Journal of Consumer Behaviour* 18 (1), pp. 3-11.

[320] Zeithaml, V. A. et al., 1988. "Communication and Control Processes in the Delivery of Service Quality", *Journal of Marketing* 52 (2), pp. 35-48.

[321] Zhang, H. et al., 2015. "The Impacts of Technological Environments and Co-Creation Experiences on Customer Participation", *Information & Management* 52 (4), pp. 468-482.

[322] Zhang, H., Xu, H., 2019. "Impact of Destination Psychological Ownership on Residents' 'Place Citizenship Behavior'", *Journal of Destination Marketing & Management* 14, p. 100391.

[323] Zhang, T. C. et al., 2019. "What Makes the Sharing Economy Successful? An Empirical Examination of Competitive Customer Value Propositions", *Computers in Human Behavior* 95, pp. 275-283.

[324] Zhao, X. et al., 2010. "Reconsidering Baron and Kenny: Myths and Truths About Mediation Analysis", *Journal of Consumer Research* 37 (2), pp. 197-206.

[325] Zhu, D. H. et al., 2016. "Effect of Social Support on Customer Satisfaction and Citizenship Behavior in Online Brand Communities: The Moderating Role of Support Source", *Journal of Retailing and Consumer Services* 31, pp. 287-293.

[326] Zhu, G. et al., 2017. "Inside the Sharing Economy: Understanding Consumer Motivations Behind the Adoption of Mobile Applications", *International Journal of Contemporary Hospitality Management* 29 (9),

pp. 2218-2239.

[327] Zhu, J. et al., 2021. "Peer-to-Peer Accommodation Experience and Guest Actual Recommendations: A Novel Mixed-Method Approach", *Tourism Management Perspectives* 38, p. 100816.

[328] Zwick, D., Bradshaw, A., 2016. "Biopolitical Marketing and Social Media Brand Communities", *Theory, Culture & Society* 33 (5), pp. 91-115.

[329] 常亚平等,2015,《在线社会支持对顾客公民行为的影响研究——基于品牌社区的实证分析》,《管理学报》第10期。

[330] 陈虎等,2020,《民宿消费领域价值共创的机理推导与实证研究》,《旅游学刊》第8期。

[331] 陈玲,2018,《共享经济模式下的信任:研究回顾与展望》,《商业经济研究》第15期。

[332] 陈瑞霞、周志民,2018,《文化旅游真实性感知对旅游者忠诚的影响机制研究——基于旅游者幸福感的中介效应》,《商业经济与管理》第1期。

[333] 陈晓萍等,2012,《组织与管理研究的实证方法》,北京大学出版社。

[334] 陈瑶等,2019,《远方的家——中国游客共享型住宿的入住选择与体验研究》,《世界地理研究》第1期。

[335] 程国萍等,2020,《虚拟社区社会资本对顾客公民行为的影响研究——基于心理所有权视角的研究》,《统计与信息论坛》第11期。

[336] 池毛毛等,2019,《共享住宿平台上房东持续参与意愿的影响机理研究:平台网络效应的视角》,《南开管理评论》第4期。

[337] 池毛毛等,2021,《共享住宿与酒店用户评论文本的跨平台比较研究:基于IDA的主题社会网络和情感分析》,《图书情报工作》第2期。

[338] 戴万亮等,2020,《心理所有权—知识分享与团队成员创新行为—同事间信任的跨层次调节作用》,《科研管理》第12期。

[339] 邓勇勇,2019,《旅游本质的探讨——回顾、共识与展望》,《旅游学刊》第4期。

[340] 董晓舟、陈信康,2018,《关系投资、顾客感恩与关系绩效》,《经济经纬》第5期。

[341] 杜鹏程等,2018,《工作自主性、差错学习与创新行为——心理所有权的调节作用》,《科技管理研究》第15期。

[342] 樊帅等,2017,《心理所有权视角下消费者参与虚拟csr共创的影响研究》,《管理学报》第3期。

[343] 范钧、林东圣,2020,《社区支持、知识心理所有权与外向型知识共创》,《科研管理》第7期。

[344] 方杰等,2012,《中介效应的检验方法和效果量测量:回顾与展望》,《心理发展与教育》第1期。

[345] 房孟春、曲颖,2018,《基于文本评论的在线民宿信誉评价指标关注度研究》,《地域研究与开发》第5期。

[346] 国家信息中心分享经济研究中心,2018,《中国共享住宿发展报告》(2018)。

[347] 国家信息中心分享经济研究中心,2019,《中国共享住宿发展报告》(2019)。

[348] 国家信息中心分享经济研究中心,2020,《中国共享住宿发展报告》(2020)。

[349] 何超等,2018,《分享经济:研究评述与未来展望》,《经济管理》第1期。

[350] 何学欢等,2018,《旅游地居民感知公平、关系质量与环境责任行为》,《旅游学刊》第9期。

[351] 贺爱忠、易婧莹,2019,《虚拟品牌社区类社会互动对价值共创互动行为的影响研究》,《软科学》第9期。

[352] 侯玉波,2007,《社会心理学》(第二版),北京大学出版社。

[353] 胡姗等,2020,《国内外共享住宿研究述评》,《旅游科学》第2期。

[354] 华迎等,2013,《基于感知风险理论的电子商务行业顾客参与驱动因素研究》,《北京工商大学学报》(社会科学版)第6期。

[355] 黄林、郑大庆,2018,《信任与满意对消费者忠诚的异质性影响——以余额宝用户为例》,《商业研究》第5期。

［356］黄敏学等，2017，《评论不一致性对消费者的双面影响：产品属性与调节定向的调节》，《心理学报》第3期。

［357］贾旭东、衡量，2016，《基于"扎根精神"的中国本土管理理论构建范式初探》，《管理学报》第3期。

［358］简兆权等，2016，《价值共创研究的演进与展望——从"顾客体验"到"服务生态系统"视角》，《外国经济与管理》第9期。

［359］姜荣萍、何亦名，2014，《知识心理所有权对知识隐藏的影响机制研究——基于智力型组织的实证调研》，《科技进步与对策》第14期。

［360］蒋乾等，2022，《短租民宿在线评论语义网络及感知维度研究——基于途家网和airbnb的文本挖掘》，《资源开发与市场》第2期。

［361］鞠海龙、彭珺，2021，《基于评论挖掘的用户购买行为因果事理图谱分析》，《情报科学》第10期。

［362］寇燕等，2018，《顾客心理所有权研究综述与展望》，《外国经济与管理》第2期。

［363］李静等，2017，《物质主义都是有害的吗？——来自实证和概念的挑战》，《心理科学进展》第10期。

［364］李莉等，2021，《共享住宿与传统住宿的时空演变对比分析——以上海市为例》，《地理科学进展》第8期。

［365］李莉等，2021，《上海市共享住宿时空格局及影响因素识别》，《人文地理》第1期。

［366］李立威、何勤，2018，《没有信任何谈共享？——分享经济中的信任研究述评》，《外国经济与管理》第6期。

［367］李燕萍等，2018，《授权型领导对员工建言行为的影响：心理所有权的中介作用》，《科技进步与对策》第3期。

［368］李燕琴等，2017，《基于airbnb网站评价信息的京台民宿对比研究》，《管理学报》第1期。

［369］李燕、朱春奎，2017，《信任因素如何影响电子政务公众使用意愿？——对三种机理的实证检验》，《电子政务》第6期。

［370］梁妮等，2020，《朋友推荐产品来源对于消费者感知及其购买意愿

影响的实证研究——以微信平台为例》,《管理评论》第 4 期。

[371] 梁晓蓓、江江,2018,《共享经济模式下消费者持续共享意愿影响因素研究》,《软科学》第 9 期。

[372] 林崇德等,2004,《心理学大辞典》,上海教育出版社。

[373] 林嵩、姜彦福,2006,《结构方程模型理论及其在管理研究中的应用》,《科学学与科学技术管理》第 3 期。

[374] 凌云等,2018,《青年选择分享型住宿的本真性动机研究》,《中国青年研究》第 3 期。

[375] 刘建新等,2018,《价值共创产品依附效应的比较研究——基于心理所有权与心理流体验中介模型》,《管理评论》第 7 期。

[376] 刘建新等,2020,《新产品脱销的口碑效应:基于心理所有权与预期内疚感中介模型》,《管理工程学报》第 5 期。

[377] 刘建新等,2020,《新产品脱销对消费者加价支付意愿的影响——基于心理所有权与相对剥夺感双中介模型》,《管理评论》第 2 期。

[378] 刘建新、范秀成,2018,《限量版新产品就能唤起消费者的购买意愿吗?——心理所有权、社会排斥感与自我建构多重机制的理论解析》,《现代财经》(天津财经大学学报)第 12 期。

[379] 刘建新、范秀成,2020,《新产品试用对消费者冲动性消费的影响——基于心理所有权和心理内疚感的双中介模型》,《当代财经》第 9 期。

[380] 刘建新、李东进,2017,《产品稀缺诉求影响消费者购买意愿的并列多重中介机制》,《南开管理评论》第 4 期。

[381] 刘建新、李东进,2017,《价值共创产品的增值效应——基于心理所有权的中介模型》,《财经论丛》第 8 期。

[382] 刘靖东等,2013,《自我决定理论在中国人人群的应用》,《心理科学进展》第 10 期。

[383] 刘俊清、汤定娜,2016,《在线评论、顾客信任与消费者购买意愿关系研究》,《价格理论与实践》第 12 期。

[384] 刘容等,2021,《社会化商务情境下商家自我呈现对顾客信任的影响研究》,《管理学报》第 3 期。

[385] 刘善仕等,2016,《我创新因为我是主人翁:心理所有权对创新行为影响机制的被调节中介研究》,《科技进步与对策》第20期。

[386] 刘世闵、李志伟,2017,《质化研究必备工具:Nvivo10之图解与应用》,经济日报出版社。

[387] 刘向阳等,2011,《基于认知意动视角的心态调整模型构建》,《科技管理研究》第9期。

[388] 刘小平、邓文香,2019,《虚拟CSR共创对消费者认同的影响机制研究——自我建构的调节作用》,《软科学》第12期。

[389] 刘奕、夏杰长,2016,《共享经济理论与政策研究动态》,《经济学动态》第4期。

[390] 楼芸、丁剑潮,2020,《价值共创的理论演进和领域:文献综述与展望》,《商业经济研究》第8期。

[391] 卢长宝、林嗣杰,2018,《游客选择在线短租住宿的动机研究》,《经济管理》第12期。

[392] 卢东等,2016,《产生敬畏的游客更有道德吗?基于实验方法的探索性研究》,《旅游学刊》第12期。

[393] 卢东等,2018,《分享经济下的协同消费:占有还是使用?》,《外国经济与管理》第8期。

[394] 卢东等,2021,《基于扎根理论的共享住宿选择意愿影响因素及机理研究》,《人文地理》第2期。

[395] 陆姗姗等,2022,《消费者共享住宿风险感知及其动态演化过程研究——以途家民宿为例》,《哈尔滨师范大学学报》第2期。

[396] 毛晓莉、施本植,2021,《新能源汽车普通消费者参与的大数据研究——基于文本挖掘和深度学习》,《海南大学学报》(人文社会科学版)第11期。

[397] 孟韬、何畅,2019,《分享经济情境中顾客多重互动与公民行为倾向的关系——基于心理所有权的视角》,《旅游学刊》第7期。

[398] 牛阮霞等,2023,《共享住宿平台房东信任建立机制研究》,《旅游学刊》第8期。

[399] 潘黎等,2013,《储蓄和消费的选择:自我建构对应对目标冲突的

影响》,《管理评论》第 3 期。

[400] 潘黎、吕巍,2013,《自我建构量表在成人中的应用和修订》,《中国健康心理学杂志》第 5 期。

[401] 彭华涛等,2018,《共享经济创业的异常模仿行为及其协同治理》,《科学学研究》第 7 期。

[402] 彭宇泓等,2021,《直播营销中关系纽带、顾客承诺对消费者在线购买意愿的影响研究》,《管理学报》第 11 期。

[403] 任俊玲等,2019,《面向网络零售的感知风险与购买意愿相关性》,《中国流通经济》第 7 期。

[404] 沈卓、李艳,2020,《基于 Prelm-Ft 细粒度情感分析的餐饮业用户评论挖掘》,《数据分析与知识发现》第 4 期。

[405] 宋琳,2018,《不同运营模式下在线短租经济的博弈行为分析》,《东岳论丛》第 2 期。

[406] 孙乃娟、郭国庆,2016,《顾客承诺、自我提升与顾客公民行为:社会交换理论视角下的驱动机制与调节作用》,《管理评论》第 12 期。

[407] 孙玉玲等,2022,《共享住宿平台消费者信任的形成机制——基于扎根理论的案例探究》,《管理案例研究与评论》第 1 期。

[408] 王安宁等,2020,《在线评论的行为影响与价值应用研究综述》,《中国管理科学》第 12 期。

[409] 王长征、崔楠,2011,《个性消费,还是地位消费——中国人的"面子"如何影响象征型的消费者—品牌关系》,《经济管理》第 6 期。

[410] 王春英、陈宏民,2021,《共享短租平台房东定价行为——基于小猪短租平台的数据分析》,《系统管理学报》第 2 期。

[411] 王春英、陈宏民,2018,《共享短租平台住宿价格及其影响因素研究——基于小猪短租网站相关数据的分析》,《价格理论与实践》第 6 期。

[412] 王高山等,2019,《电子服务质量对顾客契合的影响:顾客感知价值的中介效应》,《大连理工大学学报》(社会科学版)第 2 期。

[413] 王建芹,2018,《主客互动的维度厘定与实证检验——以中国民宿行业为例》,《统计与信息论坛》第 11 期。

[414] 王玖河、刘琳, 2017, 《顾客参与价值共创机理研究——基于结构方程模型的量化分析》, 《企业经济》第2期。

[415] 王璐、高鹏, 2010, 《扎根理论及其在管理学研究中的应用问题探讨》, 《外国经济与管理》第12期。

[416] 王雪等, 2021, 《面向在线评论的用户需求分析框架与实证研究——基于kano模型》, 《情报理论与实践》第2期。

[417] 王忠群等, 2021, 《基于超网络和在线评论的产品竞争力分析》, 《情报理论与实践》第4期。

[418] 韦慧民、龙立荣, 2009, 《主管认知信任和情感信任对员工行为及绩效的影响》, 《心理学报》第1期。

[419] 魏新东等, 2023, 《荣誉文化与面子文化: 三分框架与本土概念视角下的比较》, 《心理科学进展》第8期。

[420] 温忠麟等, 2005, 《调节效应与中介效应的比较和应用》, 《心理学报》第2期。

[421] 温忠麟等, 2004, 《结构方程模型检验: 拟合指数与卡方准则》, 《心理学报》第2期。

[422] 肖薇等, 2019, 《共享经济中的嵌入理性: 众包社区嵌入性对创意领地行为影响机制研究》, 《科技进步与对策》第24期。

[423] 谢礼珊等, 2019, 《旅游虚拟社区成员互动、感知利益和公民行为关系——基于价值共创的视角》, 《旅游学刊》第3期。

[424] 谢立中, 2018, 《实证性量化研究和诠释性质化研究的联结: 来自韦伯的启示》, 《武汉大学学报》(哲学社会科学版) 第5期。

[425] 谢雪梅、石娇娇, 2016, 《共享经济下消费者信任形成机制的实证研究》, 《技术经济》第10期。

[426] 邢云菲等, 2021, 《网络用户在线评论的主题图谱构建及可视化研究——以酒店用户评论为例》, 《情报科学》第9期。

[427] 徐峰等, 2021, 《信任构建机制对共享民宿预订量的影响——基于Airbnb的实证研究》, 《旅游学刊》第12期。

[428] 徐淑英、刘忠明, 2004, 《中国企业管理的前沿研究》, 北京大学出版社。

[429] 徐淑英、张志学，2005，《管理问题与理论建立：开展中国本土管理研究的策略》，《南大商学评论》第4期。

[430] 严建援等，2019，《产品创新社区不同级别顾客的价值共创行为研究——以miui社区为例》，《管理评论》第2期。

[431] 杨学成、涂科，2018，《平台支持质量对用户价值共创公民行为的影响——基于共享经济背景的研究》，《经济管理》第3期。

[432] 杨学成、涂科，2018，《信任氛围对用户契合的影响——基于共享经济背景下的价值共创视角》，《管理评论》第12期。

[433] 尹元元、张灿，2020，《心理所有权对顾客公民行为的影响——基于感知支持和社交焦虑的调节作用》，《消费经济》第2期。

[434] 张公让等，2021，《基于评论数据的文本语义挖掘与情感分析》，《情报科学》第5期。

[435] 张海洲等，2019，《台湾地区民宿研究特点分析——兼论中国大陆民宿研究框架》，《旅游学刊》第1期。

[436] 张海洲，2020，《民宿空间的地方表征与建构——网络博客的质性分析》，《旅游学刊》第1期。

[437] 张婕等，2012，《扎根理论程序化版本在心理咨询培训研究中的应用》，《中国心理卫生杂志》第9期。

[438] 张亚明等，2020，《负面在线评论对消费者感知风险影响研究》，《河北经贸大学学报》第1期。

[439] 张德鹏等，2015，《顾客参与创新对口碑推荐意愿的影响研究：心理所有权的中介作用》，《管理评论》第12期。

[440] 张帅等，2017，《分享经济背景下用户参与意愿影响因素研究——以微博问答为例》，《图书馆论坛》第9期。

[441] 张硕阳等，2004，《消费心理学中的风险认知》，《心理科学进展》12第2期。

[442] 张巍等，2019，《网络商品评价不一致性对消费者风险感知的影响》，《工业工程与管理》第5期。

[443] 张卫卫、王晓云，2010，《在线旅行预订感知风险的实证研究》，《旅游论坛》第2期。

[444] 张新圣、李先国,2017,《虚拟品牌社区特征对消费者价值共创意愿的影响——基于满意与信任中介模型的解释》,《中国流通经济》第7期。

[445] 张旭等,2013,《基于自我决定理论的组织承诺形成机制模型构建:以自主需求成为主导需求为背景》,《南开管理评论》第6期。

[446] 张璇,2017,《电子商务信息不对称与网络购物风险分析》,《商业经济研究》第2期。

[447] 张圆刚等,2019,《旅游者的民宿认同机制及行为差异研究》,《人文地理》第5期。

[448] 张振刚、李云健,2014,《管理沟通:理念、方法与技能》,机械工业出版社。

[449] 赵红丹、夏青,2019,《人际不信任、消极情感与知识隐藏行为研究》,《科研管理》第8期。

[450] 赵建彬、景奉杰,2015,《基于心理所有权的网络嵌入对在线品牌社群公民行为的影响研究》,《管理学报》第2期。

[451] 赵建欣等,2017,《在线短租平台用户住宿决策影响因素研究》,《北京邮电大学学报》(社会科学版)第5期。

[452] 赵燕梅等,2016,《自我决定理论的新发展述评》,《管理学报》第7期。

[453] 中国旅游与民宿发展协会,2021,《2020年度民宿行业研究报告》。

[454] 钟科、何云,2018,《要素品牌拟人化对消费者购买意愿的影响、边界条件及中介机制》,《商业经济与管理》第8期。

[455] 朱怡帆等,2021,《都市旅游视角下上海市共享住宿空间分布特征及其影响机制》,《地理科学进展》第8期。

[456] 朱振中等,2020,《能力还是热情?广告诉求对消费者品牌认同和购买意向的影响》,《心理学报》第3期。

[457] 邹文篪等,2012,《"投桃报李"——互惠理论的组织行为学研究述评》《心理科学进展》第11期。

[458] 邹怡,2019,《在线短租行业发展存在问题与对策研究——以小猪短租为例》,《山西农经》第15期。

图书在版编目（CIP）数据

基于协同消费视角的共享住宿研究 / 卢东，曾小桥著. -- 北京：社会科学文献出版社，2024.6. -- ISBN 978-7-5228-3821-2

Ⅰ.F726.92

中国国家版本馆 CIP 数据核字第 2024CD0302 号

基于协同消费视角的共享住宿研究

著　　者 / 卢　东　曾小桥

出 版 人 / 冀祥德
组稿编辑 / 高　雁
责任编辑 / 颜林柯
责任印制 / 王京美

出　　版 / 社会科学文献出版社・经济与管理分社（010）59367226
　　　　　 地址：北京市北三环中路甲 29 号院华龙大厦　邮编：100029
　　　　　 网址：www.ssap.com.cn

发　　行 / 社会科学文献出版社（010）59367028
印　　装 / 三河市龙林印务有限公司

规　　格 / 开　本：787mm×1092mm　1/16
　　　　　 印　张：17.5　字　数：275 千字

版　　次 / 2024 年 6 月第 1 版　2024 年 6 月第 1 次印刷
书　　号 / ISBN 978-7-5228-3821-2
定　　价 / 148.00 元

读者服务电话：4008918866

版权所有 翻印必究